高等学校保密专业系列教材

武汉大学规划教材建设项目资助出版

保密工作实务概论

An Introduction to
Confidentiality Practice

主编　席彩云

WUHAN UNIVERSITY PRESS
武汉大学出版社

图书在版编目(CIP)数据

保密工作实务概论/席彩云主编.—武汉：武汉大学出版社，2022.9(2023.6 重印)
高等学校保密专业系列教材
ISBN 978-7-307-23245-7

Ⅰ.保…　Ⅱ.席…　Ⅲ.保密—中国—高等学校—教材　Ⅳ.D631..3

中国版本图书馆 CIP 数据核字(2022)第 139630 号

责任编辑:黄河清　　责任校对:汪欣怡　　版式设计:马　佳

出版发行：**武汉大学出版社**　(430072　武昌　珞珈山)
(电子邮箱：cbs22@ whu.edu.cn　网址：www.wdp. com.cn)
印刷:武汉中科兴业印务有限公司
开本:720×1000　1/16　印张:24　字数:431 千字　插页:2
版次:2022 年 9 月第 1 版　2023 年 6 月第 2 次印刷
ISBN 978-7-307-23245-7　定价:62.00 元

主编简介

席彩云，法学博士，研究员，保密专业硕士生导师。于2011年11月—2021年11月从事保密实务工作，任武汉大学党委保密委办公室主任，期间曾兼任武汉大学党委保密委副主任、武汉大学国家保密学院副院长、国家保密教育培训基地武汉基地副主任、中国保密协会理事、中国保密协会教育分会副主任委员、全国高校保密协作组组长等职，对保密实务工作有丰富的经验和深刻的理解。获国家国防科工局表彰为“2017—2018年度国防科技工业安全保密工作先进个人”，2019年获评“全国保密工作先进工作者”，受到人力资源和社会保障部、国家保密局的联合表彰。

《保密工作实务概论》编写组

主编：席彩云

编者：席彩云　乐　宏　丁琰鋆

　　　靳　晶　王咏梅　郭　敏

　　　钱倩雯　董盛安　吕　顺

目录

第一章　保密工作导论……1
第一节　保密工作概述……1
一、国家秘密、保密工作与保密工作实务的概念……1
二、保密工作的地位和作用……2
三、保密工作的方针和原则……6
第二节　保密工作的主要任务和机关、单位保密工作体系……10
一、保密工作的主要任务……10
二、机关、单位保密工作体系……11
第三节　保密工作的历史沿革与发展……12
一、古代保密工作……12
二、近代保密工作……14
三、现当代保密工作……15

第二章　保密责任主体……18
第一节　保密责任主体概述……18
一、保密责任主体的概念……18
二、保密工作责任制的概念……19
三、保密责任主体的地位和作用……21
第二节　保密责任主体的确定及责任划分……22
一、保密责任主体的确定……22
二、保密责任主体的责任划分……23
第三节　保密责任主体的责任落实……23
一、制定责任制……24
二、签订责任书……24
三、责任落实的监督与考核……24

四、实证参考 …………………………………………………………… 25

第三章　保密法制 ……………………………………………………… 31
第一节　保密法制概述 ……………………………………………… 31
一、保密法制的概念 ……………………………………………… 31
二、保密法制的作用 ……………………………………………… 31
三、我国现行保密法律制度体系 ………………………………… 33
第二节　《中华人民共和国保守国家秘密法》概述 ……………… 34
一、《中华人民共和国保守国家秘密法》的制定和修订 ……… 34
二、《中华人民共和国保守国家秘密法实施条例》的制定和修订 …… 37
第三节　机关、单位保密制度建设 ………………………………… 39
一、机关、单位保密制度建设概述 ……………………………… 39
二、机关、单位保密制度建设的主要内容 ……………………… 40
三、保密制度的贯彻和落实 ……………………………………… 47

第四章　保密管理(一) ………………………………………………… 49
第一节　保密管理概述 ……………………………………………… 49
一、保密管理的概念 ……………………………………………… 49
二、保密管理的内容 ……………………………………………… 49
三、保密管理的基本原则 ………………………………………… 50
第二节　定密管理 …………………………………………………… 52
一、定密与定密管理概述 ………………………………………… 52
二、定密管理的内容 ……………………………………………… 57
三、实证参考 ……………………………………………………… 72
第三节　涉密人员的保密管理 ……………………………………… 82
一、涉密人员及其保密管理概述 ………………………………… 82
二、涉密人员保密管理的内容 …………………………………… 84
三、实证参考 ……………………………………………………… 88
第四节　涉密载体的保密管理 ……………………………………… 109
一、涉密载体及其保密管理概述 ………………………………… 109
二、涉密载体保密管理的内容 …………………………………… 110
三、实证参考 ……………………………………………………… 114
第五节　网络的保密管理 …………………………………………… 120

一、网络及其保密管理概述…………………………………………… 120
二、网络保密管理的内容……………………………………………… 120
第六节　信息设备的保密管理………………………………………… 123
一、信息设备及其保密管理概述……………………………………… 123
二、信息设备保密管理的内容………………………………………… 126
三、实证参考…………………………………………………………… 137
第七节　一般涉密场所及保密要害部门部位的保密管理…………… 168
一、一般涉密场所及保密要害部门部位概述………………………… 168
二、一般涉密场所及保密要害部门部位保密管理的内容…………… 170
三、实证参考…………………………………………………………… 172

第五章　保密管理(二)　……………………………………………… 182
第一节　新闻宣传、信息公开的保密审查…………………………… 182
一、新闻宣传、信息公开及其保密审查概述………………………… 182
二、新闻宣传、信息公开保密审查的内容…………………………… 183
三、实证参考…………………………………………………………… 186
第二节　涉外活动的保密管理………………………………………… 188
一、涉外活动及其保密管理概述……………………………………… 188
二、涉外活动保密管理的内容………………………………………… 189
三、实证参考…………………………………………………………… 191
第三节　档案的保密管理……………………………………………… 193
一、档案及其保密管理概述…………………………………………… 193
二、档案保密管理的内容……………………………………………… 195
三、实证参考…………………………………………………………… 197
第四节　涉密会议、活动的保密管理………………………………… 201
一、涉密会议、活动及其保密管理概述……………………………… 201
二、涉密会议、活动保密管理的内容………………………………… 202
三、实证参考…………………………………………………………… 205
第五节　涉密科研活动的保密管理…………………………………… 209
一、涉密科研活动及其保密管理概述………………………………… 209
二、涉密科研活动保密管理的内容…………………………………… 210
三、实证参考…………………………………………………………… 216
第六节　机要工作的保密管理………………………………………… 225

一、机要工作及其保密管理概述…………………………………………… 225
二、机要工作保密管理的内容…………………………………………… 226
三、实证参考………………………………………………………………… 229
第七节　国家统一考试的保密管理………………………………………… 232
一、国家统一考试及其保密管理概述…………………………………… 232
二、国家统一考试保密管理的内容……………………………………… 233

第六章　保密教育培训………………………………………………… 238
第一节　保密教育培训概述………………………………………………… 238
一、保密教育培训的概念…………………………………………………… 238
二、保密教育培训的目的…………………………………………………… 238
三、保密教育培训的要求…………………………………………………… 239
四、保密教育培训的内容及方式…………………………………………… 241
第二节　保密教育培训的组织实施………………………………………… 245
一、建立培训机制…………………………………………………………… 245
二、制定年度保密教育培训计划…………………………………………… 245
三、实施单项保密教育培训活动…………………………………………… 246
第三节　保密教育培训的效果评估………………………………………… 248
一、保密教育培训效果评估的意义和作用………………………………… 248
二、保密教育培训效果评估的方法………………………………………… 249
第四节　实证参考…………………………………………………………… 252

第七章　保密检查及查处……………………………………………… 261
第一节　保密检查…………………………………………………………… 261
一、保密检查概述…………………………………………………………… 261
二、保密检查的组织实施…………………………………………………… 266
三、保密自查自评…………………………………………………………… 270
第二节　保密查处…………………………………………………………… 272
一、保密查处概述…………………………………………………………… 272
二、泄密案件查处程序……………………………………………………… 275
三、违规案件查处程序……………………………………………………… 279
第三节　保密风险评估……………………………………………………… 280
一、保密风险评估的重要性………………………………………………… 280

二、保密风险评估的内容…………………………………………………… 281
三、保密风险评估组织机构………………………………………………… 281
四、保密风险评估的具体实施……………………………………………… 282
第四节 实证参考……………………………………………………………… 287

第八章 保密技术及信息化工作…………………………………………… 305
第一节 保密技术……………………………………………………………… 305
一、保密技术概述……………………………………………………………… 305
二、保密技术的应用与发展………………………………………………… 308
第二节 保密信息化工作……………………………………………………… 322
一、保密信息化概述………………………………………………………… 322
二、保密信息化的类别……………………………………………………… 324
三、保密信息化管理技术的发展…………………………………………… 324

第九章 武器装备科研生产保密资格认定工作…………………………… 325
第一节 武器装备科研生产单位保密资格与资格认定工作概述……… 325
一、武器装备科研生产单位保密资格概述……………………………… 325
二、武器装备科研生产单位保密资格认定工作概述…………………… 326
第二节 武器装备科研生产单位保密资格标准体系……………………… 327
一、保密资格标准体系构成………………………………………………… 327
二、保密资格标准内容……………………………………………………… 328
第三节 保密资格认定工作实施……………………………………………… 330
一、保密资格申请…………………………………………………………… 331
二、保密资格申请受理……………………………………………………… 332
三、保密资格的授予………………………………………………………… 332
四、保密资格的管理………………………………………………………… 337
第四节 实证参考……………………………………………………………… 339

第十章 保密工作的组织、保障及奖惩…………………………………… 346
第一节 保密组织机构………………………………………………………… 346
一、保密组织机构概述……………………………………………………… 346
二、保密组织机构的基本形式……………………………………………… 347
三、实证参考………………………………………………………………… 351

第二节　保密工作条件保障…… 352
一、专职保密工作人员配备…… 352
二、保密工作经费保障…… 353
三、实证参考…… 354
第三节　保密工作奖惩…… 355
一、保密工作奖励…… 355
二、保密工作惩处…… 356
三、实证参考…… 359

第十一章　保密工作领域的延伸…… 362
第一节　工作秘密…… 362
一、工作秘密及其管理概述…… 362
二、工作秘密管理…… 363
第二节　商业秘密…… 367
一、商业秘密及其保护概述…… 367
二、商业秘密保护…… 369
第三节　个人隐私…… 371
一、个人隐私及其保护概述…… 371
二、个人隐私保护…… 372

参考文献…… 374

后记…… 377

第一章　保密工作导论

保密工作是党和国家事业的重要组成部分，事关国家的政治安全、政权安全、制度安全。学习保密工作的基本理论，对于深入了解保密工作、认真做好保密工作、建立起保密工作体系的概念都十分重要。

第一节　保密工作概述

一、国家秘密、保密工作与保密工作实务的概念

(一)国家秘密的概念

秘密自古有之，伴随人类社会的产生而产生。秘密是个人或群体有意隐藏、不让外传，且一旦泄窃会对自然界或人类构成危害的信息。“秘密”这一范畴是秘密研究和保密研究的初始概念、核心概念和关键概念，是秘密研究和保密研究中最简单、最基本、最抽象的范畴，贯穿于秘密和保密之研究发展的全过程。秘密有很多，国家秘密是本书的基点，保护国家秘密是本书研究的中心内容。

关于国家秘密的概念，《中华人民共和国保守国家秘密法》(以下简称《保密法》)第二条规定，“国家秘密是关系国家安全和利益，依照法定程序确定，在一定时间内只限一定范围的人员知悉的事项”。国家秘密具备三个要素：一是实质要素，即国家秘密必须是关系国家安全和利益的，这是本质要素，是国家秘密区别于其他秘密的关键要素。二是程序要素，指国家秘密必须是经过法定程序确定的，即经过定密的。定密是一个法定过程，定密主体法定，定密程序法定，定密依据法定，定密权限法定，定密标识法定，定密结果受法律保护。三是时空要素，即在一定时间内只限一定范围的人知悉，有时间和空间的限定，这表明国家秘密在时间和空间上的可控性。

(二)保密工作的概念

“保密”，顾名思义，即保守秘密，是一种社会行为，是人或社会组织

为防止关系自身利益的事项或信息被他人知悉或公开而造成损害，对该事项或信息实施保护的行为。古今中外，保密一直广泛存在，从个人、家庭到团体、政党、国家，都有着各式各样的保守秘密的行为方式。

保密工作，是与国家秘密相对应的，顾名思义，就是保护国家秘密不被泄露，即不被不应当知道的人知道而实施的一切活动的总称。保密工作的承担者——活动的主体，包括国家机关、武装力量、政党、社会团体、企业事业单位和公民。保密对象——国家秘密即为活动的客体，保密承担者与保密对象之间发生关系并相互作用的活动过程即为保密工作。由此可见，保密工作是一项实务性很强的工作，也是有规律可循的工作，要弄清楚保密工作，必须遵循马克思主义认识论，深入实践——总结规律——指导实践，循环往复，才能把保密工作不断推向新的高度。

（三）保密工作实务的概念

实务，是与理论相对应的概念，指的是实际事务、要务和实际操作。保密工作实务即保密工作领域的实际事务和实际操作。保密工作实务概论即关于保密工作中实际事务和实际操作的概括性论述，是关于保密工作实际事务的解析和实际操作层面的方法指引。学习保密工作，不仅要了解保密工作所涉及的理论层面，还应该了解保密工作所涉及的实务层面，不仅要了解保密工作是什么，还应该知道保密工作怎么做。

二、保密工作的地位和作用

保密工作，是维护国家安全和利益的重要手段，是决定国家间政治斗争、军事对抗、经济竞争、科技较量成败的重要因素。当今世界正经历百年未有之大变局，国家间综合国力的竞争日益激烈，信息资源的控制和竞争空前激烈，窃密和反窃密斗争异常尖锐复杂。保密工作在党和国家工作中更加具有战略性和根本性地位，安全保障作用更加凸显。

（一）保密工作的地位

1. 保密工作是党和国家事业的重要组成部分

保密工作是国家能力的重要体现。任何国家要在国际社会中独立自主，不受外来干涉，保持长期稳定发展，首先必须保护与自身安全和利益有关的国家秘密。任何执政党要不断提高执政能力，领导国家走向繁荣富强，必须保守关系党和国家安全和利益的秘密。保守国家秘密的行为是一种国家行为，保守国家秘密的责任是一种国家责任，保守国家秘密的能力是一种国家能力，因而保密工作是国家能力的重要体现。

保密工作是党和国家安全发展的重要保障。在我国，中国共产党是长期执政的政党，党的保密工作与国家保密工作是统一的、高度融合的。保密工作历来是党和国家的一项重要任务，关系到党和国家的全面发展。保密能力是党的执政能力、执政责任的重要组成部分。做好保密工作，是提高党的执政能力的迫切需要。提高保密能力，是党长期执政的重要保证。保密工作涉及各个领域和行业，与国家建设事业息息相关。它是社会主义现代化建设事业中不可缺少的重要任务。做好保密工作，不仅是维护国家安全和利益的需要，而且有利于国家事业的积极推动和顺利开展。

保密工作是维护国家秘密信息安全的基本保障。当今世界是一个信息世界，我们生活的时代是一个信息时代。信息已成为各国政治、经济活动的基础，信息安全日益体现为国家战略安全。国家秘密是国家安全和利益的信息表达，是国家财产的一种特殊形式。保护国家秘密是维护国家信息安全的核心内容。保密是维护国家信息主权的要求。信息是国家重要的战略资源，任何国家都在尽最大努力确保有关国家安全和利益的军事、政治、经济和社会信息的专有性。随着信息时代特别是网络时代的到来，信息空间已成为继陆、海、空、天之后的“第五空间”，信息主权已成为国家主权的重要组成部分。保障国家秘密信息的安全，控制信息传播的内容和方式，是维护国家主权的必然要求。

2. 保密工作是维护国家安全的重要保障

2014 年 4 月 15 日，习近平总书记在中央国家安全委员会第一次全体会议上首次提出总体国家安全观重大战略思想，强调当前我国国家安全内涵和外延比历史上任何时候都要丰富，时空领域比历史上任何时候都要宽广，内外因素比历史上任何时候都要复杂，强调必须坚持总体国家安全观，坚持以人民安全为宗旨，以政治安全为根本，以经济安全为基础，以军事、文化、社会安全为保障，以促进国际安全为依托，维护各领域国家安全，构建国家大安全格局和体系，走中国特色国家安全道路。党的十九大将坚持总体国家安全观纳入新时代坚持和发展中国特色社会主义的基本方略，并写入党章，反映了全党全国人民的共同意志。

总体国家安全观是我们党历史上第一个被确立为国家安全工作指导思想的重大战略思想，是习近平新时代中国特色社会主义思想的重要组成部分，是新时代国家安全工作的根本遵循和行动指南。总体国家安全观提出：既重视外部安全，又重视内部安全；既重视国土安全，又重视国民安全；既重视传统安全，又重视非传统安全；既重视发展问题，又重视安全问题；既重视自身安全，又重视共同安全。要构建集政治安全、国土安全、军事安全、经济安全、文化安全、社会安全、科技安全、信息安全、生态安全、资源安全、核安全等于一体的国家安全体系。这十一种国家安全与《保密法》中七个大类的国家秘密范围是高度融合的，国家秘密的本质要素即为“关系国家安全和利益”。做好保密工作，可以有效保护国家秘密，保障国家可持续稳定发展，维护国家安全。

保密工作事关政治安全、经济安全、国防安全、外交安全、科技安全。政治安全是国家安全的前提和基础。长期以来，国际敌对势力亡我之心不死，企图分裂我国，千方百计窃取我国政治秘密。保密工作对维护政治安全极为重要。经济安全是国家安全的关键因素，它决定着国家关系格局的变化以及国家竞争力和影响力。目前，世界各国在加强对本国经济数据保护的同时，也千方百计从他国搜集经济情报，获取他国机密经济数据。随着我国综合国力的不断提高，我国已成为越来越多的国家重点搜集的对象，经济领域泄密与反泄密的斗争愈演愈烈，保密工作形势越来越严峻。国防安全是国家安全的重中之重。和平时期的国防安全既有传统国防安全因素，也有非传统安全因素。因此，国防战略、国防实力、军事技术等是国际敌对势力窃取的重点。目前的国防领域安全形势更加严峻，安全工作压力巨大。外交安全是维护国家安全和利益的重要表现。发展对外关系的实质在于为国家经济社会发展创造和平稳定的周边环境和国际环境。我国还处于社会主义初级阶段，营造和平稳定的外交环境尤为重要。科学技术是第一生产力。综合国力的竞争在很大程度上是科技的竞争。谁的科学技术最先进，谁就掌握了综合国力的主动权和制高点。因此，做好保密工作对维护国家科技安全、提高国家科技竞争力具有重要意义。

3. 保密工作是机关、单位内部管理水平的综合体现

保密工作反映了机关、单位的管理水平。保密管理较之行政管理更为严谨、科学，凸显专业性，或者说在专业性要求方面走在其他行政管理的前面；保密工作的政治属性更强，保密管理的依法程度更高，这对于机关、单位的综合治理能力和治理水平要求更高。严谨的保密管理一定是基于较高综合管理水平之上的。也就是说，保密工作做得好的单位，其综合管理水平一定是高的。

保密工作反映了机关、单位工作人员的工作素质。保密素质是机关、单位工作人员政治素质的重要组成部分，也是工作素质的较高体现。保密工作的政治属性要求工作人员有较高的政治站位，站在维护党和国家安全和利益的高度去自觉履行保密职责。同时由于保密工作的业务性较强，工作人员没有较强的业务素质和工作能力，很难做好保密管理、履行保密职责。

保密工作反映了机关、单位领导干部的领导能力。领导是起决定作用的因素，领导的水平和能力也是决定机关、单位保密工作水平高低的关键因素。领导要有足够的大局意识、政治意识、责任意识，要有很好的领导能力、执行能力和政策水平，要知保密、懂保密、善保密。领导是机关、单位的重要保密责任主体，是机关、单位保密工作的关键推动力量和组织力量。

（二）保密工作的作用

保密工作由来已久。保密工作事关国家政治安全、政权安全等，也是推动社会进步的重要力量，其重要作用不可低估。古人云“事成于密而败于泄”，历朝历代，均有典型保密踪迹可寻。在人类的历史长河中，保密工作逐渐成为政府的必要管理手段，是巩固政权、管理国家、保持社会稳定和保障经济发展的一种社会职能，是在政治斗争、军事斗争和经济科技竞争中维护一定阶级的、民族的、国家的安全与利益的工具和手段。

我党的红色历史，实际上也是一部红色保密史。我党成立一个世纪以来，保密工作经历了从革命战争时期维护生存和胜利，到社会主义建设时期维护安全和发展的历史性转变。特别是改革开放以来，保密工作以《保密法》的颁布实施为标志，不断加强并走上法制化轨道。保密工作保障了国家秘密的安全，维护了国家的安全和利益，保障和促进了改革开放和经济建设的顺利进行。

革命战争时期，鉴于严峻的革命斗争形势，党的保密工作始终由党中央直接领导和管理。保密工作为党的建设和发展，为武装斗争的胜利，为人民政权的建立作出了巨大贡献。

和平建设时期，中国共产党成立了中央保密委员会，统一领导全国党政军保密工作，在维护党的执政地位、巩固国家政权、保障社会主义建设顺利进行方面发挥了重要作用。

改革开放以来，为了进一步加强和改进党对保密工作的领导，继续发挥中央保密委员会的核心作用，建立了国家保密管理部门，形成了党的领导和依法行政相结合的保密管理体制，为维护国家秘密安全提供了坚实的组织保障。

当今世界，正面临前所未有之大变局。国际政治斗争、军事对抗、综合国力竞赛、经济技术贸易交流与合作，都与保密工作紧密相关。党的十八大以来，党中央作出关于加强和改进保密工作的决策部署，习近平总书记多次就保密工作作出重要指示批示，为做好新时代保密工作指明了前进方向、提供了根本遵循。中央保密委员会多次召开会议，就贯彻落实习近平总书记重要指示批示精神、做好新时代保密工作提出明确要求，强调“保密就是保党的长期执政地位、保国家安全、保人民幸福、保民族复兴”，使得保密工作更成为维护国家安全和利益的重要手段。

三、保密工作的方针和原则

（一）保密工作的方针

保密工作的方针，是指党和国家确定的关于保密工作的指导性原则和基本要求，对保密工作的开展以及保密工作所涉及的重大政策性问题，具有重要的指导意义。2010 年新修订的《保密法》在总结保密工作的实践经验、结合保密工作现实特点和方法的基础上，规定“保守国家秘密的工作，实行积极防范、突出重点、依法管理的方针，既确保国家秘密的安全，又便利信息资源合理利用”，如图 1-1。

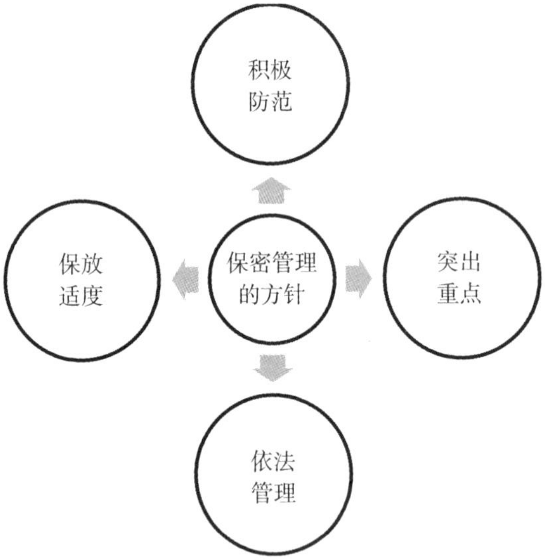

图 1-1 保密管理方针

“积极防范”是结合保密工作的基本任务而确立的。保护国家秘密不被泄露和非法获取是保密工作的目标。必须把保密工作的关口前移，预防为主，事先防范，未雨绸缪，防患未然，把工作做在前面，全方位组织协调，积极筑牢由人防、物防、技防组成的安全防线，提升保密工作的水平，形成体系化对抗能力，确保国家秘密的安全。

“突出重点”是抓好保密工作的重要方法。“突出重点”即在形成综合防治的保密工作大格局中，突出抓好重点。保密工作涉及领域甚宽，基本涉及各领域、各部门、各行业，必须坚持突出重点，处理好重点与一般的关系，管好重点，管好核心，优先重点领域和重要方面的保密工作，确保核心秘密安全。保密工作体系完备，保密管理内容广泛，涉密要素多，涉密事项多，从工作要素管理出发，必须优先做好制约保密工作全局的保密管理，比如定密管理、人员管理、网络管理等，有所侧重，把握关键；再比如人员还有核心涉密人员，载体还有绝密级载体，场所还有重点要害部门部位，设备还有绝密级设备等，都必须采取更为严格的管控，确保其安全。从业务领域管理出发，必须首先确保涉及政治、国防、外交、军事、科技等影响国家安全和发展领域的国家秘密安全。但突出重点不是只要重点，因为国家秘密无小事，任何一项国家秘密的泄露都会给国家安全和利益带来损失，所以突出重点的前提必须是统筹兼顾。

“依法管理”是依法治国基本方略在保密工作中的运用和体现，即“依法治密”。要牢固树立法制观念，树立保密依法行政、依法管理的观念，积极稳妥推进保密法制化建设，建立健全保密法律法规体系，同时要确立保密行政管理部门的执法地位，严格执法程序，规范执法行为，建设执法能力，实施依法管理。具体来说，一是有法可依，建立完善的法制体系，不断增强保密法治体系的质量，完善保密法制体系，增强保密法治体系的完整性、权威性和有效性，将保密工作纳入科学、严谨、完备的法治体系中；二是要有法必依，保密工作人员要以很强的保密法制观念，依法依规开展保密工作；三是要执法必严，无论是保密行政管理部门还是从事保密工作的个人，都必须严格按照保密法律法规办事，严格履职尽责；四是要违法必究，对违反保密法律法规的行为依法查处，并依法追究法律责任。

“保放适度”，既确保国家秘密安全，又便利信息资源合理利用，是保密工作必须遵循的一个重要准则：在确保国家秘密安全的前提下，努力实现国家秘密保护和信息资源利用之间的平衡，做到该保的必须保住、可以放宽的尽可能放宽控制范围、该公开的必须公开。为处理好“信息保密”和“信息公开”的关系，依法保障公民的知情权、参与权和监督权，必须遵循“法律行政法规规定公开的事项，应当依法公开”的原则，对于法律法规要求公开的事项，不得以保密为由不予公开或者拒绝公开，公开的事项不得泄露国家秘密，公开的程序和方式也必须符合法律规定。

（二）保密工作的基本原则

保密工作有其自身的客观规律。新时期保密工作应坚持总体国家安全观，遵循"党管保密、依法管理、综合防范、创新驱动"的基本原则。如图1-2。

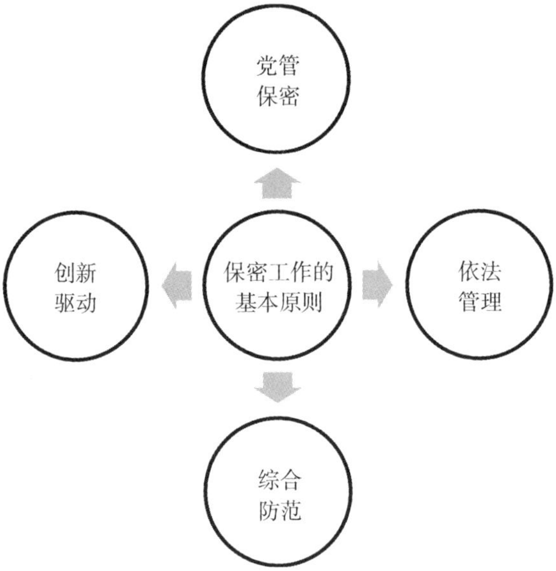

图1-2　保密工作的基本原则

1. 党管保密原则

党管保密是我国保密管理的本质特征，是我国做好保密工作的最大政治优势和组织优势。坚持党管保密，就是要坚持和完善党对保密工作统一领导的体制机制，充分发挥各级党委（党组）及其保密委员会总揽全局、统筹谋划、协调各方的作用，强化领导干部保密工作责任制，确保贯彻落实党的保密工作方针政策。

党对保密工作的直接领导，是通过党的政策和党的保密管理专门组织——保密委员会来实现的。各级党委必须认真履行保密工作职责。党的直接领导主要体现在充分发挥党的政治组织优势，全面制定和实施党的一系列保密工作重大政策，把握方向，总揽全局，宏观决策，有效监督，充分发挥强有力的组织领导作用。中央保密委员会是党中央统一领导党、政府和军事保密工作的领导班子。在实际工作中，各级党委保密委员会对同级党委负责，上级保密委员会要加强对下级保密委员会工作的指导和监督。

2. 依法管理原则

依法管理是指各级保密行政管理部门及其工作人员为了维护国家安全和利益，依照保密法律、法规、规章和制度进行的行政管理行为。坚持依法管理，就是要贯彻落实全面推进法治战略部署，提高运用法治思维和法制方式管理国家秘密的能力和水平，以推动保密工作在法治轨道上的专业化、规范化、科学化发展。

保密工作是党和国家的一项重要任务。依法管理国家秘密是执政党依法治国的重要内容，也是各级政府依法行政的基本要求。《保密法》实施以来，保密工作逐步走上了法制化的轨道。近年来，各级保密行政管理部门和保密工作机构认真贯彻落实一系列重要文件要求，进一步加强制度建设，严格行政执法，加强执法监督，逐步提升依法办事能力和水平，保密工作的改进，在依法行政方面取得了显著成效，对推进依法治国基本战略的实施，确保改革开放和社会主义现代化进程顺利进行起到了重要作用。

3. 综合防范原则

综合防范，就是要落实机关、单位保密工作主体责任，强化保密监督管理，技管并用、惩防并举，人防、物防、技术防御能力的一体化发展，构建扎实有效的综合安全防御体系。

综合防治的出发点是综合。要使“预防为主”的工作方针落到实处，必须综合运用多种方法，如责任制的建立、制度的完善，防护措施到位，保密宣传教育普及并突出重点，监督检查不流于形式，保密管理严谨规范，保密工作奖惩分明等。

4. 创新驱动原则

创新驱动，就是要不断创新保密理念、体制机制和方法手段，充分应用新技术在保密工作中的支撑和引领作用，营造创新发展环境，增强自主创新能力，整合社会力量，不断创新突破保密核心关键技术，培育新兴产业，建设战略性保密科技队伍，推动保密工作创新发展。

创新驱动，首先是理念的创新。要充分意识到保密工作的重要性，充分意识到必须用最新的理论成果来指导保密工作，充分意识到必须用最新的科技成果来支撑保密工作，充分意识到保密工作必须不断转型升级，充分意识到必须主动适应新形势给保密工作带来的新挑战。

第二节 保密工作的主要任务和机关、单位保密工作体系

一、保密工作的主要任务

新时期对保密工作的主要任务提出了新的要求，如图 1-3。

图 1-3 新时期保密工作的主要任务

一是加强保密法制建设，包括制定保密法规制度和组织法规制度的贯彻实施；开展保密行政执法；开展普法教育；开展保密执法监督等。

二是实施保密行政管理工作，包括对涉及国家秘密的人、法人及其他社会组织的管理；对涉及国家秘密事务的管理；对属于国家秘密事项、信息及其载体的管理以及对保密工作自身的各种管理等。

三是开展保密宣传教育工作，包括开展保密法制宣传教育，普及保密法律知识；开展党和国家有关保密工作方针、政策和保密纪律规定方面的宣传教育；开展保密与窃密斗争形势的宣传；开展普及保密技术知识宣传教育；开展保密管理基本知识宣传教育以及对保密工作自身的重要性和必要性的宣

传教育工作。

四是开展保密监督检查，保密检查是《保密法》赋予保密工作的一项重要任务，也是保密工作的一个重要抓手。通过保密监督检查，及时发现保密安全隐患，筑牢保密安全防线。

五是研究、开发、推广应用保密技术，包括编制和组织实施保密技术发展规划、计划；制定保密技术装备标准；组织保密技术项目研究；推广应用保密技术装备；开展保密技术行政管理等。

六是开展保密工作理论和政策研究，探索保密工作的基本规律，制定各项保密工作的具体政策和对策。

七是加强保密干部队伍建设，按照“懂技术，懂法律，善管理和有较高政治思想水平”的要求，全面提高保密干部的政治素质和业务素质。

二、机关、单位保密工作体系

大到国家层面，小到机关、单位，持续深入贯彻落实党中央关于加强保密工作的决策部署，实现保密工作转型升级总目标，都离不开全面系统、科学严密、运行顺畅的保密工作体系支撑。《保密法》第七条规定：“机关、单位应当实行保密工作责任制，健全保密管理制度，完善保密保护措施，开展保密宣传教育，加强保密检查。”这是对机关、单位保密工作的准确界定和精练表述，结合实际工作，保密工作体系建设的具体内容应包括实行保密工作责任制、健全保密管理制度、做实保密管理、开展保密宣传教育、加强保密监督检查，提升保密技术支撑等主要方面，如图 1-4。

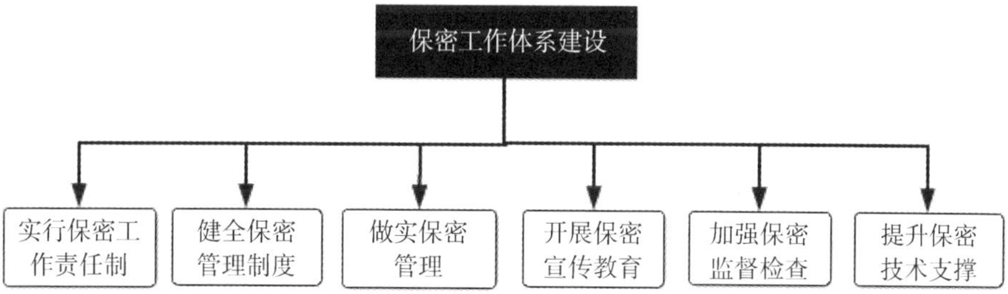

图 1-4　保密工作体系建设

第一，实行保密工作责任制，将保密责任具体细分，落实到不同责任主体，使各层各级明确保密职责，认真履行保密责任，形成层层压实、分级负责的局面，确保保密要求落到实处。保密工作责任制是各级责任主体履责的依据，也是机关、单位追责的依据。

第二，健全保密管理制度，以保密法及其实施条例为基本遵循，对保密法规制度进行总体谋划设计，制定行之有效的保密工作制度体系。同时，结合机关、单位实际，对仍存在制度空白、无据可依的保密管理重点难点问题，积极探索规范管理的举措，并在实践中总结经验、固化于制。

第三，做实保密管理，夯实保密工作基础。要按照“谁主管，谁负责”的归口管理原则，各涉密单位、涉密部门、涉密主体均认真履行好保密管理的主体责任，按照保密法规制度规范做好所涉及的保密业务的保密管理。做实保密管理是落实保密制度的具体体现。

第四，开展保密宣传教育，抓好关键环节。通过保密宣传教育培训，增强机关、单位及工作人员的保密意识，强化保密责任观念，提高保护国家秘密安全的能力。保密宣传教育的对象不只是涉密人员和保密干部，而是全员全覆盖。广泛开展保密宣传教育是保密工作的关键环节，对于做好保密工作意义重大。

第五，加强保密监督检查，发挥工作抓手的“利剑”作用。保密监督检查是保密行政管理部门的法定职权，也是机关、单位保密工作机构的重要工作内容，其意义在于督促各机关、单位和涉密人员严格遵守保密法律法规及工作制度，严格落实各项保密管理的操作规程。

第六，提升保密技术支撑，实现保密方式的转型升级。做好信息化条件下的保密工作，必须全面发展保密科学技术，持续加强保密技术服务、科技测评和技术监管等方面的整体技术体系，不断推进保密技术服务、测评、监管机构和基础设施建设，充分发挥好保密科技的预警防范、支撑保障作用，切实增强与高科技窃密泄密相抗衡的能力水平。

第三节 保密工作的历史沿革与发展

保密工作伴随国家的产生而产生，是国家行政管理工作的有机组成部分。学习和研究保密工作的历史沿革与发展有利于进一步认识了解保密工作，掌握保密工作的基本规律与核心要义，增强保密意识，丰富保密知识，更好地推动保密工作的高质量发展。

一、古代保密工作

在中华民族五千年的历史长河中，保密一直若隐若现地存在着。不难发现，凡国家安危、百姓生息、个人祸福、事业成败，很多与保密相关，保密思想及制度传统源远流长，成为保障统治阶级利益的理念与手段。

我国有文字记载的保密思想可以追溯到3000多年前的商、周时代。古代的保密思想可以概括为如下几点：一是认为保密是关乎社稷存亡的大事，不得不慎重。例如，《易·系辞上》中有："子曰：乱之所生也，则言语以为阶。君不密则失臣，臣不密则失身，几事不密则害成。是以君子慎密而不出也。"二是认为保密是决定军事胜负的重要因素。所谓"三军之事，莫重于密"。三是保密以驭下。保密是君主树立权威、巩固统治的手段，是臣子的一项义务，是对君主忠诚的表现。因此，"忠臣不显谏，大臣奏事不宜漏泄"。

古代的保密制度随着保密思想的产生而建立。我国古代的保密制度最早可追溯到夏朝，夏朝室官开始注重对公文进行保密性的收藏。在商朝更加注重文书档案的管理，设立守藏史一职，专门负责保管公务文书和典册。到了西周时期，社会形态已由奴隶制转向封建制，保密方法和手段也进一步发展与完善，这时发明了"一合而再离，三发而一知"的阴书，这种保密制度大大减少了泄密风险，在后代也经常被借鉴。

"机密"一词最早出现在汉代。刘向在给汉成帝刘骜的一个上疏中写道："审固机密，览往事之戒。"《后汉书·郅恽传》中也有"臣愚以为寿机密近臣，匡救为职"的记载。"秘密"一词最早出自《晋书·刘隗传》："万机秘密，皆豫闻之。"

秦汉时期，随着高度统一的中央集权国家的建立，国家政权更加注重军事事项的保密以维护皇权统治。秦代，朝廷选派专门人员传递机要文书，到了汉代，国家制定了公文密级，并对泄密的官员定有"漏泄省中语""泄密书"等多种罚名。

唐代是我国封建社会发展的鼎盛时期，相应的保密制度也更为健全。当时，《唐律疏议·职制》"漏泄大事"条规定了"事应密"的概念，对什么是秘密事项及秘密事项的范围和原则进行了规定。此外，唐朝在借鉴历代公文保密制度的基础上，形成了一套体系完善的公文保密制度。

唐代以后的宋、元、明、清各朝代，保密制度主要是遵循《唐律》的保密制度，并在此基础上加以演变发展。宋朝规定禁止复印事关边防政治、军事及时事的重要公文，严禁泄密，并制定了处罚条律。明代出现了由内阁直达皇帝的机密文书"揭贴"制度。清代的保密制度更加完备，创设了"实封进奏""廷寄"等保密制度。

古代的保密工作在维护和巩固封建统治方面发挥了重要作用，也为后代的保密工作提供了借鉴。

二、近代保密工作

1840年，中英鸦片战争爆发，外敌入侵成为国家保密工作的主要威胁。此后，清政府出台了一些涉外保密制度及规定，如设军咨处，负责军事情报信息收集及传递。清朝末年制定的法典《大清新刑律》分则第五章对泄密罪作了具体规定，这对后来的保密法律制度有一定的借鉴意义。

1911年10月10日，武昌起义爆发，推翻了清王朝的腐朽统治，成为中国走向民主共和的开端。1912年1月1日，中华民国临时政府宣布成立，临时政府在保密管理方面基本延续了清朝在保密管理方面的一些制度。南京国民政府时期，国民党对公文的处理与保密都作了相应规定。例如，《各部会审查处理公文改良办法》规定收文分为急要件、要件、普通件、密件，分色呈阅。此外，国民政府在刑法中规定了对“泄密犯罪”的处罚。例如，1935年国民政府颁布的《中华民国刑法》对各类泄密的处罚作了明确规定。

中国共产党是在帝国主义列强掠夺分割、封建统治和军阀混战的社会背景下成立的。中国共产党在成立之初就十分重视保密工作。党的“一大”通过的《中国共产党第一个纲领》明确指出：“在党处于秘密状态时，党的重要主张和党员身份应保守秘密。”这是中国共产党最早的保密工作规定。党的第二次全国代表大会通过的《党章》规定，“泄露本党秘密”者，“必须开除之”。1926年1月，中共中央组织部下发通告《加强党的秘密工作》。这是建党以来第一个关于保密工作的专门性文件。为加强对秘密工作的领导，党成立了中共中央秘密工作委员会，这是受中央政治局直接领导的保密工作专门机构，之后先后制定了《中共中央秘密工作条例》《中共中央秘密工作委员会关于秘密技术工作的规定》等保密工作重要文件，对全党的保密工作提出了具体要求。

抗日战争爆发后，党根据抗日战争形势，提出了公开工作与秘密工作相结合的保密工作新方针，坚持保密工作走群众路线的原则。此外，中央成立了社会部，由中央社会部主管保密工作。1941年，抗日战争处在十分艰巨的时刻，为进一步做好保密工作，夺取抗日战争的伟大胜利，毛泽东同志在延安亲笔为保密工作题写了“保守党的机密，慎之又慎”。这个题词已成为当下我党保密工作的箴言。

解放战争时期，中国共产党成立了中央保密委员会，同时各级党政军单位也成立了保密委员会。1948 年，制定了《中共中央保密委员会章程》，规定了中共中央保密委员会的性质、任务、组织及工作方法。该《章程》规定，保密委员会不是行政领导机构，而是业务指导机构。从中央保密委员会到各级党政军的保密委员会直至各部门的保密工作者，在解放战争时期，形成了一个较完善的保密工作网络，为国家保密工作的建立奠定了坚实的基础。

三、现当代保密工作

中国现当代的保密工作随着社会的进步、时代的变化不断地调整、发展与完善，为国家的日益壮大、繁荣昌盛奠定了基础。

从中华人民共和国成立到 1953 年，是医治战争创伤、恢复国民经济时期。在这个时期，中央以巩固政权、发展经济为主要任务，保密工作的方针、政策根据任务的变化而加以调整，形成了保密管理体制，并加强了保密法制建设。1949 年 11 月 9 日，中共中央作出《关于成立中央及各级党的纪律检查委员会的决定》：“我们的党已成为全国范围内执政的党，各级民主联合政府已经建立或即将建立……为了更好地执行党的政治路线及各项具体政策，保守国家的与党的机密，加强党的组织性与纪律性，密切地联系群众，克服官僚主义，保证党的一切决议的正确实施。”党中央、政务院、中央军委下发一系列文件规定，为创建国家保密法律制度奠定了坚实的基础。1951 年 6 月 8 日，中华人民共和国保密工作的第一部专门法规《保守国家机密暂行条例》公布施行，内容包括立法宗旨、国家秘密范围、保密组织、调整对象、保密制度、奖励和泄密惩处等，标志着“统一的、国家规模的保密工作”体制的建立。为加强对全党全国保密工作的领导和管理，中央对保密委员会的调整和国家保密组织机构的建立，作出了重要部署和系列安排。1951 年，中央书记处扩大会议决定重建中央保密委员会，同时成立政务院干事组保密委员会，管理政府系统的保密工作。1953 年 5 月，成立中央保密委员会办公室，承担日常保密工作任务。

从 1953 年到 1956 年，是大规模国民经济建设准备时期，也称过渡时期。中央根据国家经济建设的需要，把保密工作从服务于政权巩固逐步转移到保障社会主义经济建设方面。当时，全国各地报刊出版物对国家经济建设的大量报道存在一些严重泄密问题，为加强对经济建设宣传报道的保密管理，中共中央于 1954 年 12 月 14 日发出《关于在报刊出版物上保守国家工业建设秘密的指示》，划分可公开报道与控制宣传报道的范围，提出了相关保密措施。

从1956年到1966年上半年，是高度集中的国民经济高速发展时期。这一时期的保密工作是在之前的基础上，以更高的水平为经济建设提供服务和保障。1956年10月9日，国务院发出《关于划分保密范围和改善资料供应工作的通知》，在此基础上统一秘密等级，将国家秘密划分为“绝密”“机密”“秘密”三级。1988年《保密法》颁布，三个秘密等级的划分以国家法律形式得以正式确定。1958年8月，中共中央发出《关于科学技术保密问题的规定》，对划分科学技术保密范围、对国外的保密和在国内的交流与推广、宣传报道等作出原则性规定。这一时期党中央的保密工作理论实践探索，对今天的保密工作仍然具有重要的指导意义。

从1966年5月到1976年10月，是国家经济建设遭受严重破坏时期，保密组织全部瘫痪，“无密可保”“保密无用”“不替走资派保密”等观念盛行，泄密问题空前严重，造成极为惨痛的后果。

1978年12月，中国共产党第十一届三中全会召开，这是我党历史上具有里程碑意义的会议，标志着我国进入开创建设中国特色社会主义的新的历史征程，保密工作也进入全新的历史时期。

1978年7月，中央规定恢复中央保密委员会及其办事机构。1980年6月，中央保密委员会确定保密工作统一领导、分工管理、逐级负责的管理原则，统一领导党政军和科学技术保密工作。20世纪80年代初，中央和地方保密组织机构建设任务及基本完成，保密工作的开展有了很大进展。1988年3月，国务院决定成立国家保密局，与中央保密委员会办公室“一个机构，两块牌子”。国家保密局的建立，标志着我国保密管理体制的基本形成。

1988年9月5日，第七届全国人大常委会第三次会议通过并颁布《保密法》。1990年经国务院批准，国家保密局颁布了《保密法实施办法》。随后，相继制定发布了一系列专门保密规章制度，我国保密法规框架体系基本形成。2010年4月29日，第十一届全国人大常委会第十四次会议修订通过的《保密法》公布。2014年1月17日《中华人民共和国保守国家秘密法实施条例》(以下简称《保密法实施条例》)由国务院公布，并自2014年3月1日施行。这是保密法修订后我国保密法制建设的又一件大事，对于进一步做好新形势下的保密工作，更好地维护国家安全和利益，具有十分重要的意义。

当今世界，现代信息技术的飞速发展，将人类带入了信息时代。互联网、物联网、大数据、云计算、人工智能、区块链等新兴技术的迅速发展和广泛应用，使得保密与盗窃之间的斗争日益尖锐和复杂，保密工作面临的形势和工作环境发生了深刻变化，在强化敌情观念、改进技术手段、严格网络管理等方面提出了确保保密安全的要求。保密工作切实担负起保党的长期执政地位、保国家安全、保人民幸福、保民族复兴的重要使命，为全面建设社会主义现代化强国提供坚实的保密保障。

第二章　保密责任主体

保密工作必须实行工作责任制，这是《保密法》的明确规定。而实行保密工作责任制的前提就是要厘清责任主体。明确保密责任主体，是实行保密工作责任制的需要，更是将保密责任落到实处的基本要求。

第一节　保密责任主体概述

一、保密责任主体的概念

保密责任主体是指按照保密工作职责和权限，依照相关制度，对保密工作负有责任并承担责任后果的机构或人员。保密责任主体可以从机构和人员两个维度划分。

从机构维度来说，指的是相关机关、单位及其各级内设机构。在具体的保密工作实践中，机关、单位通常实行“机关、单位——内设机构(例如单位内部的职能部门、直属单位、挂靠单位等)——内设机构所属部门(例如处、科、室等)——以下其他层级机构”多级保密责任体系。单位保密委员会为单位保密工作领导机构，统一领导单位保密工作。保密委员会下设办公室，负责组织、协调、指导和监督单位保密工作落实情况，推动保密工作与业务工作相互融合发展。机关、单位及其各级内设机构除做好自身的保密工作外，还应结合业务工作实际，归口负责业务工作范围内的保密管理工作和相关工作制度制定，并将相关保密要求融入业务工作制度。

从人员维度来说，也是由机构衍生的，保密责任主体是各级机构的负责人。保密责任遵循“业务工作谁主管，保密工作谁负责”的原则，即保密工作和业务工作高度融合。因此保密责任主体即为各级机构的负责人，包括机关、单位的负责人和内设机构的负责人、内设机构所属部门的负责人、涉密人员等均是保密责任主体。

机构类责任主体与人员类责任主体是相互联系、协调统一的。人员是机构中的人员，机构是人员的集合体。机构类保密责任重在组织、集体的责任，人员类保密责任重在岗位、角色的责任。当人员责任主体为某机关、单位、内设机构保密责任人时，人员责任主体也同时要承担机构保密责任。

二、保密工作责任制的概念

保密工作责任制，是指以党和国家保密工作方针政策、法律法规为标准，保密工作责任主体根据其职责权限，履行保密工作职责的一项重要制度。简单地说，即明确保密责任主体保密责任的制度。

保密工作责任制是保密法律制度的重要内容，是加强保密工作的重要保证，是保密法对各级机关、单位保密工作提出的基本要求，也是新修订保密法的亮点之一。保密工作责任制分为机构类保密工作责任制和人员类保密工作责任制。机构类保密工作责任制包括机关、单位保密工作责任制、保密工作机构工作责任制、内设机构保密工作责任制和保密要害部门部位工作责任制等；人员类保密工作责任制包括主要领导干部保密责任制、保密干部工作责任制、涉密项目负责人工作责任制和涉密人员工作责任制等。

(1)机关、单位保密工作责任制。

《保密法》第七条明确规定："机关、单位应当实行保密工作责任制……"机关、单位保密工作责任制是指规定机关、单位依据《保密法》的要求，应当承担的保密工作和应当履行的保密职责。机关、单位保密工作责任制的主要内容如下：贯彻落实党和国家保密工作方针政策和保密法律法规；建立保密工作机构，指定工作人员，负责保密工作的组织开展；为保密工作的组织开展提供人力、财力、物力保障；开展保密宣传教育培训，健全保密管理制度，完善保密防护措施；将保密工作情况纳入考核体系；严肃查处泄密事件等。

(2)保密工作机构工作责任制。

保密工作机构是指机关、单位内设的从事保密管理工作的部门。保密工作机构工作责任制是要明确机关、单位的保密委员会或保密工作领导小组的办事机构的工作职责。保密工作机构的主要职责包括：组织制定本机关、本单位保密基本制度，拟制年度保密工作计划；组织确定和调整保密要害部门部位；依法组织开展保密宣传教育、保密检查、保密技术防护和泄密案件查处等工作；对机关、单位各层级、各部门的保密工作进行指导、监督与服务；对保密检查中发现的违规、泄密问题采取相应方式进行处理等。

(3)内设机构保密工作责任制。

内设机构包括机关、单位的各层级内设机构。内设机构保密工作责任制就是明确各层级内设机构保密工作职责的制度，内容包括：明确本机构保密责任人和保密负责人，并指定专人开展保密工作；贯彻上级有关部门以及机关、单位关于保密工作的文件和指示精神，并提出明确落实要求；研究解决保密工作中存在的问题；促进保密工作与业务工作相融合，履行归口管理职责；配合机关、单位的保密监督检查，并对本机构保密工作责任制落实情况进行自查；组织参加并开展必要的教育培训等。

(4)保密要害部门部位保密工作责任制。

保密要害部门部位保密工作责任制，是要明确保密要害部门部位及其所属机构所应承担的保密职责。保密要害部门部位保密工作责任制具体包括：明确人防、物防、技防的保密防护与管理要求；严格履行保密管理职责、开展保密培训和保密自查；配合做好违规违法事件等。

(5)领导干部保密工作责任制。

中央高度重视领导干部保密工作责任制的落实，《中共中央关于加强新形势下保密工作的决定》明确规定“要落实保密工作领导责任制”。领导干部保密工作责任制，是要明确领导干部在其岗位职责权限范围内应当承担的保密责任。领导干部保密工作责任制作为保密工作责任制的核心部分，深深影响着保密工作责任制的实施与落实效果，也是新形势下加强保密工作的必然要求。

(6)保密干部工作责任制。

保密干部工作责任制即明确保密干部应当履行的保密职责。保密干部一般是指机关、单位专兼职从事保密工作的人员，是保密工作的具体承担者，对机关、单位的保密工作的组织、实施起到重要作用。保密干部工作责任主要明确根据其岗位职责应当承担的保密工作，比如：从事法规研究的干部、从事保密宣传教育的干部、从事监督检查的干部、从事保密技术的干部、从事涉密信息系统测评的干部、从事涉密资格审查认定的干部等，保密责任各有侧重等。

(7)涉密项目负责人工作责任制。

涉密项目负责人一般是指涉密事项、涉密课题等专项工作的负责人，比如涉密任务、涉密科研项目负责人。涉密项目负责人工作责任制就是明确项目负责人的责任，这些责任主要包括：负责涉密专项工作保密制度的制定，指定专人负责保密工作，对涉及的人员、设备、载体、网络、场所以及会议、新闻宣传等进行严格的保密管理，开展必要的保密宣传教育和保密监督检查等。

(8)涉密人员工作责任制。

涉密人员工作责任制即明确在涉密岗位工作的人员应履行的保密责任。不同类别、不同岗位的涉密人员保密责任会有所不同，但都应当严格履行共性的保密责任。涉密人员的共性保密责任包括：遵守保密法律法规、规章制度；接受涉密资格审查，严格保守国家秘密；接受保密教育培训，掌握必备保密知识技能；签订保密承诺书，接受保密监督、检查和考核；及时报告所发现的泄密隐患或泄密行为；承担泄密责任等。

三、保密责任主体的地位和作用

(一)保密责任主体是制定保密工作责任制的前提

实行保密工作责任制是《保密法》的规定，也是保密管理的基本要求。《保密法》第七条规定："机关、单位应当实行保密工作责任制，健全保密管理制度，完善保密保护措施，开展保密宣传教育，加强保密检查。"由此，机关、单位都必须依法建立保密工作责任制。实践证明，保密工作实行责任制十分重要。责任制是相关人员履责的重要依据。细化保密工作的具体内容，使机构和人员明确保密工作中的职责、任务、权限、义务和工作内容，按照责任制履责，工作有方向有目的，提高工作的针对性，从而提高保密工作的整体能力和水平；责任制是机关、单位追责的重要依据。当工作出现问题时，责任制也成为执纪问责的重要依据。根据细化的工作职责，很容易发现工作疏漏和失误处在哪个环节、处在哪个部位。对未履行保密主体相应责任的主体，进行相应追责；责任制是提高保密工作实效的重要手段。责任制对机关、单位负责人及工作人员相应的保密工作责任进行了明确规定和有效管理，把保密工作落实到人，为相关机关、单位的负责人及工作人员开展保密工作提供了行动指南与工作遵循，有助于确保保密工作万无一失，切实提高了保密工作的实效。

制定责任制，首先是明确责任主体，只有将责任细化，具体到岗到人，才称其为责任制。正如"皮之不存，毛将焉附"，如果没有责任主体，责任制的制定只能是一句空话。

(二)保密责任主体是保密责任的承担者

责任制是将责任细化，落实到不同责任主体，体现为不同责任主体承担相应的保密责任。《保密法实施条例》第六条规定，机关、单位实行保密工作责任制。机关、单位负责人对本机关、本单位的保密工作负责，工作人员对本岗位的保密工作负责。机关、单位工作人员既是保密管理的对象，又是保密工作的主体，做好保密工作，依法履行保密职责义务，是法律赋予的基本职责，是各项保密管理措施落到实处的关键环节。简而言之，责任主体应遵循“业务工作谁主管，保密工作谁负责”的原则，对相应业务范围的保密工作，承担相应业务范围的保密责任。

(三)保密责任主体是实现保密工作目标的重要因素

明确保密主体，是做好保密工作的重要抓手，有助于形成主要领导亲自抓、分管领导具体管、保密工作机构统筹组织协调，业务部门归口履行保密职责的保密工作组织架构；有助于充分调动各方力量的主动性、积极性，切实提高责任主体的保密责任意识；有助于各级保密主体分工明确、合理协作，把保密工作纳入单位目标考核内容，自觉遵守保密法律法规和规章制度；有利于把保密工作同业务工作有机融合，用保密管理为业务工作保驾护航。只有明确了责任主体，才能确保保密工作各项任务落到实处，不断开创保密工作的新局面，从而更好地“围绕中心，服务大局”，推动各项事业的健康顺利开展，实现保密工作目标。

第二节 保密责任主体的确定及责任划分

一、保密责任主体的确定

保密责任主体分为机构和人员两大类。遵循归口管理的原则，即“业务工作谁主管，保密工作谁负责”“保密工作与业务工作相融合”的要求，从机构和人员两个维度进行确定，将保密责任根据保密责任体系的建立层级划分到机关、单位各级内设机构，同时根据机构工作岗位的业务范围和职责，落实到各级机构的领导干部、工作人员，分别形成机构类责任主体和人员类责任主体，实现保密工作与业务工作同计划、同部署、同落实、同检查，使保密工作与业务工作无缝衔接，将保密责任落到实处。

从机构维度，可以根据机关、单位的保密责任体系来确定责任主体的层级，比如最高层级的责任主体——机关、单位的保密工作决策层(通常指保密委员会)；第二层级的责任主体——机关、单位的直属内设机构层；第三层级的责任主体——内设机构的直属部门层，依此类推……

从人员维度，可以根据机构岗位级别来确定不同的责任主体，比如说机关(单位)负责人、分管保密工作的负责人、分管其他业务工作负责人、各级所属机构(部门)负责人、涉密岗位的负责人、保密员以及其他涉密人员等。

二、保密责任主体的责任划分

根据机构类责任主体和人员类责任主体两个维度的多级保密责任体系，可以按照多个层级对保密责任主体进行划分，还可以将不同层次的机构类责任主体和人员类责任主体进行逻辑对应。如图 2-1。

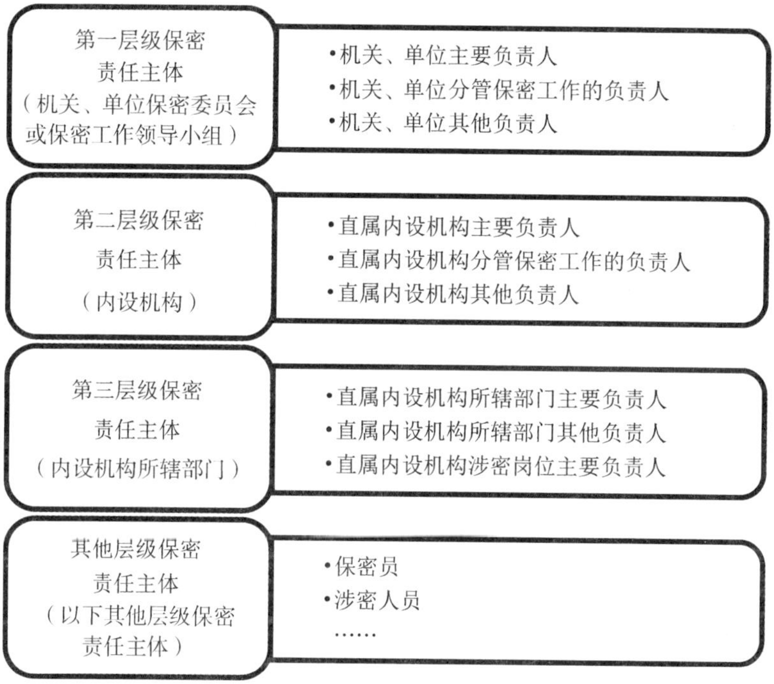

图 2-1　各级保密责任体系

第三节　保密责任主体的责任落实

实行保密工作责任制，旨在使各级责任主体切实落实保密责任。而制定保密工作责任制，成为实行保密工作责任制的基础。在责任制的指引下，各级机构类责任主体不仅要负责本机构的保密责任，还应根据本机构业务工作的管理权限，负责本业务范围内的保密责任。将保密工作与业务工作同计划、同部署、同落实、同检查，履行归口责任，实现保密工作与业务工作的高度融合。与此同时要求各级人员类责任主体根据岗位职责认真履职，要清楚岗位保密责任，认真学习保密知识，不断提高保密意识，提升保密能力，履行好保密职责。

一、制定责任制

制定保密工作责任制度，明确本机关、单位各部门和相关人员的保密工作职责权限，这是落实责任制的第一步。制定并实行保密工作责任制，符合宪法一切国家机关“实行工作责任制”的规定，是保密工作贯彻落实宪法精神，严格遵循宪法基本制度的重要体现。制定并实行保密工作责任制，是《保密法》中“机关、单位应当实行保密工作责任制，健全保密管理制度，完善保密防护措施，开展保密宣传教育，加强保密检查”规定的具体体现。保密工作责任制是保密法律制度的一项重要内容，各机关、单位应当结合工作实际，细化保密工作责任的具体内容，确保责任制度可执行性。各类各级保密责任主体的责任划分参考《某单位保密责任主体的责任划分》(见实证参考示例 2-3-1、2-3-2)。

二、签订责任书

签订责任书是目前应用广泛、行之有效的落实责任方式。保密机关、单位应根据责任体系的设立，组织与各级保密责任主体(机构、人员)层层签订《保密责任书》，以明确机构和责任人的保密责任，确保保密工作责任全覆盖。要求全体保密责任主体严格执行保密法规和各项制度，落实保密责任，履行保密义务，树立保密意识，严守保密纪律、筑牢保密防线，增强防范能力，严格自我管理，将保密责任层层压实，严防泄密事件发生。责任书样式见《保密责任书样式》(见实证参考示例 2-3-3、2-3-4)。

三、责任落实的监督与考核

监督与考核是推动保密责任落实的重要抓手。因此，必须重视保密工作责任制落实的监督与考核，检查各类各级责任主体关于责任的落实情况。对保密主体履行保密工作责任制的监督，可以单项进行，也可以纳入机构、干部综合监督考核体系。保密责任落实监督与考核的主要方法包括将保密工作责任制的履行情况纳入领导干部述职的内容，纳入领导班子民主生活会的内容；纳入年度考核、岗位评价的内容；纳入单位政治巡视，对保密责任的履职情况进行对照检查等。

四、实证参考

示例 2-3-1：某单位机构维度保密责任主体的责任划分

（一）第一层级保密责任主体：机关、单位的保密责任

（1）机关、单位保密委员会（保密工作领导小组）为机关、保密单位保密工作领导机构，统一领导和管理单位保密工作。保密委员会下设办公室，负责组织、协调、指导和监督检查本机关、单位保密工作落实情况，推动保密工作与业务工作相互融合发展。

（2）贯彻党和国家有关保密工作的方针政策和法律法规，组织制定并监督落实保密工作制度。

（3）了解和掌握本机关、单位保密工作情况，及时研究解决保密工作重大问题，为保密工作提供机构、人力、财力、物力等条件保障；

（4）积极开展保密宣传教育和保密监督检查；

（5）组织开展保密考核和评奖评优工作；

（6）组织查处保密违规及失泄密行为。

（二）第二层级保密责任主体：内设机构的保密责任

（1）明确本机构保密责任人和保密负责人，并指定专人开展保密工作；

（2）贯彻上级有关部门以及机关、单位关于保密工作的文件和指示精神，并提出明确落实要求；

（3）研究解决保密工作中存在的问题；

（4）促进保密工作与业务工作相融合，履行归口管理职责；

（5）配合机关、单位的保密监督检查，并对本机构保密工作责任制落实情况进行自查；

（6）组织参加并开展必要的教育培训。

（三）第三层级保密责任主体：内设机构所属部门的保密责任

（1）明确本部门保密责任人和保密负责人，并指定专人开展保密工作；

（2）研究解决保密工作中存在的问题；

（3）组织参加并开展必要的保密教育培训和保密自查；

（4）响应所属内设机构做好其他保密工作。

（四）其他层级保密责任主体：以下所属机构的保密责任

（1）相应明确保密责任人和保密负责人，并指定专人开展保密工作；

(2)研究解决保密工作中存在的问题；

(3)组织参加并开展必要的保密教育培训和保密自查；

(4)做好其他保密工作。

示例 2-3-2：某单位人员维度保密责任主体的责任划分

(一)第一层级责任主体的保密责任

(1)单位主要负责人保密责任。

单位主要负责人对机构保密工作负全面领导责任：

①贯彻党和国家有关保密工作的方针政策和法律法规，并提出明确落实要求；

②了解和掌握单位保密工作情况，及时研究解决保密工作重大问题；

③为保密工作提供人力、财力、物力等条件保障；

④组织制定保密工作责任制。

(2)单位分管保密工作的负责人保密责任。

单位分管保密工作负责人对保密工作负具体领导责任：

①组织研究和部署落实单位保密工作；

②协调解决保密工作中的重点、难点问题；

③监督、检查保密工作落实情况；

④为保密工作机构履行职责提供保障。

(3)单位其他负责人的保密责任。

单位其他负责人对分管业务范围内的保密工作负直接领导责任：

①将保密管理要求融入分管业务工作；

②组织制定分管业务范围内的保密管理制度和措施，并督促检查落实；

③在分管业务范围内为保密工作开展提供保障。

(二)第二层级责任主体的保密责任

(1)内设机构主要负责人保密责任。

内设机构主要负责人对本机构保密工作负全面领导责任：

①明确一名保密工作负责人，具体分管保密工作，并选配保密干部负责日常保密管理工作；

②贯彻上级有关部门以及所属单位有关保密工作的文件和指示精神，并提出明确落实要求；

③定期听取本机构保密工作汇报，及时研究解决保密工作中存在的问题，了解和掌握本机构保密工作情况；

④组织制定本机构保密工作制度；

⑤对本机构保密工作责任制落实情况进行监督检查；

⑥为本机构保密工作开展提供条件保障。

(2)内设机构分管保密工作的负责人保密责任。

内设机构分管保密工作负责人对本机构保密工作负具体领导责任：

①根据所属机构年度保密工作要点安排，指导制定本机构年度保密工作计划和实施方案；

②负责对本机构在信息公开发布、宣传报道、学术论文发表、涉密及涉外活动、定密等事项中的保密审查、审核工作进行监督落实和检查指导；

③组织落实本机构涉密人员、涉密科研项目、涉密载体、涉密设备、涉密场所、涉密会议等保密管理工作，组织制定相关的专项保密工作方案；

④建立健全本机构保密工作制度，定期组织开展保密宣传教育、保密监督检查工作(涉密部门须每季度开展一次保密教育，对保密措施落实情况进行一次自查)；

⑤发生失泄密事件，应及时向本机构保密工作责任人和所属单位保密委员会办公室报告，并积极采取补救措施，协助、配合有关部门查处；

⑥完成所属单位保密委员会和有关领导部署的其他保密工作。

(3)内设机构其他负责人保密责任。

内设机构其他负责人对分管工作范围内的保密工作负直接领导责任：

①掌握分管工作中的保密工作情况，将保密管理要求融入业务工作；

②对分管工作中的保密工作落实情况实施监督检查；

③对分管工作中的保密工作开展提供保障；

④对分管工作中的业务事项进行保密审查。

(三)第三层级责任主体的保密责任

(1)内设机构所辖部门负责人保密责任。

内设机构所辖部门负责人是保密工作直接责任人，对本部门的保密工作负直接管理责任：

①掌握本部门工作中的保密工作情况；

②对本部门工作中的保密工作落实情况实施监督检查；

③配合所在内设机构做好其他保密工作。

(2)内设机构涉密工作团队负责人。

涉密项目负责人责任如下：

①负责从项目申报、立项、中期检查、专家评审及论证，到结题汇报、

申报成果全过程的保密工作；

②根据所承担项目的保密要求和参研人员任务分工，确定涉密人员范围，明确提出有关涉密岗位的保密事项和保密责任，按照工作需要控制国家秘密的知悉范围；

③对进出涉密岗位、拟出国(境)或对外学术交流的涉密人员提出初审意见，协助签订保密承诺书，并进行相关的保密提醒和保密教育；

④严格对涉密人员、涉密载体、涉密设备、涉密场所、涉密会议等进行保密管理，并做好相应台账和保密工作记录；

⑤负责项目组各类学术论文、著作、宣传报道等保密审查工作，履行必要的定密工作；

⑥将保密管理要求融入业务工作制度；

⑦采取具体措施组织落实单位保密工作部署；

⑧每季度开展一次保密教育；

⑨每季度对保密措施落实情况进行一次检查。

(四)其他层级责任主体保密责任

(1)保密员的保密责任。

①做好保密工作档案的建设工作；

②做好保密宣传教育工作；

③协助做好涉密人员的日常管理工作；

④协助做好信息系统、信息设备和存储设备以及涉密载体的保密管理工作，完善相应的防范措施；

⑤落实保密检查工作，发现隐患及时向保密工作负责人报告并组织整改；

⑥完成领导交办的其他保密工作。

(2)涉密人员的保密责任。

①对本职岗位保密工作负直接责任；

②自觉接受保密教育培训，掌握必备的保密知识、技能和要求；

③遵守保密法律法规和单位各项保密制度，履行岗位保密责任，规范使用和管理信息系统、信息设备和存储设备以及涉密载体；

④自觉接受保密监督检查；

⑤及时报告泄密隐患，制止违法违规行为；

⑥发生泄密事件时，立即采取补救措施，并及时向有关负责人报告；

⑦积极配合本部门负责人做好其他安全保密工作。

示例 2-3-3：机构类保密责任书样式(第二层级)

甲方：保密委员会
乙方：内设机构

乙方知悉并同意以下保密责任条款：

(1)明确本机构保密责任人和保密负责人，并指定专人开展保密工作；

(2)贯彻上级有关部门以及机关、单位关于保密工作的文件和指示精神，并提出明确落实要求；

(3)研究解决保密工作中存在的问题；

(4)促进保密工作与业务工作相融合，履行归口管理职责；

(5)配合机关、单位的保密监督检查，并对本机构保密工作责任制落实情况进行自查；

(6)组织参加并开展必要的教育培训。

甲方机构(盖章)：　　　　乙方机构(盖章)：

责任人(签字)：　　　　责任人(签字)：
日期：　年　月　日　　　　日期：　年　月　日

示例 2-3-4：人员类保密责任书样式(第一层级)

甲方：单位主要负责人
乙方：单位分管保密工作负责人

乙方知悉并同意以下保密责任条款：

单位分管保密工作负责人对保密工作负具体领导责任

(1)组织研究和部署落实单位保密工作；

(2)协调解决保密工作中的重点、难点问题；

(3)监督、检查保密工作落实情况；

(4)为保密工作机构履行职责提供保障；

(5)完成领导交办的其他保密工作。

甲方：单位主要负责人	乙方：单位分管保密工作负责人
签字：	签字：
日期：　年　月　日	日期：　年　月　日

第三章 保密法制

保密法律制度是中国特色社会主义法律制度的重要组成部分，是开展保密工作的根本前提和基础。建立健全科学完备的保密法律制度体系是贯彻落实中央全面推进依法治国战略部署的要求，是实现依法治密的前提，也为规范和科学开展保密管理工作提供了必要遵循。加强保密法律制度建设，能为保密工作实现“有法可依，执法必严，违法必究”奠定基础，能为保密工作更好地维护国家安全和利益提供强有力的法律保障。

第一节 保密法制概述

一、保密法制的概念

“法制”一词在我国古代已有之，其概念一般而言可以从狭义和广义这两个层面来认识和理解。对于“保密法制”的概念，也可以从这两个层面来认识。从广义的角度来讲，“法制”是指法律制度的创设、适用、遵守与执行的整个过程以及由此而产生的后果。“保密法制”就是保密法律制度的创设、适用、遵守与执行以及法律责任承担的整个过程，是保密立法、执法、司法、守法和保密法律监督等一系列活动过程的有机统一。从狭义的角度来讲，“法制”即为法律制度的简称，“保密法制”指的是保密法律制度。从保密工作实务层面出发，保密法制多是狭义层面的含义，即保密法律制度。

二、保密法制的作用

保密法制的作用，是指保密法律制度对个人、社会、国家产生的影响，主要表现为以下六个方面。

（一）指引作用

指引作用，是指保密法制作为一种行为规范，告知人们在保守国家秘密方面的义务和责任，提供保护国家秘密方面的行为模式以及告知保密法律制度对人们行为边界的界定等，从而对行为者本人的行为产生影响。

（二）教育作用

教育作用，是指通过保密法律制度的实施对人们的行为发生直接或间接的影响。比如有人因为违反保密法律制度受到制裁，不仅对受制裁的本人也同时对其他人产生教育作用。反过来，人们符合保密法律制度的行为及其肯定性、鼓励性的法律后果，也会对其他人在保守国家秘密的行为上具有示范作用。

（三）调整作用

调整作用，是指保密法律制度的实施对相关社会关系在权责划分、利益分配、争端解决等方面发挥作用。比如，在对涉密人员的权利和义务的界定方面：一方面明确涉密人员在学术成果发表、出国境、再就业等涉及个人利益的方面受到一定限制，一方面也同时规定了要维护涉密人员的合法权益等，并通过一些政策进行补偿。

（四）牵引作用

牵引作用，是指保密法制为保密行政管理部门、保密工作机构等开展保密工作提供法律制度层面的依据。保密工作是一项依法依规开展的工作，健全有效的法律制度是开展保密工作的前提和依据。健全的保密法律制度，可以避免保密工作开展中的主观性和随意性，提升工作的精准性、科学性和实效性，推进保密工作的良性发展。

（五）维护作用

维护作用，是指保密法制在维护国家安全和利益方面发挥了重要作用。在当前国际竞争日益激烈的背景下，健全的保密法律制度能对政治、经济、科技、外交、军事、文化等各个领域的国家秘密、工作秘密的保密管理工作予以规范和保障，并对一切泄露国家秘密的违法犯罪活动予以严厉打击，从而能有效地维护相关领域的良好秩序，对我国社会发展和国际竞争力提升起到维护和保障作用。

（六）惩戒作用

惩戒作用，是指为保障保密法律制度得以充分实现，运用国家强制力对违反保密法律制度的行为予以制裁、惩戒的作用。制裁、惩戒违反保密法律制度的行为不仅在于制裁违法违规行为本身，也在于预防违法违规行为的发生，同时还是保密法制其他作用的保证。

三、我国现行保密法律制度体系

保密法律制度是中国特色社会主义法律制度的重要组成部分。在党中央、全国人大、国务院的高度重视下，我国保密法制建设经过多年的发展，目前已取得显著成绩。1989 年 5 月，第一部《中华人民共和国保守国家秘密法》(以下简称《保密法》)正式施行后，针对保密管理的现实需要，中央和地方相继制定颁布了一系列保密法规、规章，基本涵盖了政治、经济、科技、外交、军事、文化等各个领域，初步形成以宪法为依据，以《保密法》为核心的保密法律制度体系。保密工作基本实现有法可依、有章可循，为推进保密依法行政奠定了坚实基础。

我国现行保密法律制度体系，主要由以下几个部分构成。

(一)宪法

宪法是确立国家制度和社会制度的基本原则与政策，调整公民权利与国家权力之间的基本关系的国家根本法，在国家统一的法律体系中处于核心地位。《中华人民共和国宪法》第五十三条规定："中华人民共和国公民必须遵守宪法和法律，保守国家秘密……"该条规定明确了保守国家秘密是我国公民的一项宪法性义务。宪法中关于公民保守国家秘密的义务和国家机构具体职能的规定，是全部保密法律制度的基本依据。

(二)保密法律

保密法律，主要是指全国人大及其常委会制定的有关法律中涉及保密的法律条款和全国人大常委会制定的专门的保密法律。《保密法》是我国保密法律体系的主干，是我国调整保密法律关系的专门性、综合性法律，也是针对保密监督管理工作的单独立法。

此外，在我国刑法、反间谍法、专利法、公务员法等法律中涉及国家秘密的条款，都属于保密法律体系的重要内容。

(三)保密法规

保密法规包括保密行政法规和地方性保密法规。

保密行政法规主要包括经国务院批准颁布的《保密法实施条例》，其他相关法律实施条例、办法和细则中有关保密条款的规定，如政府信息公开条例、招标投标法实施条例、计算机信息网络国际联网管理暂行规定等行政法规中关于国家秘密保护的内容。

地方性保密法规包括省、自治区、直辖市和省、自治区人民政府所在地的市以及国务院批准的较大的市人民代表大会及其常务委员会制定的保密法实施细则，或在其他地方性法规中规定的保密管理制度等。

(四)保密规章

保密规章主要由国家保密行政管理部门、中央国家机关各部门和省、自治区、直辖市以及省、自治区人民政府所在地的市和国务院批准的较大的市的人民政府制定的保密规章、规范性文件组成，也包括其他规章中的保密条款和法律授权部门对保密法律规定的解释。

(五)国家保密标准

国家保密标准是经授权由国家保密行政管理部门组织制定、发布实施、在国家秘密的产生、处理、传输、存储和载体销毁的全过程中都应严格执行的规范标准。国家保密标准适用于全国各行各业、各单位对国家秘密的保护工作，是特殊的强制性国家标准，是国家信息安全标准的重要组成部分。

(六)相关司法解释

最高司法机关在司法实践中，对保密法律、法规的具体适用标准作出了详细的司法解释，对司法实践具有较强的指导意义。如《最高人民法院关于审理为境外窃取、刺探、收买、非法提供国家秘密、情报案件具体应用法律若干问题的解释》(法释〔2001〕4 号)对人民法院审理相关案件，如何适用刑法规定作出了规定。

(七)国际公约或政府间协定的相关规定

在国际交往中，根据国际公约和有关政府间协定的规定，我国政府在公约或协定范围内会承担相关保密义务，这些内容成为我国保密法律法规的另一重要法律渊源。

第二节　《中华人民共和国保守国家秘密法》概述

一、《中华人民共和国保守国家秘密法》的制定和修订

(一)《保密法》制定、修订概况

我国第一部《保密法》于 1988 年 9 月 5 日第七届全国人民代表大会常务委员会第三次会议通过，自 1989 年 5 月 1 日起施行。《保密法》共 5 章 35 条，分为总则、国家秘密的范围和密级、保密制度、法律责任和附则，是规范我国保密工作的专门法。它的颁布是我国保密工作走上法制化轨道的重要标志。

第一部《保密法》自施行以来，对于保守国家秘密、维护国家安全和利益发挥了重要作用。但随着国际国内形势变化，特别是信息化建设快速推进和民主法制建设不断发展，保密工作中出现了一些新情况和新问题。一是国家秘密的存在形态和运行方式发生了巨大改变。涉密载体由纸介质形式为主发展到声、光、电、磁介质等多种形式，泄密的渠道增多、风险加大、危害加重，亟须对现代通信和互联网条件下存储、处理和传输国家秘密的规定进行补充完善。二是保密工作的对象、领域和环境发生了深刻变化。一些新的经济和社会组织进入涉密领域，涉密人员流动性增强、流向复杂、管理难度增大、需要对机关、单位和涉密人员保密管理制度进行修订。三是信息公开与信息安全之间出现了一些矛盾冲突，国家秘密的确定、变更、解除等制度需要进一步完善。四是窃密、泄密违法行为日益复杂多样，该保密法关于保密法律责任的规定较为原则，不能适应保密工作的需要。

1995 年 12 月，中央正式决定修订保密法。经过较长时间的调研、论证、试点和征求意见工作，形成修订草案。2010 年 4 月，十一届全国人民代表大会常务委员会第十四次会议对草案进行第三次审议并顺利通过。新修订的《保密法》自 2010 年 10 月 1 日起施行。

（二）现行《保密法》的主要内容和主要变化

1. 现行《保密法》的主要内容

2010 年新《保密法》修订历时长、幅度大，对原保密法的绝大多数条款作了修改。新《保密法》共 6 章 53 条，增加了 1 章 18 条。

新修订的《保密法》第一章“总则”，共 8 条，主要规定立法宗旨、适用范围、国家秘密概念、保密工作方针、保密工作管理体制和机关、单位保密工作职责及保密奖励制度。第二章“国家秘密的范围和密级”，共 12 条，主要规定涉密事项范围和密级范围，定密工作体制，定密责任和权限，定密工作内容和流程，国家秘密的变更和解除，以及不确定或者有争议事项的确定等。第三章“保密制度”，共 20 条，主要规定国家秘密载体、涉密信息系统、信息发布、涉密采购、对外交往与合作、涉密会议活动、保密要害部门部位、军事禁区与涉密场所、从事涉密业务的企业事业单位、涉密人员等方面的保密管理制度，并针对危害国家秘密安全的行为作出禁止性规定。第四章“监督管理”，共 7 条，主要规定保密行政管理部门制定保密规章和标准、宣传教育、保密检查、保密技术防护、泄密案件查处、定密监督、密级鉴定和处分监督等职责。第五章“法律责任”，共 4 条，主要规定严重违规行为的法律责任，机关、单位发生重大泄密案件和定密不当的法律责任，互联网及其他公共信息网络运营商、服务商的法律责任，以及保密行政管理部门工作人员的法律责任。第六章“附则”，共 2 条，是关于有关军事法规和本法施行日期的规定。

2. 现行《保密法》的主要变化

与 1988 年《保密法》相比，现行《保密法》主要有以下变化：

第一，进一步突出“依法治密”。新《保密法》在总则里增加了“国家秘密受法律保护”和“任何危害国家秘密安全的行为，都必须受到法律追究”，同时在保密工作的方针中也增加了“依法管理”等。与过去相比，新《保密法》着重突出保密工作要依法依规开展的原则，强调保密工作要依法管理，将依法管理的理念贯穿国家秘密的确定、变更、解除、管理、保护的全过程。

第二，进一步平衡保密和公开的关系。新《保密法》的第四条强调“既确保国家秘密安全，又便利信息资源合理利用”。同时，增加了“法律、行政法规规定公开的事项，应当依法公开”。

第三，对保密行政管理部门的称谓进行了修订，并专门新增了第四章“监督管理”。新《保密法》将过去的“国家保密工作部门”和“县级以上地方各级保密工作部门”调整为“国家保密行政管理部门”和“县级以上地方各级保密行政管理部门”。这样修订能明确保密行政管理部门的执法地位，清晰地体现其保密行政管理职能。同时，“保密行政管理部门”的称谓能与机关、单位的“保密工作机构”很清晰地区分开来，避免了由于称谓相似带来的混淆。

另外，新《保密法》新增章节“监督管理”明确了保密行政管理部门的行政管理职能，主要涵盖制定保密规章和标准，组织开展保密宣传教育、保密检查、保密技术防护和泄密案件查处，指导和监督保密工作，开展定密监督，收缴非法获取的国家秘密载体，进行密级鉴定，对于不当处分的监督和纠正等，有利于保密行政管理部门依法管理保密工作。

第四，进一步规范和完善定密制度。新《保密法》对国家秘密的确定、变更和解除工作进一步明确和规范，提升了科学性和可操作性。比如，确定了定密责任人和定密程序，明确了各级机关相应的定密权限，进一步明确和规范了密级、保密期限和知悉范围的有关内容和要求，对解密工作也进行了细化等，能推进定密工作这项基础性、源头性的工作更加规范化、精准化、科学化。

第五，新《保密法》第三章“保密制度”增加了不少新内容。比如：增加了对于涉密信息系统的保密管理措施，如分级保护、强化技术防护并明确了禁止性事项等；增加了涉密采购规定、保密要害部门部位管理、从事国家秘密载体有关业务的企业事业单位的相应资质要求等内容；细化了涉外保密管理中的情况和相应管理要求等。还比如，对涉密人员管理制度进行了丰富和完善，包括涉密人员的分类管理、岗前审查、基本条件、上岗培训、出境管理、脱密期管理等，同时也明确了涉密人员的合法权益受法律保护以及相应的义务。

第六，责任追究的可操作性明显增强。针对失泄密事件查处问题，新《保密法》修订改追究法律责任的“结果论”为“行为论”，规定不论是否产生泄密实际危害后果，只要发生列举的12种严重违规行为之一，都将依法追究责任。同时，加大了处分监督力度，对不依法给予处分的，规定保密部门应当提出纠正建议。

第七，保密工作责任制得到强化。一是对领导人员问责，二是对保密部门问责。新《保密法》规定实行保密工作责任制，对发生重大泄密案件或定密不当的机关、单位直接负责的主管人员，对不依法处分违规者的机关、单位有关领导人员，要依法追究责任；对保密行政管理部门工作人员滥用职权、玩忽职守、徇私舞弊的，也要依法追究责任。

二、《中华人民共和国保守国家秘密法实施条例》的制定和修订

（一）《保密法实施条例》制定、修订的概况

1990年发布实施的《中华人民共和国保守国家秘密法实施办法》（以下简称《保密法实施办法》）是第一部《保密法》的配套法规。根据2010年新修订的《保密法》，对《保密法实施办法》进行了修订，形成了现行的《保密法实施条例》，于2014年3月1日实施。至此，《保密法实施办法》废止。

《保密法实施条例》修订的主要原因有以下几个方面：

一是适应贯彻实施《保密法》的需要。1990年5月25日发布的《保密法实施办法》是与1988年《保密法》相配套的行政法规。2010年新《保密法》确立了一系列新的制度、措施，《保密法实施办法》与之已不相适应，应作相应调整补充。同时，新《保密法》有必要作出具体细化，以利于法律的贯彻落实。

二是适应经济社会发展形势的需要。随着市场经济的深入发展和信息化建设的快速推进，保密工作面临的形势更加复杂严峻，保密管理的难度日益加大，原有的一些保密管理方式失去有效性，泄密渠道增多，涉密人员、涉

密会议活动、涉密载体等保密管理亟须调整规范。通过修订《保密法实施条例》，进一步健全各项保密制度，有利于为依法开展保密管理，维护国家安全和利益提供更加明确的法律依据。同时，也有利于更好地处理保密与信息公开的关系，依法维护公民知情权、参与权等合法权益。

三是适应保密工作依法行政的需要。通过《保密法实施条例》的修订，进一步明确、细化保密行政管理职能，规范保密行政行为，以实现保密行政管理科学、公正、严格、高效。此外，近年来保密工作实践中形成的一些成熟的工作经验和有效做法，也需要通过《保密法实施条例》的修订予以固化和规范。

(二)《保密法实施条例》的主要内容和主要变化

1.《保密法实施条例》的主要内容

《保密法实施条例》共 6 章 45 条。第一章"总则"共 7 条，主要明确实施条例的制定依据，对保密行政管理体制、保密工作装备和经费保障、保密与信息公开的关系、保密工作责任制、保密宣传教育等基本问题作出原则性规定。第二章"国家秘密的范围和密级"共 13 条，主要根据《保密法》第二章规定，对保密事项范围、定密责任人、定密权限、定密程序、定密纠错等作出具体规定。第三章"保密制度"共 10 条，主要根据《保密法》第三章内容，对国家秘密载体、涉密信息系统、涉密采购、涉密会议活动、企业事业单位从事涉密业务等方面的保密管理作出进一步规定。第四章"监督管理"共 8 条，主要根据《保密法》第四章规定，对各级保密行政管理部门依法履行监督管理职责及其工作要求作出进一步细化。第五章"法律责任"共 6 条，主要根据《保密法》第五章规定，对机关、单位和相关人员违反《保密法》应承担的法律责任进行了具体化。第六章"附则"共 1 条，规定了实施条例生效时间和实施办法废止时间。

2.《保密法实施条例》的主要变化

与《保密法实施办法》相比，《保密法实施条例》主要有以下变化：

在第一章"总则"，规定了要加强保密基础设施建设和关键保密科技产品的配备，要确保保密工作经费到位；确定了保密工作责任制，同时保密行政管理部门和机关、单位要开展经常性的保密宣传教育。

在第二章"国家秘密的范围和密级"，明确了保密事项范围、定密责任人及其具体职责，细化了定密授权，确定了定密的工作流程。

在第三章"保密制度"，对于国家秘密载体的保密管理要求更为规范和详细，增加了涉密信息系统分级保护、检测评估、运行使用管理的规定，对涉密采购的保密管理措施提出要求，确定了企业事业单位从事涉密业务的相应条件，规定了涉密人员相关管理办法制定权限的所属部门。

在第四章“监督管理”，规定了保密工作情况报告制度，对保密检查内容作出了具体要求，规范了保密检查工作流程，明确了保密行政管理部门要负责对失泄密案件的调查，并且保密行政管理部门及其工作人员应当依法开展工作。

在第五章“法律责任”，对机关、单位瞒报或妨碍失泄密案件调查，企业事业单位违规从事涉密业务，涉密信息系统未经评测和审查就投入使用，保密行政管理部门违法违规责任等作出了规定。

第三节　机关、单位保密制度建设

一、机关、单位保密制度建设概述

（一）保密制度的概念

制度，泛指规则或运作模式，一般是指要求大家共同遵守的办事规程或行动准则。保密制度是指国家保密法律、法规和规章所要求人们共同遵守的保密规则或行动准则。

根据制定保密制度的主体以及适用对象的不同，在符合国家保密法律、法规和规章的基础上，不同的保密制度的内容也会有所差别。从覆盖面和可操作性的角度出发，本书所讲的保密制度建设将主体定位在“机关、单位”。机关、单位，是国家机关和涉及国家秘密的单位的简称，是指各级党政军机关、人大机关、政协机关、审判机关、检察机关、民主党派和工商联机关、人民团体和群众团体机关，以及在日常工作中产生、接触、知悉国家秘密的企业事业单位。

（二）机关、单位保密制度建设的依据

根据《保密法》第七条的内容“机关、单位应当实行保密工作责任制，健全保密管理制度，完善保密防护措施，开展保密宣传教育，加强保密检查”，机关、单位需要在符合国家保密法律法规的基础上，制定并健全本机关、本单位的保密制度。这是因为，国家保密法律法规是普遍适用的规则和标准，而不同的机关、单位所属的领域不同，面对的管理服务对象以及工作实际情况等也不同，所以必须根据各自的实际情况具体制定本机关、本单位的保密制度，从而增加保密制度的针对性、可操作性和实效性，使保密工作能在健全有效的保密制度体系中良性发展。

二、机关、单位保密制度建设的主要内容

根据《保密法》及其第三章确定的主要制度，结合机关、单位保密工作情况，以下 13 项制度为机关、单位保密制度建设的主要内容，如图 3-1。

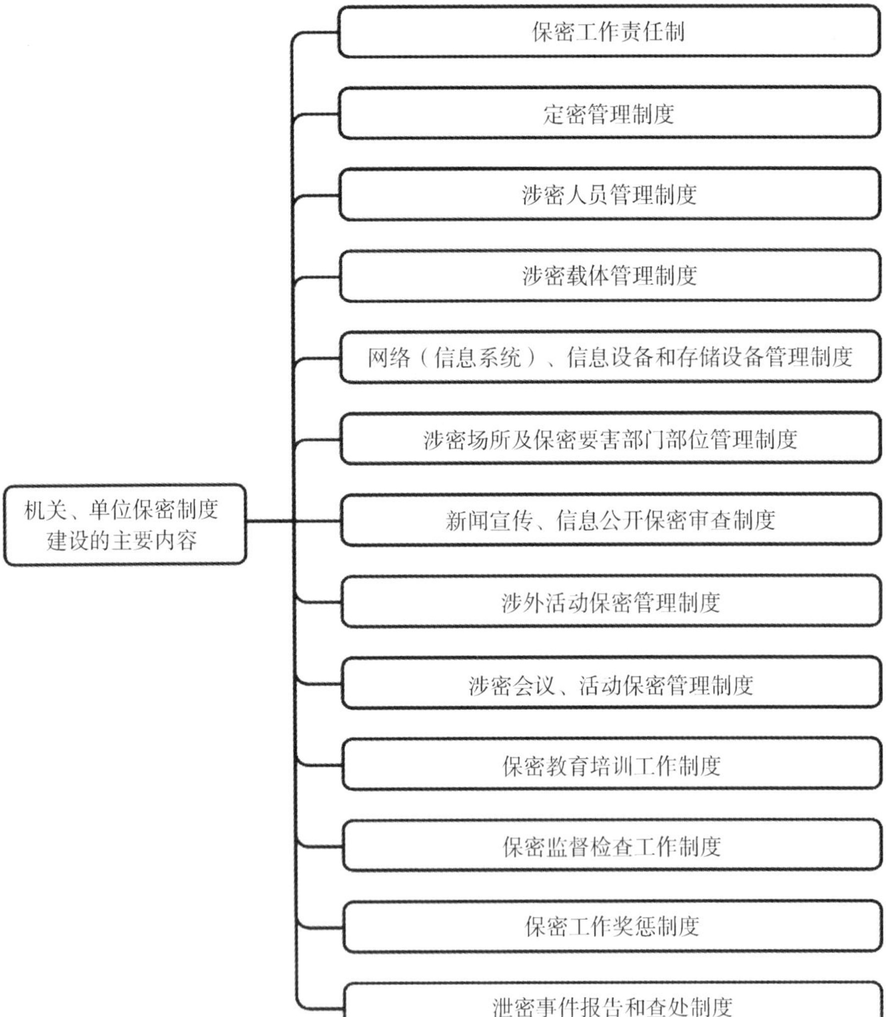

图 3-1 机关、单位保密制度建设的主要内容

(一)保密工作责任制

《保密法》第七条明确规定，机关、单位应当实行保密工作责任制。实行保密工作责任制是体现“业务工作谁主管，保密工作谁负责，促进保密工作与业务工作相融合”的要求。保密工作责任制须明确各层各级应具体承担的保密工作责任，使之成为履责和追责依据的一项基本制度。

制定保密工作责任制的前提是确定保密责任主体和保密责任体系。保密责任主体是指按照保密工作职责和权限，按照相应制度，对保密工作负有责任并承担责任后果的机构或人员。从机构维度来说，保密责任主体指的是相关机关、单位及其各级内设机构；从人员维度来说，也是由机构衍生的，保密责任主体是各级机构的负责人。在明确各级责任主体的基础上，机关、单位可以建立起整体的保密责任体系。

因此，具体而言，保密工作责任制先应明确保密责任体系，再从机构和人员这两个维度来制定。从机构维度上，按照责任体系来划分并明确各类机构的保密责任；从人员维度上，按照各级保密责任主体分别确定各级机构负责人的保密责任。

与此同时，保密工作责任制还须明确单位科研生产、人力资源、信息化、新闻宣传、外事等职能部门在业务工作范围内的保密责任，从而切实履行保密工作归口管理的要求。并且，制度还须包含保密工作责任的管理与考核的规定。

(二)定密管理制度

定密是保密工作的源头和基础。定密管理制度须主要涵盖定密的原则，定密责任人制度、定密依据、定密程序、国家秘密标志、定密监管和责任追究等。

在定密的原则部分，须明确机关、单位定密工作一事一定，坚持最小化、精准化原则，做到权责明确、依据充分、程序规范、及时准确，既确保国家秘密安全，又便利信息资源合理利用。在定密责任人制度部分，明确法定定密责任人和指定定密责任人，并规定其任职条件和职责；同时，明确定密承办人及其相应的职责。在定密依据部分，明确国家秘密事项范围和国家秘密事项一览表(细目)是定密的直接依据。在定密程序部分，须明确国家秘密确定的基本程序、特殊程序以及变更或解除国家秘密的工作程序和有关要求等。此外，定密管理制度还须对国家秘密标志、定密监管和责任追究等进行明确。

(三)涉密人员管理制度

涉密人员是保密管理的核心要素。涉密人员管理制度须包含涉密人员管理的原则、涉密岗位和涉密等级的确定、涉密人员的管理以及涉密人员的责权利和涉密人员的考核、奖惩与档案管理等。

在涉密人员管理的原则部分，须明确涉密人员管理遵循积极防范、突出重点、分类管理、分工负责的原则。在涉密岗位和涉密等级的确定部分，明确特定岗位的内容、涉密岗位划分原则和涉密岗位的确定程序。在涉密人员的管理部分，主要包含涉密人员上岗、在岗、离岗全过程的保密管理要求。上岗管理部分，主要包含涉密人员的类别、涉密人员基本条件及特殊情况的规定、涉密人员上岗审查审批的程序等内容。在岗管理部分，主要包含涉密人员在岗期间的保密教育培训、因公因私出国(境)的审批程序和管理要求、从业限制、监督检查、涉密岗位变更的审批、定期复审、重大事项报告、保密补贴的发放等内容。在离岗离职管理部分，主要包含涉密人员离岗离职的审批程序、涉密载体移交手续、保密承诺和脱密期管理要求等内容。同时，制度还须对涉密人员的权利和责任内容以及对涉密人员的考核、奖惩与档案管理要求进行规定。

(四)涉密载体管理制度

涉密载体是国家秘密的主要存在形式，其保密管理工作对于维护国家秘密安全具有重要意义。涉密载体管理制度须包含涉密载体的管理原则以及全过程的保密管理内容。

在涉密载体管理原则的部分，须明确涉密载体遵循全过程闭环管理原则。在具体管理内容部分，须涵盖涉密载体在制作、收发、传递、使用、复制、保存、维修和销毁全过程的保密管理要求，并强调相关环节的审批手续，做到痕迹化管理，确保涉密载体始终处于安全可控、可追溯的状态。

(五)网络(信息系统)、信息设备和存储设备管理制度

随着信息化的发展，网络(信息系统)、信息设备和存储设备成为保密管理的重点对象，特别是近年来随着针对计算机等设备的窃密攻击显著增多，其保密管理工作的重要性日益突出。

网络(信息系统)、信息设备和存储设备的保密管理制度首先须明确管理原则和总体要求。网络(信息系统)、信息设备和存储设备的保密管理工作，本着“预防为主、分级负责、科学管理、保障安全”的方针，遵循“谁主管，谁负责”“谁使用，谁负责”和“控制源头、归口管理、加强检查、落实制度”的原则。在总体要求方面，须明确机关、单位对涉密信息设备和存储设备实行归口管理和全生命周期管理，也还可以从台账更新、审批、技术防护、风险评估、禁止性事项等方面在宏观层面予以确定，为后面相应部分的具体阐释奠定基础。具体来说，本制度须主要从涉密和非涉密的两方面，分别对网络(信息系统)、信息设备和存储设备的保密管理要求予以规定。

在网络(信息系统)方面，非涉密网络(信息系统)主要须明确物理安全要求、运行安全要求、联网管理要求、信息发布要求等；涉密网络(信息系统)须重点明确其规划建设要求、必要的安全保密防护技术、使用过程中的保密管理要求等。

在信息设备方面，非涉密信息设备主要须明确购置、建立台账、使用、报废等环节的管理以及相应的技术防范措施；涉密信息设备主要须明确在审批、建立台账、使用环节、信息导入导出、销毁、档案建设、安全审计和技术防护等方面的保密管理要求，以及在外出携带、外借、变更、维修、报废和销毁等方面的保密管理要求。在此部分，还可以对办公自动化设备、中间机、手机、电话、传真机的保密管理要求予以明确。

在存储设备方面，非涉密存储设备主要须明确禁止交叉使用；涉密存储设备方面要明确明令禁止的操作行为，如禁止接入互联网及其他公共信息网络、禁止交叉使用等，并明确涉密存储设备在外出携带、外借、变更、维修、报废和销毁等方面的保密管理要求。

此外，本制度还可以对安全保密产品(一般分为计算机病毒与恶意代码防护产品、密码产品、信息安全保密产品和电磁泄漏发射防护产品)的选用原则和标准、策略配置、管理要求等进行明确。

(六)涉密场所及保密要害部门部位管理制度

涉密场所和保密要害部门部位的管理是保密管理中的一项重要内容，其管理制度体现了保密工作“突出重点”的方针。本制度须包含涉密场所及保密要害部门部位的确定原则，管理原则，确定、变更和撤销的程序，防护措施，日常管理要求以及监督检查要求等。

在涉密场所及保密要害部门部位确定原则的部分，要对两者确定的依据进行明确。在管理原则部分，须明确实行“谁主管、谁负责”的原则，实现集中管理和动态管理，做到严格管理、责任到人、严密防范、确保安全。制度中须明确保密要害部门部位的确定依据、确定程序、变更程序以及撤销程序，须明确人防、物防、技防构成的“三防”措施的具体内容以及日常管理的要求。涉密场所则须主要明确“三防”措施的具体内容以及日常管理的要求。在监督检查方面，须明确坚持自查与检查相结合，并且保密要害部门部位实行年审制度。

（七）新闻宣传、信息公开保密审查制度

根据《保密法》规定，公开发布信息须遵守保密规定。因此，机关、单位应对新闻宣传、信息公开加强保密审查，建立并严格执行审查制度。新闻宣传、信息公开保密审查制度须包含新闻宣传、信息公开的保密管理原则，审查审批的依据、范围、程序以及对于不能确定事项的处理方式等。

在新闻宣传的部分，须首先明确在对外提供宣传材料、发布新闻报道时，要遵循"自审与送审相结合""先审后用，先审后发"的原则。同时，须明确审查审批的依据、范围、程序以及相应的责任单位，一般须涉及所在单位、业务主管部门和宣传部门。

在信息公开的部分，须首先明确信息公开保密审查遵循"谁制作、谁审核、谁公开、谁负责"及"先审查，后公开"的原则。其次，须明确信息公开保密审查的依据、范围和程序。同时，对于不能确定是否涉密的信息也须确定相应的处理程序。

（八）涉外活动保密管理制度

涉外活动保密管理制度须包含管理原则、举办涉外活动的保密审查审批程序以及相应的保密管理措施等。

在管理原则部分，须明确"谁主办、谁负责"以及"内外有别，严守秘密"的原则。在保密审查审批程序部分，须明确保密审查审批的具体程序和相关要求。在保密管理措施部分，须明确涉外活动保密管理的具体内容，主要包括制定涉外活动保密工作方案以及对涉外活动人员、设备和涉密载体以及场所的保密管理要求。

（九）涉密会议、活动保密管理制度

涉密会议、活动保密管理制度须包含涉密会议、活动的管理原则、保密职责、审查审批程序以及相应的保密管理措施等。

在管理原则部分，须明确"谁主办、谁负责"和"全过程管理"的原则。在保密职责部分，须明确涉密会议、活动主办部门、保密工作机构和参加人员各自的保密职责。在保密审查审批程序部分，须明确涉密会议、活动须确定密级，制定保密工作方案并进行审批。在保密管理措施部分，须明确对举办涉密会议、活动的场所及设施设备的管理要求，并规定在涉密会议、活动现场对人员、载体、手机的管理要求以及实行涉密会议、活动全过程的管理。最后，制度还须涵盖对涉密会议、活动宣传报道的管理要求。

（十）保密教育培训工作制度

保密教育培训是机关、单位应履行的保密工作职责之一，也是强化保密意识和保密常识的主要途径。机关、单位须通过制定保密教育培训工作制度从而使这项工作制度化、规范化、常态化。

保密教育培训工作制度须包含保密教育培训的组织管理和任务分工、保密教育培训的内容、对象、形式以及要求等。

在组织管理和任务分工部分，须明确机关、单位的保密工作机构负责全单位整体层面上的保密教育培训计划的制定，并且具有组织、指导全单位保密教育培训工作的开展及督促落实的职责；机关、单位的人力资源部门负责涉密人员教育培训的组织实施与考核。在保密教育培训的内容、对象、形式部分，首先须明确保密教育培训涵盖的内容，主要包括保密工作方针政策、保密法律法规、保密工作形势、保密知识技能、典型案例警示教育、保密工作先进事迹等；其次须包含保密教育培训的对象，可以根据机关、单位的实际来确定，一般是在实现全覆盖的基础上突出重点人员；还须包含保密教育培训的形式，主要包含举办讲座或报告会、组织保密知识测试和竞赛、以会代训、举办警示教育展览、开展保密技术演示活动、播放保密教育音像制品等。在保密教育培训的要求部分，主要包含对保密教育培训在针对性、实效性等方面的要求，同时也包括痕迹化管理等。

（十一）保密监督检查工作制度

保密监督检查是机关、单位应履行的保密工作职责之一，在提升保密管理的规范性、发现和减少失泄密隐患方面具有非常重要的作用。保密监督检查工作制度须包含保密监督检查工作的职责分工，保密监督检查的内容、周期以及要求等。

在职责分工部分，须明确机关、单位的保密委员会或保密工作领导小组负责领导和组织对本机关、单位的保密监督检查工作，保密工作机构负责具体实施。如果是具有武器装备科研生产单位保密资格的单位，各级保密责任主体须对各自工作范围内的保密工作进行保密监督检查。在保密监督检查的内容和周期的部分，首先须明确保密监督检查的内容，主要包含保密工作责任制落实情况，保密制度建设情况，保密宣传教育培训情况，涉密人员管理情况，国家秘密确定、变更和解除情况，国家秘密载体管理情况，信息系统、信息设备和存储设备保密管理情况，互联网使用保密管理情况，保密技术防护设施设备配备使用情况，涉密场所及保密要害部门部位管理情况，涉密会议、活动管理情况，新闻宣传、信息公开保密审查情况等；其次，须明确保密监督检查的周期。保密监督检查的周期须以有效促进保密工作开展、发现失泄密隐患为目标及时组织开展。如果是具有武器装备科研生产单位保密资格的单位，则相应的责任主体要根据《武器装备科研生产单位保密资格标准》中规定的检查形式和频率开展。在保密监督检查的要求部分，主要包含保密监督检查人员的工作规范、受检单位在自查时发现问题的处理方式以及保密监督检查的结果运用等。

（十二）保密工作奖惩制度

为表彰在保密工作中成绩突出的单位和个人，惩处泄露国家秘密或严重违反保密规定的行为，从而促进保密工作良性发展，机关、单位须制定保密工作奖惩制度，作为保密奖惩工作开展的基础和前提。

在保密工作奖励的部分，须明确保密工作表彰的种类和评选范围以及具体的评选条件。一般而言，每年度会评选机关、单位保密工作先进集体和保密工作先进个人。同时，须确定具体的评选办法，明确评选程序。

在保密工作惩处的部分，首先须明确惩处事项，一般包含泄露国家秘密和严重违反保密规定这两类。其次要明确惩处种类，主要包括取消评先资格、通报批评、经济处罚、暂停涉密人员资格、取消涉密人员资格、行政处分、党纪处分以及涉嫌犯罪的依法移送司法机关，同时还要明确机关、单位相应的批准权限。制度还须根据不同惩处结果对各类保密违法、违规行为逐一梳理列举。

（十三）泄密事件报告和查处制度

为规范报告泄密事件和查处泄密事件的程序，使各级保密行政管理部门及时掌握泄密事件情况并加强指导和监督，机关、单位须建立泄密事件报告和查处制度。

在泄密事件报告方面，首先，须明确泄密事件报告的时限与程序。其次，须明确报告泄密事件所要包含的内容，须包含被泄露国家秘密事项的内容、密级、数量及其载体形式；泄密事件的发现经过；泄密责任人的基本情况；泄密事件发生的时间、地点及经过；泄密事件造成或可能造成的危害；已进行或拟进行的查处工作情况；已采取或拟采取的补救措施。

在泄密事件查处方面，因为泄密事件查处的主体是各级保密行政管理部门。因此，有关机关、单位在制定泄密事件查处制度时首先必须对自身定位准确，明确自身是在保密行政管理部门的组织、督促、指导下，对泄密事件进行查处，并采取相应整改补救措施。在报告泄密事件查处结果方面，须涵盖以下内容：泄密事件的发生、发现过程；泄密事件已经或可能造成的危害；造成泄密事件的主要原因；对有关泄密责任人的处理情况；采取的补救措施和加强保密工作的情况。此外，制度还须明确泄密事件查处工作的终结期限和特殊情况的处理方式，并明确对瞒报、误报泄密事件或配合查处工作不力的单位和个人将进行追责。

三、保密制度的贯彻和落实

（一）保密制度的宣传培训

开展保密制度的宣传培训对于机关、单位保密领导干部、涉密人员理解保密制度内容、依照规定开展保密管理等工作十分关键。机关、单位可以采取举办保密工作制度解读培训会的形式推进制度的宣传和贯彻工作。在解读中，主讲人既要注重引导大家在宏观上从制度体系的整体层面去理解其原则、构成、内在逻辑和联系等，也要注重对具体制度的内容进行准确解读，使大家能真正了解和掌握制度的主要内容，从而正确、有效地开展保密工作。

另外，因为制度的数量一般较多，可以结合本机关、单位的具体工作实际，有重点地专门组织相应制度的专题培训。比如，在部分政府部门，可以着重加强对保密工作责任制、国家秘密载体保密管理等制度的解读；在承担涉密科研的高校，可以着重加强对涉密人员保密管理制度、涉密项目保密管理制度的解读等。

（二）保密制度的执行

各级责任主体在日常工作中要严格执行保密工作制度。从机构维度来讲，机关、单位要在日常工作中严格落实保密工作制度，按照制度要求落实保密责任，加强各类保密管理，组织或参加保密宣传教育培训，组织或配合保密检查等。从人员维度来讲，各级机构的负责人要自觉按照保密工作制度的要求来开展相应工作，特别是在办理保密审查审批手续、加强涉密信息设备和存储设备使用和管理工作等关键环节要严格遵循制度，而机关、单位等也要履行好把关和监督的职责，按原则办事，推动保密工作制度落地见效。

（三）保密制度执行的监督检查

制度的生命力在于执行。机关、单位须将保密制度落实情况融入保密自查与检查的内容之中，在日常工作中通过运用保密监督检查的方式来督促和规范保密工作的开展，尤其是促进保密管理的落实。在保密检查中，一是要注重结合受检对象的保密工作重难点，从关键处入手检查。比如从涉密人员、涉密载体、涉密计算机、涉密项目等管理情况入手，了解整体的保密管理情况、保密制度的执行情况。二是要注重从保密工作资料、档案入手，查看台账要素是否完整、更新是否及时、数据是否准确，查看相应档案内容是否完整，比如涉密项目的档案资料能否充分说明实行了全过程管理等。

在检查中要严格标准，对于发现的问题要开具整改通知书，并限时整改。坚决杜绝“重检查、轻整改”的问题，切实督促受检单位的整改工作落实到位，让保密监督检查真正发挥推进保密制度落实、规范保密管理、促进保密工作的作用。

(四)保密制度执行的考核与奖励

实施保密工作的考核与奖励对于保密制度落实能起到保障和推动作用。将保密工作制度落实情况作为涉密人员年度考核以及单位年度保密工作考核的重要指标之一，能促进涉密人员在日常工作中提升保密意识，强化保密工作习惯，促进单位在业务工作中遵循和落实保密工作制度，更好地实现保密管理。

此外，将保密工作制度落实情况纳入保密工作每年的评先表彰，通过表彰和奖励的方式肯定和鼓励保密工作中的先进集体和个人，从而宣传良好的工作经验。同时，也能对其他单位和广大人员形成先进示范作用，营造推动保密工作落实的良好氛围。

第四章　保密管理(一)

保密管理是保密工作体系中的重要内容。保密法律法规的推行、保密制度的落实，都必须通过保密管理来实现。保密管理状况是保密工作成效的直接体现。本章从保密管理的基本要素维度，阐述关于定密、人员、载体、网络、设备及场所六个方面的保密管理。

第一节　保密管理概述

一、保密管理的概念

保密管理，是指保密行政管理部门和机关、单位对涉密人员、涉密载体、涉密信息系统、涉密场所、涉密会议、涉密事项等依法依规进行管理的活动。保密管理是保密工作的重要组成部分。

二、保密管理的内容

保密管理的内涵丰富，可以从基本要素管理和业务领域管理两个维度来把握保密管理的具体内容。

从保密管理基本要素的维度，保密管理主要包括定密管理，涉密人员管理，涉密载体管理，网络保密管理，信息系统、信息设备、存储设备保密管理，要害部门部位保密管理等。这类管理是和保密工作相伴相生的，是保密管理中的基本内容。

从保密管理业务领域的维度，保密管理主要包括新闻宣传、信息公开中的保密管理，涉外活动中的保密管理，档案工作中的保密管理，涉密活动(会议)中的保密管理，科研活动中的保密管理，机要工作中的保密管理，国家统一考试中的保密管理等内容。这类管理根据机关、单位的业务性质而论。但无论如何，只要有这类业务范围存在，保密管理就贯穿于相关业务工作的全过程。

三、保密管理的基本原则

保密管理的基本原则反映了保密管理工作的客观规律，具体包括最小化原则、全程化原则、精准化原则、自主化原则、法制化原则和归口管理原则，如图 4-1 所示。

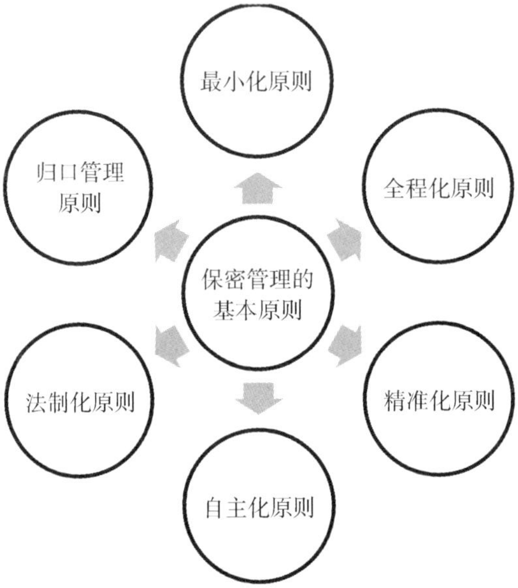

图 4-1　保密管理的基本原则

(一)最小化原则

最小化原则是指按照保密法律法规和标准来确定和管理国家秘密，确保国家秘密的数量、知悉范围和管理环节最少。坚持最小化原则是实现保密管理科学化的前提，有利于贯彻“突出重点”的保密政策，有利于降低保密管理成本和泄密风险。具体而言，最小化原则主要体现在以下几个方面：一是国家秘密确定最小化。尽可能控制国家秘密的数量、范围和保密期限，严格定密管理，实现精准定密。二是涉密人员数量最小化。在分类准确的前提下，按照“按项定岗、按岗定人”的原则，对岗位进行梳理整合，最大限度地缩小涉密人员规模。第三，涉密载体数量最小化。加强涉密文件资料管理，控制涉密载体数量，缩短涉密载体使用时间，严格控制涉密文件的流通和发放范围，利用网络技术减少纸质分类文献的使用。四是涉密计算机和信息系统应用范围的最小化。实现网络规模、访问授权以及网络服务和应用程序的最小化。

(二)全程化原则

全程化原则是严格按照国家保密法律法规的要求和具体标准，确保国家秘密能够得到严格保密，从产生之日起直至解密公开，整个生命周期都要依法规范、科学管理。要按照严格规范的标准和要求实施保密管理，做到全过程、全范围、全方位、全天候保守国家秘密。具体而言，全过程管理是指对国家秘密存在的全生命周期的管理，不仅包括从产生、流通到解密的逻辑形式，还包括从生产、使用到销毁的物理状态；全范围管理是指对涉及国家秘密的各个方面，如地区部门、行业系统、领域和地区进行管理；全方位管理是指所有管理对象，包括涉密人员、涉密载体、涉密信息系统、保密重点部门、涉密会议活动等关键工作点，以及管理私营企业、从事涉密业务的中介机构等，不间断地保护国家秘密，确保国家秘密安全；全天候是指 24 小时不间断的实时管理。

(三)精准化原则

精准化原则是根据不同行业、不同领域的特点和涉密程度采取相应的保护措施，合理配置资源，做到定密精准、制度精准、监管精准，增强保密管理的科学性、准确性、针对性、有效性。具体而言，定密精准就是要准确确定国家秘密及其密级、保密期限和知悉范围。制度精准就是把宏观战略决策转化为具体明确的要求、标准。《保密法》明确规定了保密制度的具体内容，机关、单位要严格按照《保密法》的规定落实这些规章制度，并根据新情况、新问题、新领域完善相应的保密标准制定实施细则。监管精准就是促进保密工作责任制的有效落实。

(四)自主化原则

自主化原则是积极应对信息化条件下高科技窃密的严峻形势，大力加强保密科技工作，大幅提高自主创新能力，全面掌握核心关键技术，开发和推广应用具有自主知识产权、先进可靠、实用性强、涵盖保密工作各个领域和环节的保密技术产品，构建全方位、立体化、多层次的保密技术保障体系，建立确保党和国家秘密安全的检查监督制度。坚持自主化原则是消除安全保密隐患的根本方略，是提高整体保密能力的内生动力，是提高保密管理水平的迫切需要。加大科技投入，推进保密科技自主创新；掌握核心技术，提高保密技术能力；通过科学整合资源，将安全可靠的信息技术充分应用到保密管理实践中，促进保密水平的全面飞跃。

(五)法制化原则

法制化原则是进一步完善以《保密法》为主干的保密法律法规体系，形成自上而下衔接配套、行业领域全覆盖的保密法律法规体系，将保密管理全面纳入法制轨道，形成依法办事、依法管理的工作模式，不断增强保密管理的权威性和规范性，提高制度的执行力。具体来说，要完善保密立法，做到有法可依；规范保密管理，严格执法；加强保密监督，确保违规行为得到追究。此外，要大力强化全社会维护国家安全和利益的观念，形成知法守法的良好社会氛围。

(六)归口管理原则

归口管理原则是指各级应当在保密委员会的组织领导、协调和监督下，按照“业务工作谁主管，保密工作谁负责”的基本原则，根据各项涉密业务属性，结合行业、机关、单位职能，按照能归口尽量归口管理的原则，合理确定各项涉密业务归口管理部门，实现各领域的保密管理工作按照业务工作的分工，由一个部门统抓总管，更有效地实施保密管理。

保密管理中的所有工作都可以明确归口管理部门，进行归口管理。由归口管理部门负责业务工作范围内的保密管理工作和相关工作制度制定，以此确保涉密业务部署到哪里，保密要求就延伸到哪里，切实解决好保密工作与业务工作“两张皮”现象，有效实现业务工作与保密工作的相互融合发展。具体来说，根据行业、机关、单位的职能分工，每一个方面的保密管理工作都可以归口落实，比如军工保密标准中，对科研生产、信息化、人力资源、新闻宣传和外事这五个方面的工作提出了明确的归口管理要求；对科研生产中涉及的定密、协作配套、外场试验、密品等方面提出了明确的归口管理要求。还不止如此，比如定密、载体、场所、档案等均可归口管理。

第二节　定密管理

一、定密与定密管理概述

(一)定密的概念与主体

定密的概念可分为狭义和广义。狭义的定密是一个与解密和公开相对应的概念，仅指国家秘密的确定，即机关、单位经法定授权，将符合国家秘密要素的事项或信息确定为国家秘密，并采取相应的保护措施的行为和过程。

广义的定密包括对国家秘密及其密级的确定，还包括对国家秘密密级的变更和解除，是指国家机关和涉及国家秘密的单位(以下简称机关、单位)依法确定、变更和解除国家秘密的活动。本书探讨的定密是指广义的定密。

定密的主体是定密责任人，定密责任人是指具有定密权的机关、单位，依照《保密法》规定，确定或指定的负责本机关、本单位国家秘密确定、变更和解除工作的人员。

(二)定密管理的概念与主体

定密管理是指机关、单位根据定密权或定密授权而开展的对定密及其相关工作进行管理的行为和过程。根据《保密法》的规定，定密管理包括：国家秘密及其密级具体范围规定(以下简称保密事项范围)的制定、修订，定密授权，定密责任人的确定，国家秘密及其密级的确定、变更和解除，对定密工作的检查指导和监督管理，以及对某一事项是否属于国家秘密、属于何种密级等不明确、有争议事项的处理等工作。

定密管理的主体是定密管理的归口责任部门，归口责任部门要认真履行好定密的指导、监督、检查、复核、统计等管理工作。

(三)定密权与定密权限

定密权，是指由保密法律赋予的和经授权机关授予的特定机关、单位行使的确定某一事项是否属于国家秘密、属于何种国家秘密的决定权，以及变更、解除国家秘密的法定权力。根据《保密法》的规定，定密权有两类：一类是《保密法》明确赋予的。法定定密权是指依照《保密法》规定直接享有的确定、变更、解除国家秘密的权力。另一类是《保密法》规定的机关授予的。授予的定密权是指通过授权获得的确定、变更和解除国家机密的权力。拥有定密权的机关、单位，才能行使确定国家秘密事项的权力；没有定密权也没有经过授权的机关、单位，不能自行确定国家秘密事项及密级和保密期限。

定密权限，特指行使定密权的有效边际，即拥有定密权的主体，在行使定密权时所能确定的国家秘密事项的最高密级和最大范围。拥有秘密级确定权限的机关、单位，只能确定秘密级国家秘密事项；拥有机密级定密权限的机关、单位，有权确定机密级、秘密级的国家秘密事项；拥有绝密级定密权限的机关、单位，有权确定绝密级、机密级、秘密级的国家秘密事项。《保密法》第十三条规定：“中央国家机关、省级机关及其授权的机关、单位可以确定绝密级、机密级和秘密级国家秘密；设区的市、自治州一级的机关及其授权的机关、单位可以确定机密级和秘密级国家秘密。”只有中央国家机关、省级机关及其授权的机关、单位和设区的市、自治州一级的机关及其授权的机关、单位才有确定国家秘密的法定权力。其中，中央国家机关和省级机关及其授权的机关、单位可以确定绝密级、机密级、秘密级国家秘密，设区的市、自治州机关及其授权的机关、单位只能确定机密级、秘密级国家秘密，这对于严格控制绝密级国家秘密的数量意义重大。2010 年修订的《保密法》取消了县级机关和单位的定密权，取消了设区的市、自治州一级机关的绝密级定密权，改变了以往所有机关和单位都可以定密的规定。这种做法既符合我国推进民主政治建设的基本要求，适应新形势下保密工作任务的需要，又符合国家秘密产生的基本原则，如图 4-2 所示。

图 4-2　定密权限示意图

根据《保密法》及其实施条例，没有定密权或者没有相应定密权限的机关和单位，可以向中央国家有关机关、省级机关申请定密授权。有法定定密权的机关也可以根据工作需要，主动授权。授予的定密权必须在授权范围内行使，并接受定密授权机构的监督。

(四)定密授权

定密授权是指中央国家机关、省级机关和设区的市、自治州一级机关等具有法定定密权的机关，依照法定程序，在规定的权限内，授予有关机关和单位确定国家秘密权限的行为。

1. 定密授权的原则

定密授权以行业授权为主，区域授权为辅。机关、单位申请定密授权，应当先向上级业务主管部门提出，没有上级业务主管部门或申请的定密权超出上级业务主管部门主管工作范围的，才向区域机关提出。

定密授权不得超出授权机构的业务主管范围和职权范围。定密授权不得转授。被授权机关、单位在获得定密授权后，不得再行转授，也就是必须遵循“一次性授权原则”。

定密授权应当“确有必要”和“最小化”。“确有必要”是指确实符合定密授权条件，即被授权机关、单位没有定密权或者具有有限的定密权，但依据有关保密事项范围必然产生国家秘密事项，或者从实际工作来看，经常性产生国家秘密事项或产生超出原有定密权限国家秘密事项的情形。“最小化”是指作出定密授权应当明确授予的具体事项、最高密级和授权期限，做到授予权限最小、范围最小、时限最短。

2. 定密授权的方式

根据《保密法实施条例》的规定，对定密权的授权有两种方式：主动授权和申请授权。主动授权，是指授权机关根据实际工作需要，在有关机关、单位未提出定密授权申请的情况下，主动授予该机关或单位定密权的行为。申请授权，是指授权机构根据有关机关或者单位提出定密授权的申请，进行定密授权的行为。

3. 申请定密授权的程序

申请定密授权的程序包括机关、单位向主管部门或上级机关提出定密授权的申请、授权部门或机关对定密授权申请进行审查并作出是否授权的决定、形成书面授权决定并通知提出申请的机关、单位对定密授权进行备案和监督。如图 4-3 所示。

首先，有关机关或单位应根据定密授权的原则，提出定密授权的申请。机关、单位申请定密授权的内容主要包括拟申请的定密权限、事项范围、授权期限以及申请的依据和理由。需要说明的是，机关、单位应当以书面形式提出定密授权的申请，具体见《定密授权申请书》(实证参考示例 4-2-1)。

授权机关收到定密授权申请后，应当依照保密法律法规和保密事项范围进行审查。授权机关对定密授权申请的审查时间，应当控制在合理时限内。

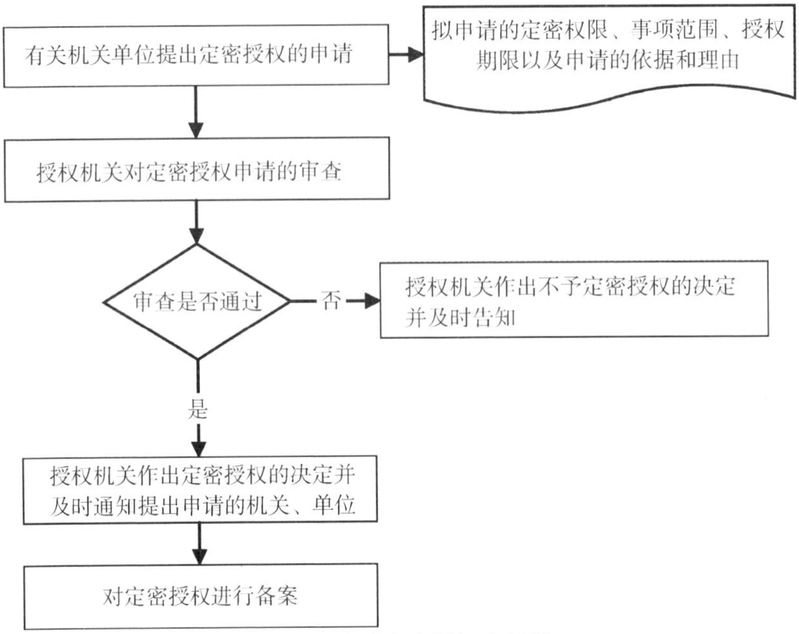

图 4-3　申请定密授权流程图

经审查，对符合授权条件的，授权机关应当及时作出定密授权决定；对不符合授权条件的，应当作出不予授权的决定，并及时通知提出申请的机关、单位。

定密授权决定应当以书面形式作出，见《定密授权决定书》(实证参考示例 4-2-2)、《不予授权决定书》(实证参考示例 4-2-3)，明确被授权机关或单位的名称、具体定密权限、定密事项范围和授权期限。

定密授权不是一授终生，一成不变的，应当根据形势的变化或定密工作的实际需要，及时作出变更。被授权机关、单位不再经常产生授权范围内的国家秘密事项，或者因保密事项范围调整授权事项不再作为国家秘密的，被授权机关、单位应当及时提出撤销授权的申请，授权机关应当及时撤销授予的定密权。因保密事项范围调整授权事项密级发生变化的，授权机关应当重新作出定密授权决定。

对定密授权进行备案和监督，是确保定密权合法、规范行使的重要手段。无论是定密授权决定还是变更、撤销定密授权决定，授权机关都应当将决定原件报保密行政管理部门备案，见《定密授权情况汇总表》(实证参考示例 4-2-4)，对作出的定密授权情况作出备案与统计。

二、定密管理的内容

（一）制定定密管理制度

为实现定密工作规范化、程序化、制度化，提高定密工作的准确性和科学性，加强依法定密工作，各机关、单位必须制定严谨规范的定密管理制度。定密管理制度具体包括定密责任人制度，国家秘密的确定、变更与解除的程序，国家秘密标识、定密工作的监督与检查等定密管理具体工作内容的规范。

（二）建立定密责任人制度

定密责任人制度是指具体承担机关、单位定密职责的人员，代表机关、单位行使定密权，履行定密职责的制度。

定密责任人制度是2010年《保密法》修订工作中新增的内容。这是在总结长期保密工作实践的基础上，针对保密工作形势和任务变化而进行的重大改革。长期以来，定密主体广泛、责任不明确的问题一直困扰着保密工作的发展，导致国家秘密过多、程序不规范等问题十分突出。实施定密责任人制度，有利于增强定密责任意识，克服定密随机性，确保定密的准确性和及时性。

1. 定密责任人的类型

定密责任人是具体承担机关、单位定密职责的人员，代表机关、单位行使定密权，履行定密职责。《保密法》第十二条规定："机关、单位负责人及其指定的人员为定密责任人，负责本机关、本单位的国家秘密确定、变更和解除工作。"这一规定明确规定了定密责任人包括两类人员——机关、单位负责人和负责人指定的人员，即法定的定密责任人和经过法定定密责任人授权后指定的定密责任人。

法定的定密责任人，即机关、单位负责人。这里的机关、单位负责人是机关、单位的主要负责人。机关、单位负责人一经任命，即为法定的定密责任人，不需进行确定程序。法定的定密责任人对机关、单位定密工作负总责。定密是机关、单位的法定责任，从这个意义上讲，机关、单位应该是法律上的定密主体。但是，定密是由定密责任人具体负责的，所以，实际上的法定定密主体就是法定定密责任人。

指定的定密责任人是经过定密责任人授权，由法定定密责任人指定，具体承担定密职责的人。根据《保密法》和《国家秘密定密管理暂行规定》的要求，机关、单位的负责人可以指定其他人员作为定密责任人，并根据定密工作的需要，明确相应的定密权限。但对指定的定密责任人的范围没有统一要求。机关、单位在工作中，可以从实际出发，指定有关人员负责定密工作。一般而言，指定的定密责任人主要包括以下几类：①机关、单位分管涉及国家秘密业务工作的其他负责人；②机关、单位产生的国家秘密较多的内设机构负责人；③由于岗位职责需要，经常产生国家秘密事项的内设机构负责人或工作人员，比如内设机构综合处(科)室、业务处(科)室负责人或工作人员。

2. 定密责任人确定程序

定密责任人确定程序分为法定定密责任人与指定定密责任人确定程序。机关、单位主要负责人，经人事任命程序任命，即为本机关、本单位法定定密责任人，不需再履行确定程序。指定定密责任人必须严格履行确定程序，一般先由机关、单位涉密业务工作部门根据条件提出拟任人选，由机关、单位保密工作机构或者综合部门汇总研究后，提出人选意见，报本机关、本单位法定定密责任人确定。

定密责任人在确定之后需要公布和备案(见实证参考示例4-2-5)。机关、单位应当以内部文件、公告等书面形式公布定密责任人名单和定密权限，促进定密工作的开展。机关、单位还应当将定密责任人名单报同级保密行政管理部门备案，以便保密行政管理部门对机关、单位的保密工作进行指导和监督。

在实际工作中，机关、单位可以根据工作需要或者其他原因，对定密责任人的工作岗位进行调整。定密责任人发生调整、变更的，应当重新确定人选，并履行指定和备案手续。

没有定密权的机关或者单位是否需要指定定密责任人，应当根据实际工作需要确定。对经常知悉、处理国家秘密，并经常从中延伸产生国家秘密的机关、单位，其负责人(即法定定密责任人)可以指定定密责任人承担延伸确定秘密的任务；对很少或者从未涉及国家秘密的机关、单位，不必指定定密责任人，由负责人(即法定定密责任人)直接负责定密工作。

3. 定密责任人的职责

《保密法》第十二条明确规定了定密责任人的三项基本职责：定密责任人负责本机关、本单位的国家秘密确定、变更和解除工作。具体职责是：

①审核批准本机关、本单位产生的国家秘密的密级、保密期限和知悉范围；

②对本机关、本单位产生的尚在保密期限内的国家秘密进行审核，作出

是否变更或者解除的决定；

③对是否属于国家秘密和属于何种密级不明确的事项先行拟定密级，并按照规定的程序报保密行政管理部门确定。

4. 定密责任人的培训

《保密法实施条例》第九条规定：“专门负责定密的工作人员应当接受定密培训，熟悉定密职责和保密事项范围，掌握定密程序和方法。”《国家秘密定密管理暂行规定》第十六条亦规定：“机关、单位定密责任人和承办人应当接受定密培训，熟悉定密职责和保密事项范围，掌握定密程序和方法。”因此，机关、单位应当定期开展定密培训，培训内容主要学习：保密事项范围、定密权限和相关人员责任、定密程序、定密监管及其方式方法等。因特殊原因不能组织专门培训的，保密行政管理部门和机关、单位应当通过发放宣传资料等方式向定密责任人宣传定密知识和定密要求。

承办人，是指机关、单位处理、办理涉及国家秘密事项的具体工作人员。《保密法》第十二条规定：“机关、单位确定、变更和解除本机关、本单位的国家秘密，应当由承办人提出具体意见，经定密责任人审核批准。”依据这一规定，承办人是定密程序中初始环节工作的执行者，负责对本机关、本单位产生的国家秘密事项提出确定、变更和解除的具体意见，并提交定密责任人审核批准，如图 4-4 所示。

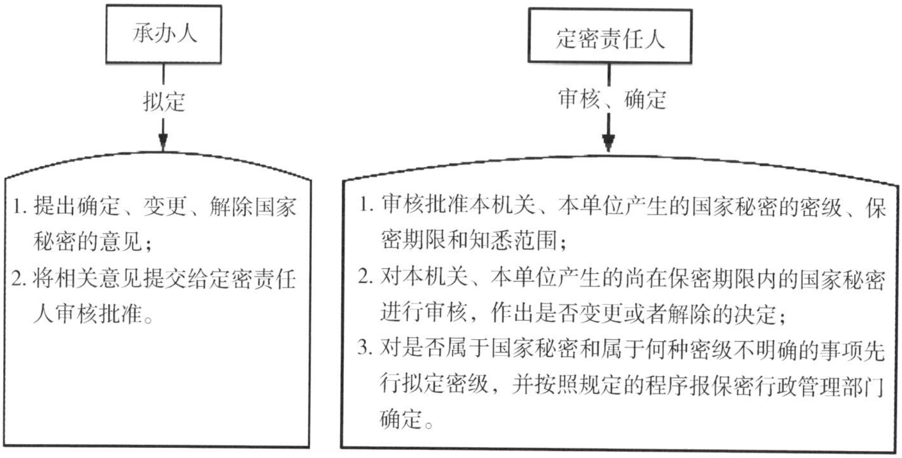

图 4-4　承办人、定密责任人职责

(三)制定定密依据

定密依据是机关、单位确定、变更和解除国家秘密的根据、标准和来源，如图 4-5 所示。《保密法》及《保密法实施条例》是机关、单位定密的根本依据，《保密事项范围》是机关、单位定密的直接依据，《国家秘密事项一览表(细目)》是机关、单位定密的具体依据，此外，《国家秘密定密管理暂行规定》规定了禁止定密事项。

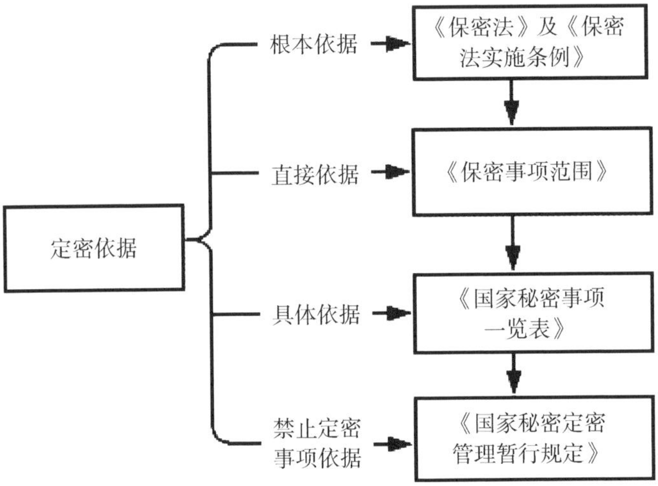

图 4-5　定密依据

1.《保密法》及《保密法实施条例》

《保密法》第九条、第十条划定了国家秘密的基本范围。《保密法》第九条明确规定，涉及国家安全和利益的事项，泄露后可能损害国家在政治、经济、国防、外交等领域的安全和利益的，应当确定为国家秘密：(1)国家事务重大决策中的秘密事项；(2)国防建设和武装力量活动中的秘密事项；(3)外交和外事活动中的秘密事项以及对外承担保密义务的秘密事项；(4)国民经济和社会发展中的秘密事项；(5)科学技术中的秘密事项；(6)维护国家安全活动和追查刑事犯罪中的秘密事项；(7)经国家保密行政管理部门确定的其他秘密事项。政党的秘密事项中符合前款规定的，属于国家秘密。

《保密法》第十条规定：国家秘密的密级分为绝密、机密、秘密三级。绝密级国家秘密是最重要的国家秘密，泄露会使国家安全和利益遭受特别严重的损害；机密级国家秘密是重要的国家秘密，泄露会使国家安全和利益遭受严重的损害；秘密级国家秘密是一般的国家秘密，泄露会使国家安全和利益遭受损害。

机关、单位认为所产生的国家秘密事项在保密事项范围中没有规定，但属于《保密法》第九条、第十条规定的情形，泄露后会损害国家政治、经济、科技等方面安全和利益的，可以直接确定为国家秘密，也可以作为不明确事项提出，由保密行政管理部门依据《保密法》进行确定。

根据《保密法实施条例》，不明确事项应当按照下列程序办理：

第一，机关、单位对符合《保密法》的规定，但保密事项范围没有规定的不明确事项，应当先行拟定密级、保密期限和知悉范围，采取相应的保密措施，并自拟定之日起 10 个工作日内报有关部门确定。拟定为绝密级的事项和中央国家机关拟定的机密级、秘密级的事项，报国家保密行政管理部门确定；其他机关、单位拟定的机密级、秘密级的事项，报省、自治区、直辖市保密行政管理部门确定。

第二，保密行政管理部门接到报告后，应当在 10 个工作日内作出决定。省、自治区、直辖市保密行政管理部门还应当将所作决定及时报国家保密行政管理部门备案。

2. 保密事项范围

保密事项范围是国家秘密及其密级的具体范围的简称，是机关、单位定密的法定依据。《保密法》第十四条规定，机关、单位对所产生的国家秘密事项，应当按照国家秘密及其密级的具体范围的规定确定密级，同时确定保密期限和知悉范围。

一般来说，保密事项范围是国家秘密基本范围的具体化，是“国家安全利益”的具体化，是机关和单位确定、变更和解除国家秘密的最直接、最主要的依据。根据《保密法》第十一条的规定，国家秘密及其密级的具体范围，由国家保密行政管理部门分别会同外交、公安、国家安全和其他中央有关机关规定。1989 年以来，国家保密行政主管部门会同中央有关部门制定了 100 多项保密事项，其中现行有效的 90 多项，基本覆盖国防、外交、科技、金融等各行业，并对其保密期限、知悉范围作出了明确规定。

保密事项范围有统一的样式要求，包括正文和目录两个部分(见实证参考示例 4-2-6)。正文有 5 个基本条款，主要是对某一行业或领域的国家秘密进行归纳分类，概括某种密级所包括的国家秘密范围。正文使用规范的法律语言，具备较强的逻辑性和抽象性，是目录执行、解释以及修订补充的基本依据。目录称为“××工作国家秘密目录”，以表格形式列明国家秘密具体事项及其密级、保密期限(解密时间或者解密条件)、产生层级、知悉范围等内容，它是定密承办人、定密责任人将国家秘密事项“对号入座”，开展定密工作最直接的依据。

保密事项范围制定、修订完成后，中央有关机关应当立即印制并按照公文处理规范，将其发放至各地区和各有关部门。保密事项范围涉及国家秘密的，应当作出国家秘密标志，并严格限定知悉范围。省(区、市)保密行政管理部门和相关业务部门收到保密事项范围后，应当根据工作需要进行联合转发，下发到县级以上保密行政管理部门和有关机关、单位。对于属于国家秘密的保密事项范围，转发时应征得保密事项范围制发机关的同意。机关、单位收到保密事项范围后，应当及时将保密事项范围发至本机关、本单位的定密责任人和保密工作机构。机关、单位定密责任人和承办人，应当认真学习研究保密事项范围，特别是要研究与本行业、本领域业务工作相关的保密事项范围，据此开展定密工作。

机关、单位定密应当符合保密事项范围目录的规定。《保密事项范围制定、修订和使用办法》第二十条规定，机关、单位依据保密事项范围目录定密，应当遵循下列要求：首先，密级应当严格按照目录的规定确定，不得高于或者低于规定的密级。其次，保密期限应当在目录规定的最长保密期限内合理确定，不得超出最长保密期限；目录明确规定解密条件或解密时间的，从其规定。最后，知悉范围应当依据目录的规定，根据工作需要限定到具体人员；不能限定到具体人员的，应当限定到具体单位、部门或者岗位。

3. 国家秘密事项一览表(细目)

国家秘密事项一览表简称定密细目，是机关、单位定密的直接依据，是准确确定国家秘密时最明确、最具体、最具操作性的依据。国家秘密事项一览表是为方便机关、单位定密工作，提高定密责任人、承办人使用保密事项范围的效率和使用的准确性、一致性，从而对保密事项范围规定事项内容的具体化。机关、单位可以依据本行业、本领域和相关行业、领域保密事项范围目录，整理制定本机关、单位国家秘密事项一览表，详细列举本机关、本单位产生的国家秘密事项的具体内容、密级、保密期限(解密条件或者解密时间)、产生部门或者岗位、知悉范围以及载体形式等(见实证参考示例4-2-7)。国家秘密事项一览表，应当经本机关、本单位审定后实施，并报同级保密行政管理部门备案。

在编制国家秘密事项一览表时，对保密事项的范围没有具体期限的，应当根据有关机关或者单位的工作需要，在《保密法》规定的期限内确定；不能确定具体期限的，应确定解密的条件。未明确保密事项范围的，根据工作需要限于特定人员。不能限定为特定人员的，应当限定为特定部门，部门负责人应当进一步限定为特定人员。

编制国家秘密事项一览表，有利于“对号入座”，提高工作效率和水平。机关、单位应当根据保密事项范围的调整、变化和工作实际情况，及时增减或者调整一览表的内容。机关、单位编制国家秘密事项一览表(细目)必须严格遵守保密事项范围使用的基本原则和具体要求。

编制国家秘密事项一览表应当严格按照保密事项范围的目录进行，将本机关、本单位可能产生的符合保密事项范围目录规定的事项列举出来，不得擅自扩大、缩小范围，也不得比照类推，将不符合保密事项范围目录规定的事项纳入一览表。从编制角度看，国家秘密事项一览表是保密事项范围目录的一种变化形态，仅限于对保密事项范围的目录进行整理、汇集，将符合目录规定要素的事项具体到本机关、本单位可能产生的各类事项、载体上，明确具体密点，或者是对本机关、本单位所有依据保密事项范围目录确定的国家秘密事项作罗列、梳理。

编制国家秘密事项一览表不是强制性要求，机关、单位应当根据实际工作需要自行确定编制与否。然而，承担涉密武器装备科研生产任务的单位应当按照武器装备科研生产单位保密资格认定标准要求，做好编制工作。

国家秘密事项一览表应当经本机关、本单位审定后实施，并报同级保密行政管理部门备案。这里的“本机关、本单位审定”是指经法定定密责任人或者本机关、本单位保密委员会等审核决定。这里的“备案”是指事后报备，目的在于方便同级保密行政管理部门了解相关工作情况并加强指导和监督。

4. 不得定密的情形

《国家秘密定密管理暂行规定》第十九条列举了四种不得确定为国家秘密的情形：(1)需要社会公众广泛知晓或者参与的；(2)属于工作秘密、商业秘密、个人隐私的；(3)已经依法公开或者无法控制知悉范围的；(4)法律、法规或者国家有关规定要求公开的。机关、单位在定密过程中，应当严格遵循这一规定，不得将属于以上情形的事项确定为国家秘密，对于已经定密的，要及时纠正。

“需要社会公众广泛知晓或者参与的”事项一般包括，与多数社会公众和组织的切身利益密切相关，不公开可能会对公众利益造成损害，或者会引起社会公众的猜疑和不安，有的甚至会引发社会混乱的信息；属于法律、法规、规章和文件以及社会动员措施等，需要社会公众广泛知晓、参与、配合才能实现社会管理职能或者达到管理目的的信息。“工作秘密”“商业秘密”“个人隐私”虽然都需要一定程度的保护，但与国家秘密性质不同，工作秘密一旦泄露会直接干扰机关、单位正常工作秩序，影响正常行使公共事务职能；商业秘密一旦泄露会影响企业商业秩序，会给权益人带来不良利益影响；个人隐私一旦泄露会给所有人造成生活的不安宁甚至名誉、经济、安全受损等。“已经依法公开的”事项是机关、单位依照法律法规规定，经严格履行信息公开审查程序后公开的信息。“无法控制知悉范围”是客观上不能控制知悉范围的信息，或者已经为公众广泛知晓、不可能再严格控制知悉范围的信息。“法律、法规或者国家有关规定要求公开的”事项主要是指依据《政府信息公开条例》等规定，应当予以公开的事项。

(四)规范国家秘密的确定、变更与解除工作

1. 国家秘密确定的原则

根据《国家秘密定密管理暂行规定》第四条规定，机关、单位定密应当坚持最小化、精准化原则，要做到权责明确、依据充分、程序规范、及时准确，既能确保国家秘密安全，又便利信息资源的合理利用。

最小化原则是定密工作的现代化体现，是指严格按照有关保密规定和标准确定、管理国家秘密，确保国家秘密数量最少、知悉范围最小、涉密环节最简，要坚持按内容定密、按需要知密，同时务必使国家秘密得到最严格、最有效的控制和保护。

精准化原则是现代定密工作的宗旨，是指要精细准确地完成定密工作。要着力解决定密不准、标准不清、责任不明的问题，建立严格、周密、科学的定密机制，编制详尽明确的涉密事项范围目录和定密细目并动态实时更新，避免定密不准现象出现。

2. 确定、变更与解除程序

(1)国家秘密确定的一般程序。

确定国家秘密要严格执行定密流程。在产生国家秘密的同时，承办人应当根据有关保密事项的范围等定密依据，拟定密级、保密期限和知悉范围，报定密责任人审批，并采取相应的保密措施。

一般而言，机关、单位对所产生的国家秘密事项，应当按照下列程序定密。

①定密程序启动于“国家秘密产生的同时”。国家秘密产生的同时，是指国家秘密形成的时间，如涉密数据形成时、涉密文件起草时。

②承办人提出定密意见。承办人对本机关、本单位产生的国家秘密事

项，采用与本机关、单位国家秘密事项范围“对号入座”的方法，拟定密级、保密期限和知悉范围，并在国家秘密载体上做出国家秘密标志，呈报本机关、本单位定密责任人审核。对于“无号可对”的事项，机关，单位认为确实关系国家安全和利益的，按照不明确事项处理。

③定密责任人对承办人拟定国家秘密事项的依据是否正确，所拟定国家秘密事项的密级、保密期限、知悉范围是否准确，所标注的国家秘密标志是否规范完整等情况进行审核。同意拟定意见的，签字认可；觉得有不准确的，予以纠正或者退回承办人重新办理；决定不定密的，明确提出不予定密的意见。

④作出书面记录。《国家秘密定密管理暂行规定》第二十一条明确规定：“机关、单位确定国家秘密，应当依照法定程序进行并作出书面记录，注明承办人、定密责任人和定密依据”，在国家秘密确定过程中形成的承办人意见、定密责任人审核意见等工作情况应当作出文字记载，并存档备查(见实证参考示例 4-2-8)。

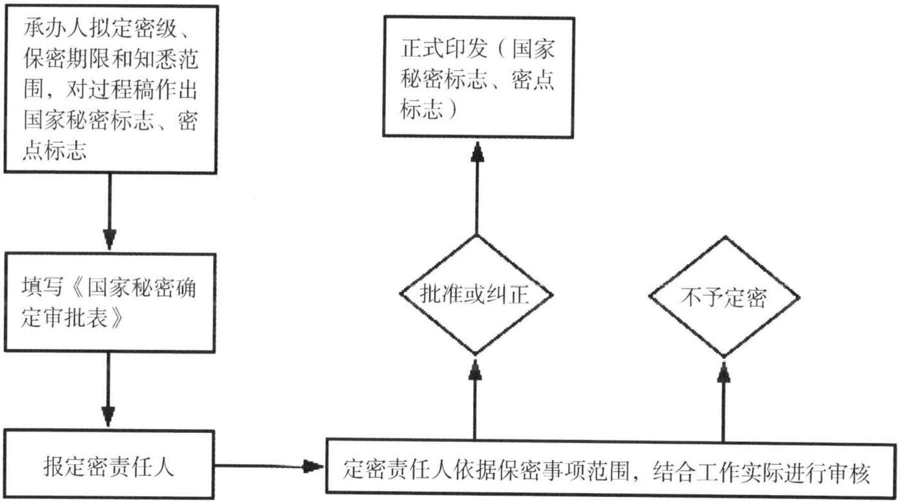

图 4-6　国家秘密确定的一般程序

(2)国家秘密变更的一般程序。

根据《国家秘密定密管理暂行规定》，当涉及定密时所依据的法律法规或者保密事项范围发生变化的，或者泄露后对国家安全和利益的损害程度发生明显变化的这两种情形的，机关、单位应当对所确定国家秘密事项的密级、保密期限或者知悉范围及时作出变更。

国家秘密变更遵循“谁确定，谁变更，谁解除”的原则。由此可见，国家秘密的变更应当由该国家秘密确定的主体负责。然而《保密法》规定，国家秘密的密级、保密期限和知悉范围的变更，不仅可以由原定密机关、单位决定，也可以由其上级机关决定。上级机关有权直接变更下级机关、单位确定的国家秘密。但是，不属于本机关、本单位确定的国家秘密事项，认为需要对其密级、保密期限和知悉范围进行变更的，可以向原定密机关、单位或者其上级机关提出建议，但不得擅自进行变更。国家秘密的变更遵循以下工作程序(图 4-7)：

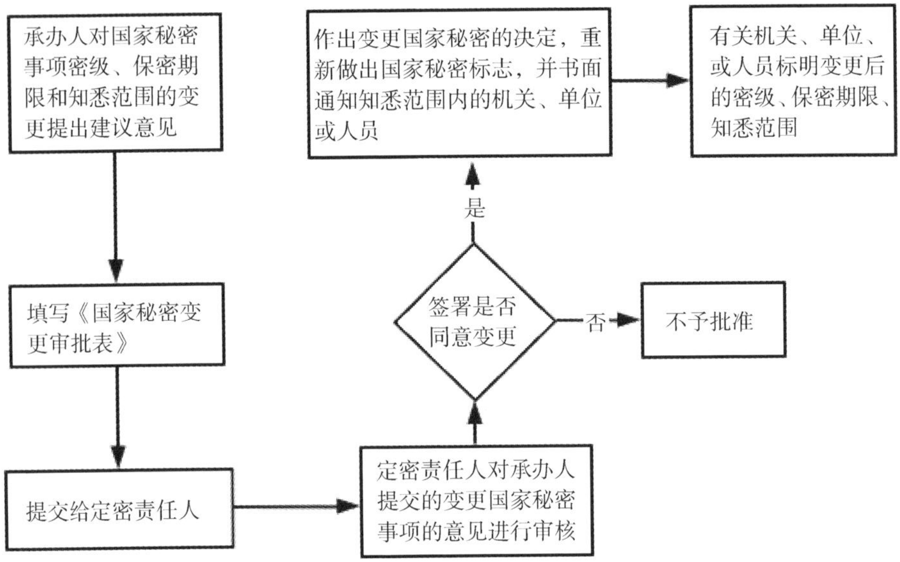

图 4-7　国家秘密变更的程序

①承办人对国家秘密事项密级、保密期限和知悉范围的变更提出建议意见，并提交本机关、本单位定密责任人审核。

②定密责任人对承办人提请变更国家秘密事项的意见进行审核，并签署是否同意变更的意见，对变更意见不准确的不予批准(见实证参考示例 4-2-9)。定密责任人也可以依法直接作出变更国家秘密的决定，并不一定都需要由承办人参与国家秘密变更程序。

③定密责任人在变更国家秘密的同时，应当及时在原国家秘密标志附近

重新做出国家秘密标志。

④机关、单位变更国家秘密的密级，保密期限或者知悉范围的，应当书面通知知悉范围内的机关，单位或者人员。有关机关，单位或者人员接到通知后应当在国家秘密标志附近标明变更后的密级、保密期限和知悉范围。

(3)国家秘密解除的一般程序。

国家秘密的解除，即解密。解密的方式包括自行解密、提前解密两种主要形式。自行解密是指国家秘密保密期限已满，定密机关、单位未决定延长保密期限的，该国家秘密即自行解密。提前解密是指机关，单位根据实际工作的需求与保密形势的实际变化，定期审核所确定的国家秘密事项，认为不需要继续保密的，履行解密程序予以解密。提前解密需要符合一定的条件，尚在保密期限内的国家秘密，当保密法律法规或者保密事项范围调整后，不再属于国家秘密的，或者公开后不会损害国家安全和利益，不需要继续保密的，这两种情形的国家秘密应当及时进行提前解密。

机关、单位应当每年至少开展一次解密审查工作，将应当解密的国家秘密及时解密，并按照以下程序办理解密(图 4-8)：

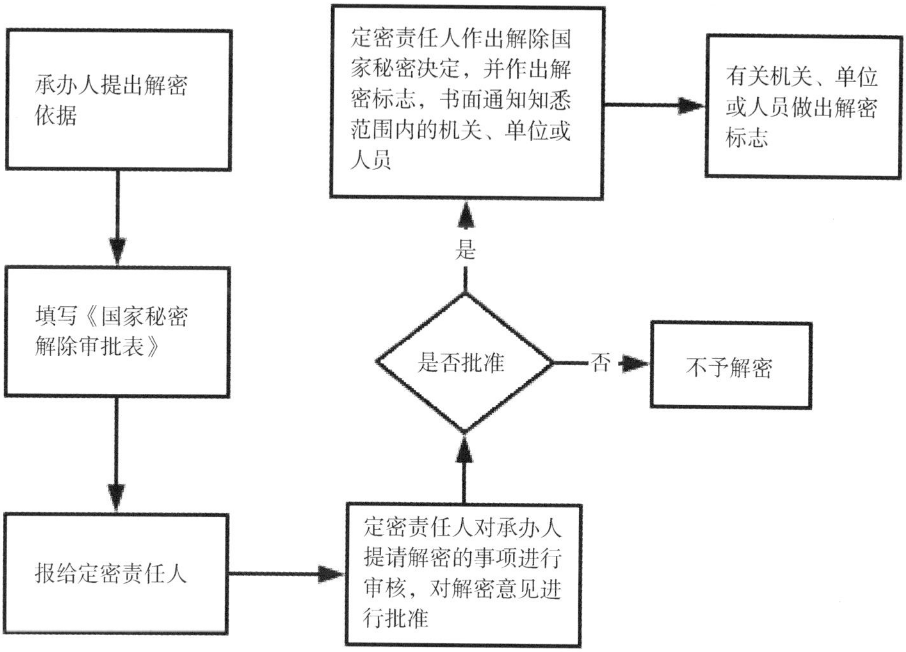

图 4-8 国家秘密解除的一般程序

①承办人提出解密意见，并提交本机关、本单位定密责任人审核。

②定密责任人对承办人提请解密的事项进行审核，对解密意见是否准确进行批准(见实证参考示例 4-2-10)。

③定密责任人在作出解除国家秘密决定时，需要在原国家秘密标志附近做出解密标志。

④国家秘密在经审核批准解除后，机关、单位应该以书面形式及时通知知悉范围内的机关、单位或者人员，接到通知的有关机关、单位或者人员，应当及时在原国家秘密标志附近做出解密标志。属于自行解密和正式公布的，可以免除解密通知。

(五)明确国家秘密标志

国家秘密标志是一种法定的文字和符号标志，用于标明被识别的载体、设备、产品所携带的内容属于国家秘密，并提示其保密等级和保密期限。《保密法》第十七条规定，“机关、单位对承载国家秘密的纸介质、光介质、电磁介质等载体以及属于国家秘密的设备、产品，应当做出国家秘密标志。”

1. 国家秘密标志的基本要求

标志时间是国家秘密确定之时。《国家秘密定密管理暂行规定》第二十四条规定，国家秘密一经确定，应当同时在国家秘密载体上标明国家秘密标志。也就是说，承办人根据保密事项的范围拟定保密等级、保密期限和知悉范围时，应当在有关载体上标明国家秘密标志。

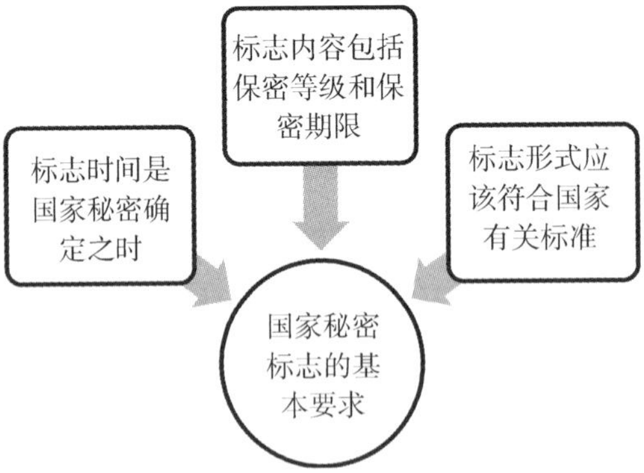

图 4-9　国家秘密标志的基本要求

标志内容包括保密等级和保密期限。《保密法实施条例》第十五条规定，国家秘密标志应当标明安全等级和保密期限。《国家秘密定密管理暂行规定》进一步明确了国家秘密标志的形式为："密级★保密期限""密级★解密时间"或者"密级★解密条件"。

标志形式应当符合国家有关标准。从实际情况看，国家秘密经常以公文、电子文本等形式出现，因此，国家秘密标志还应当符合《党政机关公文处理工作条例》及有关国家标准要求，按照《党政机关公文格式》国家标准（GB/T 9704-2012），标注密级和保密期限，一般用3号黑体字，顶格编排在版心左上角第二行，保密期限中的数字用阿拉伯数字标注(见实证参考示例4-2-11)。

2. 国家秘密变更、解除时的标注

《保密法实施条例》第十五条规定，国家秘密的密级和保密期限发生变更的，应当及时对原国家秘密标志作出变更。

考虑到国家秘密载体形式较为复杂，目前还没有对国家秘密变更或解除标志作出统一要求，机关、单位可以根据实际需要予以标明。对于定密机关、单位而言，只要履行完变更或者解除程序，定密责任人或者承办人就应当在国家秘密载体上注明变更后的密级、保密期限和知悉范围，或者注明已解密。对于知悉范围内的机关、单位，无论采用哪种方式标注变更或者解除，都应当由经办人员签字，并注明有关变更或者解除国家秘密书面通知的发文机关、文号和日期(见实证参考示例4-2-12、4-2-13)。

3. 其他形式载体国家秘密的标注

根据《国家秘密定密管理暂行规定》，光介质、电磁介质等国家秘密载体和属于国家秘密的设备、产品的国家秘密标志，应当标注在壳体及封面、外包装的显著位置。

图表、地图应当在上、下方以明显方式标注总体密级标志。电子文件与纸质文件的内容相同，只是存在形式上的区别，标注方法也基本相同，只是在文件名中注明该文件密级。光介质、电磁介质等国家秘密载体应当在壳体和封面、外包装的显著位置做出国家秘密标志。属于设备、产品形态的国家秘密载体，应当在壳体和封面、外包装的显著位置标注国家秘密标志。

许多物品受体积影响或因保持完整性的需要，无法在物品本身做出标注。遇有此种情况，应当制作保密手册，在手册中注明密级、保密期限和知悉范围，并提出应当采取的相应的保密措施。

(六)定密管理的监督与检查

定密监督与检查是定密工作的重要组成部分，依法开展定密监督与检查是定密管理法制化、规范化的重要保证。如图 4-10。

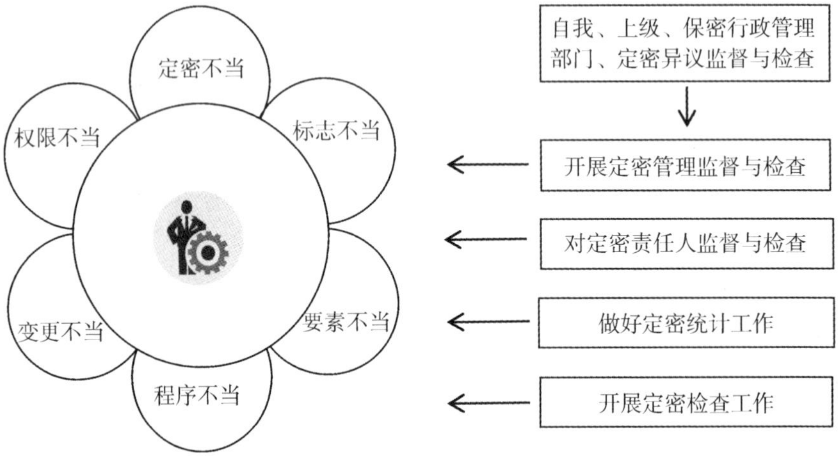

图 4-10　定密管理的监督与检查

1. 定密管理的监督与检查类型

定密管理的监督与检查，主要包括自我监督与检查、上级监督与检查、保密行政管理部门监督与检查、定密异议监督与检查等。

(1)自我监督与检查。

《保密法实施条例》第十八条规定，机关、单位发现本机关、本单位国家秘密的确定、变更和解除不当的，应当及时纠正。机关、单位保密委员会及其工作机构特别是定密管理的归口责任部门需要承担起定密监督职责，对本机关、本单位定密工作进行监督与检查，并对发现的问题进行及时纠正。

(2)上级监督与检查。

《保密法实施条例》第十八条规定，上级机关、单位发现下级机关、单位国家秘密的确定、变更和解除不当的，应当及时通知其纠正，也可以直接纠正。上级机关、单位可以通过组织、开展经常性的定密工作检查，以发现定密过程中的问题，并及时通知相关机关、单位进行纠正。

(3)保密行政管理部门监督与检查。

根据《保密法》的规定，保密行政管理部门应当依法对本地区机关、单位的定密工作进行指导、监督和检查。发现机关、单位存在国家秘密确定、变更或者解除不当的，应当及时通知有关机关、单位予以纠正。

(4)定密异议监督与检查。

《保密法实施条例》第二十条规定，机关、单位对已定密事项是否属于国家秘密或者属于何种密级有不同意见的，可以向原定密机关、单位提出异议，由原定密机关、单位作出决定。定密异议监督发生在机关、单位对某一事项是否属于国家秘密或者属于何种密级有不同意见，向原定密机关、单位提出异议的情形。

2. 定密管理的监督与检查内容

机关、单位对定密的监督与检查，应当重点关注是否存在越权定密、定密不准确、定密程序不规范、定密要素不全、密级标识不规范、变更和解密不及时等不正当定密行为等。

不正当定密情形如下：(1)权限不当，即没有定密权的机关、单位，或者超出职权范围确定国家秘密的机关或者单位进行定密的行为；(2)定密不当，即不按相关保密事项范围进行定密，如对保密事项范围有明确规定应当定密的不予定密，或者对不属于保密事项范围的事项进行了定密；(3)程序不当，即不遵守《保密法》的定密程序定密，如定密未经定密责任人审核批准，密级、保密期限、知悉范围变更后未及时书面通知等；(4)要素不全，即在确定密级时未同时确定保密期限和知悉范围；(5)标志不当，即国家秘密标志不完整、不规范；(6)变更不当，未对国家秘密进行及时变更和解密。

3. 定密管理的监督与检查方式

定密管理的监督与检查应当通过开展定密工作检查、对定密责任人进行督查、做好定密统计工作、核查保密事项范围目录以及定密细目、开展定密核查等方式开展。

(1)开展定密管理监督与检查。机关、单位应当对本机关、本单位及下级单位开展定密管理的情况定期进行检查，及时通报检查情况，并将检查结果作为保密工作考核的重要内容；对定密不准确的，要求定密责任人及时纠正；对应当定密的事项不定密，致使国家秘密失去保护，造成泄密，或者对不应当定密的事项定密，严重影响信息资源合理利用，造成较大负面影响的，应当追究单位负责人或者定密责任人的责任。

(2)对定密责任人的督查。定密责任人制度是当前我国定密工作的基本制度，因此定密责任人至关重要，对定密责任人的监督与检查也尤为重要。

其监督检查的内容主要包括：定密责任人的确定与授权是否规范、定密责任人是否参加培训、定密责任人是否熟知定密知识和要求、定密责任人履职是否合规等等。如发现异常，要求予以弥补、纠正，严重的必须撤销定密责任人的授权。

(3)做好定密统计工作。定密统计是机关、单位掌握定密工作底数，做好保密管理的基础性工作。机关、单位应当结合本机关、本单位实际，建立定密台账，定期统计国家秘密确定、变更和解除情况，按年度向保密行政管理部门报告。

(4)核查保密事项范围目录以及定密细目。保密事项范围目录和定密细目是机关、单位定密的直接依据，因此机关、单位的保密事项范围目录和定密细目编制的准确性和规范性十分重要，认真核查其准确性和规范性对科学、精准定密意义重大。

(5)开展定密核查工作。对知悉范围内的机关、单位和个人反映的定密不当问题，及时进行核查处理。确属定密不当的，应当及时纠正；对不能确定是否属于定密不当的，应当报有确定权限的保密行政管理部门决定。

三、实证参考

示例 4-2-1：定密授权申请书

(授权机关名称)：

鉴于我单位经常产生________级国家秘密事项，为依法做好定密工作，确保国家秘密安全，根据保密法律法规以及工作保密事项范围(第____条或者目录第____项)的规定，现申请____事项____级定密权，有效期为____年(或至______年____月____日)。

附件：近三年来产生国家秘密事项情况

申请机关、单位(盖章)

年　月　日

示例 4-2-2：定密授权决定书

(申请授权机关、单位名称)：

根据保密法律法规及××工作保密事项范围的规定，现授予你单位____事项____级定密权，有效期为年(或至____年____月____日)，即日起生效。

所授予的权限不得再次授权。

授权机关(盖章)

年 月 日

示例 4-2-3：不予授权决定书

(申请授权机关、单位名称)：

根据保密法律法规及××工作保密事项范围，你单位不符合经常产生国家秘密事项的条件(或者不会产生国家秘密事项)，经研究，决定不授予你单位____事项____级定密权。对工作中产生的____级国家秘密事项，请按照保密法规定，提请有关上级机关确定。

授权机关(盖章)

年 月 日

示例 4-2-4：定密授权情况汇总表

授权机关(盖章)：

填表日期：　　　年　月　日

序号	被授权机关、单位名称	被授权定密权限	授权期限	授权事项

填表说明：

1.“被授权机关、单位名称”，应填写全称；

2.“被授予定密权限”，应填写所授予的最高定密权限；

3.“授权期限”，应填写具体的年限、时间节点或者条件，如1年、5年，或者至×年×月×日，或者至××涉密任务或者涉密科研生产项目结束时；

4.“授权事项”，应填写授予的事项类别或者具体事项名称，如××工作国家秘密事项，××工作国家秘密目录第×项，××涉密任务或者涉密科研生产项目；

5. 该表一式二份，一份报同级保密行政管理部门备案；一份留存本机关保密委员会办公室。

属于依申请作出的定密授权、变更或者撤销定密授权决定的，授权机关还应当将被授权机关、单位的书面申请(复印件)一并报保密行政管理部门备案。

获得定密授权的机关、单位，应当将收到的定密授权决定书(复印件)报同级保密行政管理部门备案。

示例 4-2-5：定密责任人备案表

机关、单位（盖章）：

填表日期：　年　月　日

序号	姓名	职务	定密权限	定密事项范围	类别

填表说明：

1. “定密权限”，应填写依法具有或被指定的最高定密权限，如绝密级、机密级或者秘密级；

2. “定密事项范围”，应填写依法或者被指定可以定密的国家秘密事项范围，如××工作国家秘密事项，××工作国家秘密目录第×项，××涉密任务或者涉密科研生产项目；

3. “类别”，应填写法定或者指定；

4. 该表一式二份，一份报同级保密行政管理部门备案；一份留存本机关、本单位保密委员会办公室。

示例4-2-6：保密事项范围标准格式

××工作国家秘密范围的规定

第一条　根据《保密法》有关规定，制定本规定。

第二条　××工作国家秘密范围包括：

(一)绝密级

(二)机密级

(三)秘密级

第三条　××工作涉及其他部门和行业的国家秘密，应按相关国家秘密范围的规定定密。

第四条　本规定由××(部门)和国家保密局负责解释。

第五条　本规定自发布之日起实施。

附：××工作国家秘密目录

附件

××工作国家秘密目录

序号	国家秘密事项名称	密级	保密期限	产生层级	知悉范围	备注
1						
2						
3						
4						
5						

示例 4-2-7：某单位国家秘密事项范围一览表(细目)

单位名称(公章)：　　　　　　　类型：　　　　　　日期：　　年　月　日

序号	事项名称	密级	依据	保密期限(解密条件)	知悉范围	载体形式	产生部门

承办人：________　　　　　　　定密责任人：________

批　准：________

注：1. 类型填写科研或管理。

2. 定密归口管理部门留存，保密委员会办公室备案。

3. 本表填表后按内部事项管理。

示例 4-2-8：国家秘密确定审批表

填报部门：

<table>
<tr><td>事项名称</td><td colspan="4"></td></tr>
<tr><td rowspan="2">拟定情况</td><td>密级</td><td></td><td>保密期限</td><td></td></tr>
<tr><td>知悉范围</td><td colspan="3"></td></tr>
<tr><td>定密依据</td><td colspan="4"></td></tr>
<tr><td>承办人</td><td colspan="4">承办人(签名)
年　月　日</td></tr>
<tr><td>定密责任人意见</td><td colspan="4">定密责任人(签名)
年　月　日</td></tr>
</table>

示例4-2-9：国家秘密变更审批表

填报部门：

<table>
<tr><td>事项名称</td><td colspan="4"></td></tr>
<tr><td rowspan="3">拟定情况</td><td>变更项</td><td>密级</td><td>保密期限</td><td>知悉范围</td></tr>
<tr><td>变更前</td><td></td><td></td><td></td></tr>
<tr><td>变更后</td><td></td><td></td><td></td></tr>
<tr><td>变更依据或理由</td><td colspan="4"></td></tr>
<tr><td>承办人</td><td colspan="4">承办人(签名)
年　月　日</td></tr>
<tr><td>定密责任人意见</td><td colspan="4">定密责任人(签名)
年　月　日</td></tr>
</table>

示例 4-2-10：国家秘密解除审批表

<table>
<tr><td>事项名称</td><td colspan="4"></td></tr>
<tr><td rowspan="2">拟定情况</td><td>原定密级</td><td>原定保密期限</td><td>原定知悉范围</td><td>解密以后</td></tr>
<tr><td></td><td></td><td></td><td>○公开　○内部</td></tr>
<tr><td>解密依据或理由</td><td colspan="4"></td></tr>
<tr><td>承办人</td><td colspan="4">承办人(签名)
年　月　日</td></tr>
<tr><td>定密责任人意见</td><td colspan="4">定密责任人(签名)
年　月　日</td></tr>
</table>

示例 4-2-11：密级标注形式

秘密★1年

关于……

示例 4-2-12：国家秘密变更专用章

密★	变更时间：
	知悉范围：
	经办人：

说明：

1. 在“密★”之前填写变更后的密级首字，如绝、机、秘；
2. 在“密★”之后填写变更后的保密期限，解密时间或者解密条件；
3. “变更时间”为变更后的国家秘密保密期限的起始时间；
4. “知悉范围”为变更后的国家秘密知悉范围；
5. “经办人”为加盖此章的人员，一般为机要人员、涉密文件管理人员。

示例 4-2-13：国家秘密解除专用章

解密	解密时间：
	解密依据：
	经办人：

说明：

1. “解密时间”为国家秘密保密期限的终止时间；
2. “解密依据”应填写解密通知文号或者填写自行解密、已正式公布；
3. “经办人”为加盖此章的人员。

第三节 涉密人员的保密管理

一、涉密人员及其保密管理概述

涉密人员是国家秘密的直接管理者和使用者，也是保密管理的基本要素和重要对象，是做好保密工作的关键性因素。

(一)涉密人员的概念和确定

1. 涉密人员的概念

涉密人员，是指在机关、单位涉密岗位(在日常工作中产生、经管或者经常接触、知悉国家秘密事项的岗位)工作的人员。

涉密人员应具备的条件有：年满 18 周岁；具有中华人民共和国国籍；拥护中华人民共和国宪法，拥护中国共产党的领导，拥护社会主义制度；具有良好的政治素质和道德品行；具有正常履行职责的身体条件和心理素质；具备胜任涉密岗位要求的工作能力。

2. 涉密人员的确定

涉密人员的确定原则是“因岗定人”，在涉密岗位工作的人员即为涉密人员。因此，确定涉密岗位是确定涉密人员的前提。涉密岗位与涉密人员相对应，涉密岗位密级和涉密人员密级相对应。

涉密岗位确定的依据有两类：一是根据工作岗位性质确定，机关、单位工作岗位职责涉及有关国家秘密及其密级的具体范围(以下简称保密事项范围)规定事项的，应当确定为涉密岗位。二是根据量化标准确定，机关、单位工作岗位职责不涉及有关保密事项范围规定事项，但近 3 年内产生、办理、接触、使用秘密级国家秘密年均达到一定数量或者产生、办理、接触、使用机密级及以上国家秘密的，应当确定为涉密岗位。机关、单位应当根据岗位涉密程度，将涉密岗位分别确定为核心涉密岗位、重要涉密岗位和一般涉密岗位。机关、单位确定的涉密岗位，应根据近 3 年内产生、办理、接触、使用不同密级国家秘密的数量分别确定为核心涉密岗位、重要涉密岗位和一般涉密岗位，见《涉密岗位审批表》(实证参考示例 4-3-1)。

与涉密岗位相对应，机关、单位在涉密岗位工作的人员应当确定为涉密人员。根据涉密岗位分类，在核心涉密岗位工作的人员应确定为核心涉密人员；在重要涉密岗位工作的人员应确定为重要涉密人员；在一般涉密岗位工作的人员应确定为一般涉密人员。涉密岗位与涉密人员的对应关系如图 4-11

所示。

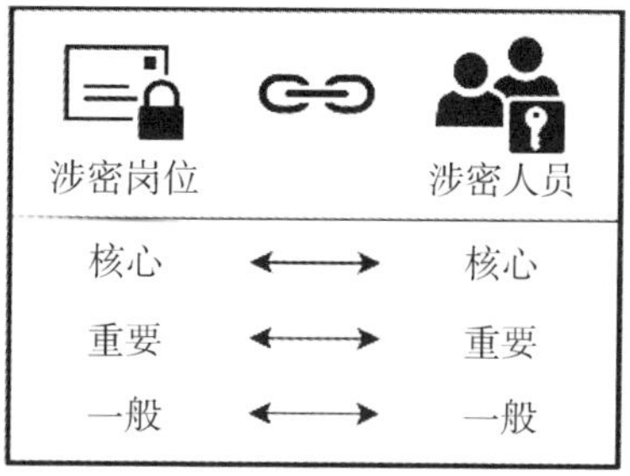

图 4-11　涉密岗位与涉密人员对应关系图

只接触绝密级、机密级国家秘密载体但并不知悉内容的涉密人员，在确定涉密等级时，可以下调一级。不在涉密岗位工作但接触少量国家秘密的人员，应按照有关法律法规提出具体的保密要求，加强保密管理。确有必要确定为涉密人员的，应经过本机关、单位保密委员会审批。

（二）涉密人员保密管理的概念、原则和主体

1. 涉密人员保密管理的概念

涉密人员保密管理，是指针对做好涉密人员保密工作进行的约束与引导、惩罚与激励并存的综合管理活动，是保密管理的核心内容和关键环节，也是保密工作的重点难点。加强涉密人员保密管理，是做好保密管理工作，确保国家秘密安全的重要内容。

2. 涉密人员保密管理的原则

机关、单位应当依法履行涉密人员归口管理职责。涉密人员保密管理应当遵循“精准确定、严格审查、分类管理、保障权益”的原则。“精准确定”指严格按照确定标准和程序精准确定涉密岗位和涉密人员，既要保证涉密岗位和涉密人员没有遗漏，同时也要严格控制以确保涉密岗位和涉密人员“最小化”。“严格审查”指按照统一的审查标准和程序，对拟在涉密岗位工作的人员进行审查，严把涉密人员入口关。“分类管理”指根据涉密岗位的不同，将涉密人员分为核心、重要和一般三类，分别采取相应管理措施。“保障权益”指按照有关规定，通过建立健全涉密人员权益保障制度，对涉密人员进行相应补偿、表彰、奖励、工资福利和政策倾斜等措施，保障涉密人员的合法权益。

3. 涉密人员保密管理的主体

各级、各单位保密委员会统一领导涉密人员保密管理工作。保密行政管理部门和保密工作机构指导、监督涉密人员保密管理工作。机关、单位组织人事部门会同保密工作机构，按照人事行政隶属关系、干部管理权限负责涉密人员保密管理工作。

二、涉密人员保密管理的内容

涉密人员的保密管理是一项系统性、综合性、动态性工作，包括涉密人员上岗管理、在岗管理、离岗及脱密期管理、权益保障等内容，如图 4-12 所示。

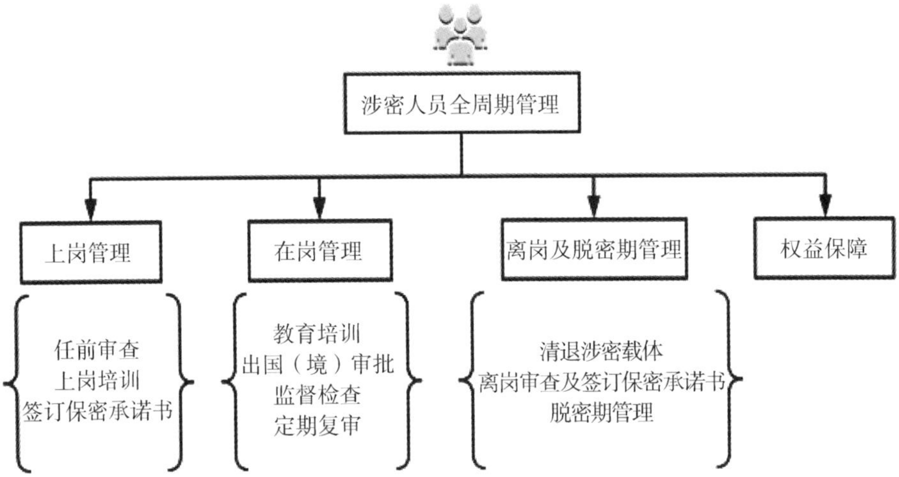

图 4-12　涉密人员保密管理的内容

(一)上岗管理

1. 任前审查

任(聘)用涉密人员前，机关、单位组织人事部门会同保密工作机构，应当按照“先审后用、严格把关”的原则，对拟聘人员进行上岗前保密审查，确认其是否具备在涉密岗位工作的条件和能力。审查内容主要包括国籍、政治立场、道德品行、学习经历、工作经历、现实表现、主要社会关系以及与国(境)外机构、组织、人员交往等情况。对拟任(聘)用到核心涉密岗位工作的人员，可以视情形增加保密审查内容，有条件的机关、单位可以进行技术测查。未通过保密审查的，不得任(聘)用到涉密岗位工作。

保密审查应按照程序进行：首先，所在部门负责组织拟任(聘)用到涉密岗位工作的人员填报有关个人信息，经初审合格后报组织人事部门；其次，组织人事部门进行保密审查，出具书面审查意见；最后，保密委员会审批或者授权保密工作机构审批，见《涉密人员上岗保密审查审批表》(实证参考示例 4-3-2)。

2. 上岗培训

机关、单位应当根据涉密岗位的工作性质、涉密范围和特点，结合实际工作需要，对符合任(聘)用基本要求的涉密人员进行具有针对性的保密教育培训，使其能够遵守保密规章制度并掌握必备的保密知识技能。

培训内容应包括保密形势和敌情教育，保密工作方针、政策和法律法规，保密知识技能教育，岗位职责教育等内容。未经过保密教育培训的人员不得批准为涉密人员，见《涉密人员上岗保密教育培训记录表》(实证参考示例 4-3-3)。

3. 签订保密承诺书

机关、单位应当组织涉密人员上岗前签订保密承诺书，明确涉密人员上岗、在岗和离岗的保密管理要求以及违规违约责任。涉密人员保密承诺书内容主要包括了解并遵守各项保密制度，知悉并履行保密义务，自愿接受保密审查，承担法律责任等方面，见《涉密人员保密承诺书》(实证参考示例 4-3-4)。机关、单位可结合工作实际，根据涉密人员的涉密事项和涉密程度，适当补充相关内容或组织签订专项保密承诺书。

(二)在岗管理

1. 教育培训

机关、单位应对涉密人员开展经常性的保密形势、保密法律法规和保密知识技能培训，使涉密人员切实增强保密意识，养成保密习惯，提高保密技能，更加自觉地做好保密工作。机关、单位在抓好日常保密教育的同时，要保证涉密人员每年接受不少于 4 个学时的保密专题教育培训。国防科技工业涉密人员(即取得武器装备科研生产单位保密资格的企业事业单位涉密人员)年度接受保密教育时间累计不少于 15 个学时。

2. 出国(境)审批

机关、单位对涉密人员出境要严格审批。涉密人员因公、因私出国(境)的，要按照干部(人事)管理权限进行审批。对掌握国家军事、政治、经济、科技等核心秘密的高知密专家、工程技术人员出国(境)，所在机关、单位和有关审批机关应从严掌握，见《因私出国(境)证件申领表》(实证参考示例4-3-5)、《涉密人员出国(境)保密承诺书》(示例4-3-6)。机关、单位认为涉密人员出国(境)可能会对国家安全造成危害或者对国家利益造成重大损失的，不得批准出国(境)。未经机关、单位及主管部门同意，涉密人员不得私自办理出国(境)手续；严禁弄虚作假，以其他身份骗取办理出国(境)手续。

涉密人员经批准出国(境)的，机关、单位应当对其进行行前保密教育，见《涉密人员出国(境)行前保密教育情况表》(实证参考示例4-3-7)，个人不得携带涉密载体出境。涉密人员在境外遇到盘问、利诱、胁迫或者其他重大异常情况的，应当及时汇报。涉密人员在返回后，应及时将出入境证件交本机关、本单位组织人事部门或者外事管理部门统一管理，见《涉密人员出国(境)回访记录表》(实证参考示例4-3-8)。涉密人员出国(境)逾期不归的，所在部门应立即向机关、单位保密工作机构和有关部门报告。

3. 监督检查

机关、单位应及时了解、掌握涉密人员思想状况、工作表现以及履行保密工作责任情况。涉密人员保密工作责任主要有：严格遵守保密法律法规、规章制度；自觉接受保密教育培训；依法保管和使用涉密载体及设施、设备；制止和纠正违反保密规定的行为；认真开展保密自查工作，加强自身保密管理，接受保密监督检查；发现泄密隐患或泄密行为及时报告，并积极采取补救措施等。机关、单位应制止和纠正涉密人员违反保密法规的行为。对不适合在涉密岗位工作的，应当及时调离；对成绩突出的，应当予以表彰。

4. 定期复审

机关、单位组织人事部门要定期对涉密人员进行复审，不同等级的涉密人员其复审频次有不同要求，见《涉密人员在岗保密审查审批(复审)表》(实证参考示例4-3-9)。涉密人员发生岗位变动、类别调整的，应在调整前进行复审，见《涉密人员岗位变更审批表》(实证参考示例4-3-10)。对审查发现存在不得任(聘)用到涉密岗位工作情形的涉密人员，要及时调离涉密岗位。

(三)离岗及脱密期管理

离岗指离开涉密工作岗位，包括转岗、辞职、辞退、解聘、调离、退休等情形。不同等级的涉密人员其脱密期时限不同。脱密期自机关、单位批准涉密人员离开涉密岗位之日起计算。

涉密人员离岗后，仍会掌握在原涉密岗位接触知悉的国家秘密信息，机关、单位必须对其做好脱密期管理工作。脱密期管理指涉密人员因辞职、调动、解聘、退休等原因离开涉密岗位，机关、单位在规定的期限内对其保密行为进行监督管理以及从业、出境方面进行的必要限制。脱密期管理主要有以下几个方面。

1. 清退涉密载体

机关、单位应督促离岗涉密人员清退其持有和使用的所有国家秘密载体和涉密信息设备，并对其清退的涉密载体及涉密信息设备情况进行认真清点，复核确认，登记在册，办理移交手续，见《涉密物品移交清单》(实证参考示例 4-3-11)，由有关管理部门签字盖章，并以此作为办理离岗手续的条件。同时取消其涉密信息系统访问权限，收回其涉密场所出入权限。

2. 离岗审查及签订保密承诺书

涉密人员应经过机关、单位离岗审查批准后方能离岗，见《涉密人员脱离涉密岗位审批表》(实证参考示例 4-3-12)。机关、单位应对其进行离岗前保密提醒谈话，要根据其接触、知悉国家秘密的密级、数量、时间、涉密程度确定其脱密期限并明确告知涉密人员。

机关、单位应与涉密人员签订保密承诺书，见《涉密人员离岗离职保密承诺书》(实证参考示例 4-3-13)，明确其离岗以后需要继续承担的保密义务以及违反相关内容后应承担的相关责任和法律后果等。

3. 脱密期管理

涉密人员在本机关、本单位内部调离涉密岗位或者退休的，脱密期管理由本机关、本单位负责；涉密人员离开原涉密单位，调入其他国家机关、国有企事业单位的，脱密期管理由调入机关、单位负责。原机关、单位应将涉密人员有关情况和脱密期管理要求信息以函件形式告知离岗涉密人员所调入的机关、单位，见《涉密人员脱密期管理要求告知书》(实证参考示例 4-3-14)、《涉密人员脱密期管理告知函》(实证参考示例 4-3-15)。不属于上述情形的，由原机关、单位组织人事部门负责涉密人员脱密期管理。原机关、单位应当将涉密人员相关信息以函件形式告知离职涉密人员社保关系或者户籍所在地、经常居住地的地市级相关部门。

(四)涉密人员权益保障

《保密法》第三十五条第四款规定："涉密人员的合法权益受法律保护。"涉密人员由于工作岗位的特殊性，在就业、出境、研究成果公开发表等方面都受到一定限制，机关、单位要建立健全涉密人员权益保障制度，保障涉密人员合法权益，按照有关规定给予因履行保密义务导致权益受到限制或者损害的涉密人员相应补偿，在工资福利、职称评聘等方面给予政策倾斜。要建立健全涉密人员激励机制，对在保密工作中取得重大成果或者显著成绩的涉密人员，应按照有关规定给予表彰和奖励。

三、实证参考

示例 4-3-1：涉密岗位审批表

设岗单位	
岗位名称	
涉密岗位主要职责	
设岗单位意见	建议设置□科研　□非科研涉密岗位，涉密等级为：□核心涉密岗位□重要涉密岗位　□一般涉密岗位。 单位负责人签字(盖章)： 年　月　日

续表

<table>
<tr><td>岗位类别</td><td colspan="2">科研涉密岗位</td><td colspan="2">非科研涉密岗位</td></tr>
<tr><td rowspan="2">相关业务主管部门意见</td><td rowspan="2">科研管理部门意见</td><td rowspan="2">同意设置科研涉密岗位，涉密等级为：
□核心涉密岗位
□重要涉密岗位
□一般涉密岗位
签字（盖章）：
年　月　日</td><td>人事部门意见</td><td>同意设置非科研涉密岗位，涉密等级为：
□核心涉密岗位
□重要涉密岗位
□一般涉密岗位
签字（盖章）：
年　月　日</td></tr>
<tr><td>组织部门会签意见</td><td>签字（盖章）：
年　月　日</td></tr>
<tr><td>保密委员会审批意见</td><td colspan="4">同意设置□科研　□非科研涉密岗位，涉密等级为：□核心涉密岗位 □重要涉密岗位　□一般涉密岗位。
签字（盖章）：
年　月　日</td></tr>
</table>

示例 4-3-2：涉密人员上岗保密审查审批表

<table>
<tr><td>姓　名</td><td></td><td>性别</td><td></td><td>国籍</td><td></td><td>民族</td><td></td><td rowspan="5">照片</td></tr>
<tr><td>曾用名</td><td></td><td>身份证号</td><td colspan="5"></td></tr>
<tr><td>工　号</td><td></td><td>政治面貌</td><td></td><td>联系方式</td><td colspan="3"></td></tr>
<tr><td>户籍地址</td><td colspan="3"></td><td>户籍地公安机关</td><td colspan="3"></td></tr>
<tr><td>常住地址</td><td colspan="3"></td><td>常住地公安机关</td><td colspan="3"></td></tr>
<tr><td colspan="2">单位及职务职称</td><td colspan="7"></td></tr>
<tr><td colspan="2">拟任涉密岗位</td><td colspan="3">□科研　□非科研</td><td>涉密等级</td><td colspan="3">□核心　□重要　□一般</td></tr>
<tr><td colspan="2">持有因公出入境证件情况</td><td>□无</td><td>□护照</td><td colspan="5">□往来港澳通行证</td></tr>
<tr><td colspan="2">因公证件号码</td><td colspan="2"></td><td colspan="5"></td></tr>
<tr><td colspan="2">持有因私出入境证件情况</td><td>□无</td><td>□护照</td><td colspan="2">□往来港澳通行证</td><td colspan="3">□往来台湾通行证</td></tr>
<tr><td colspan="2">因私证件号码</td><td colspan="2"></td><td colspan="2"></td><td colspan="3"></td></tr>
<tr><td colspan="2">拥有外籍、境外永久居留权或长期居留许可情况</td><td>□无</td><td>□有</td><td colspan="2">证件号码</td><td colspan="3"></td></tr>
<tr><td rowspan="2">主要学习及工作经历</td><td>起止日期</td><td colspan="5">主要学习经历、工作单位及任职情况</td><td colspan="2">证明人</td></tr>
<tr><td></td><td colspan="5"></td><td colspan="2"></td></tr>
</table>

续表

<table>
<tr><td rowspan="2">家庭成员及主要社会关系情况</td><td>与本人关系</td><td>姓名</td><td>国籍</td><td>是否有境外居留权、长期居留许可</td><td>单位及职务</td><td>政治面貌</td></tr>
<tr><td></td><td></td><td></td><td></td><td></td><td></td></tr>
<tr><td rowspan="2">因私出国（境）情况</td><td>起止日期</td><td colspan="4">所到国家或地区</td><td>事由</td></tr>
<tr><td></td><td colspan="4"></td><td></td></tr>
<tr><td rowspan="2">接受境外资助情况</td><td>时　间</td><td>国家地区</td><td>机构名称</td><td colspan="2">资助内容</td><td>金额</td></tr>
<tr><td></td><td></td><td></td><td colspan="2"></td><td></td></tr>
<tr><td colspan="2" rowspan="2">处分或者违法犯罪记录</td><td>时　间</td><td>处理结果</td><td>处理原因</td><td colspan="2">处理机构</td></tr>
<tr><td></td><td></td><td></td><td colspan="2"></td></tr>
<tr><td colspan="3">不良嗜好情况
（赌博、酗酒、吸毒等）</td><td colspan="4"></td></tr>
<tr><td colspan="3">其他需要说明的问题</td><td colspan="4"></td></tr>
<tr><td colspan="3">目前使用的非涉密计算机
及移动存储介质情况
（品牌型号、硬盘序列号）</td><td colspan="4"></td></tr>
</table>

续表

<table>
<tr><td rowspan="2">涉密事项</td><td>序号</td><td colspan="2">涉密事项名称(含项目名称、起止期限)</td><td>密级</td></tr>
<tr><td></td><td colspan="2"></td><td></td></tr>
<tr><td>所在单位审查意见</td><td colspan="4">经审查，__________同志符合涉密人员条件，拟同意确定其为(□核心 □重要 □一般)涉密人员。
(是否需经国家安全领导小组办公室审查：□需要 □不需要)

项目(课题)组负责人签字：　　　　单位负责人签字(盖章)：
年 月 日　　　　年 月 日</td></tr>
<tr><td rowspan="2">审批意见</td><td>科研管理部门意见</td><td>(对科研人员审查时填写)
经审查，同意________同志为(□核心 □重要 □一般)涉密人员。

签字(盖章)：
年 月 日</td><td>国家安全领导小组办公室意见</td><td>(需要时填写)
经提请相关部门协助，________同志通过审查，可任(聘)用到涉密岗位工作。

签字(盖章)：
年 月 日</td></tr>
<tr><td>人事部门意见</td><td>________同志已接受上岗保密教育培训，并签订保密承诺书。

签字(盖章)：
年 月 日</td><td>保密委员会意见</td><td>
签字(盖章)：
年 月 日</td></tr>
</table>

注：1. 此表由涉密人员所在单位、科研管理部门、保密委员会办公室、人事部门留存；

2. 此表填入内容后为内部材料，不得在联网计算机上填报和打印。

示例 4-3-3：涉密人员上岗保密教育培训记录表

<table>
<tr><td>单位</td><td></td><td>姓名</td><td></td><td>性别</td><td></td></tr>
<tr><td>拟涉密岗位</td><td>□科研
□非科研</td><td>拟涉密等级</td><td>□核心
□重要
□一般</td><td>培训学时</td><td></td></tr>
<tr><td colspan="6">保密教育培训情况</td></tr>
<tr><td colspan="6">利用本单位《保密教育培训考试系统》，已对该同志进行了上岗保密教育和保密知识考核，考核成绩为________分。</td></tr>
<tr><td colspan="3">本人签字：
年　月　日</td><td colspan="3">人事部门签字(盖章)：
年　月　日</td></tr>
<tr><td>备注</td><td colspan="5"></td></tr>
</table>

注：此表由涉密人员所在单位、保密委员会办公室、人事部门留存。

示例 4-3-4：涉密人员保密承诺书

我已了解国家的保密法律法规和单位的保密管理制度，知悉应当承担的保密义务和法律责任。

本人郑重承诺：

一、本人所提供信息真实有效，自愿接受保密审查。

二、自觉遵守国家有关保密法律法规和本单位的保密管理制度，接受保密监督和管理。

三、参加保密教育培训，学习保密知识，提高保密技能。

四、不以任何方式泄露个人所接触和知悉的国家秘密。

五、不私自到境外(驻华)机构、组织以及外商独资企业兼职工作。

六、不擅自离职或违规出国(境)。

七、出国(境)期间受到境外机构、组织和人员盘查、纠缠、威胁、策反、馈赠、扣留等情况时，及时向单位报告。

八、遇到重大情况或个人家庭情况发生重大变化时，主动向所在单位和有关部门报告。

九、发现失泄密隐患时，及时向单位领导报告并采取补救措施。

十、离岗离职时，主动清退个人持有的涉密文件、资料、移动存储介质、保密本等涉密载体。

十一、脱密期内，接受单位回访。脱密期结束后，继续承担保守国家秘密的责任和义务。

如违反上述承诺，本人愿意承担相应责任及法律后果。

承诺人：

年 月 日

注：1. 涉密人员在签订承诺书前，须仔细阅读并知悉承诺书全部内容；

2. 本承诺书一式五份，由承诺人、所在单位、业务主管部门、保密委员会办公室、人事部门留存。

示例 4-3-5：因私出国(境)证件申领表

<table>
<tr><td>人事号</td><td></td><td>姓　名</td><td></td><td>联系电话
(手机)</td><td></td></tr>
<tr><td>单　位</td><td></td><td>职务职称</td><td></td><td>境外联系方式或紧急联系人及电话</td><td></td></tr>
<tr><td>目的地
(国家及城市)</td><td></td><td>计划出入境时间</td><td colspan="3">年　月　日到　　年　月　日</td></tr>
<tr><td>证件归还日期</td><td colspan="5">年　月　日前(回国后一周内)</td></tr>
<tr><td>出境事由</td><td colspan="5"></td></tr>
<tr><td>证件类型</td><td colspan="5">□普通护照　□往来港澳通行证　□往来台湾通行证</td></tr>
<tr><td colspan="6">所在单位意见：
人员类型：□涉密人员　　□在职中层副职及以上领导干部
□离(退)休厅(局)级以上干部　　□企业法人或高管
是否同意申领因私出国(境)证件：　　□同意□不同意

审批人(公章)：
年　月　日</td></tr>
<tr><td colspan="6">证件管理单位意见：

审批人：
(公章)
年　月　日</td></tr>
</table>

续表

保密委员会办公室意见： （仅对涉密人员） 审批人： （公章） 年　月　日
人事部门意见： 审批人： （公章） 年　月　日
本人已领取申领的证件并承诺： 1. 以上信息真实、准确； 2. 不违规使用因私出国(境)证件执行因公出国(境)任务； 3. 按照规定日期归还证件到保管单位。 申领人签名：　　　年　月　日

注意事项：

1. 出国(境)旅游探亲，需到所在单位请假，人事部门备案或审批。

2. 此表一式二份(涉密人员三份)，留存单位为证件管理单位、保密委员会办公室(涉密人员)和人事部门。

3. 咨询电话：

示例 4-3-6：涉密人员出国(境)保密承诺书

姓名		性别		出生年月	
单位		职务		涉密等级	
身份证号			联系电话		

本人郑重承诺：

一、出国(境)期间，严格遵守国家有关保密法律法规和本单位的各项保密制度；遵守当地法律法规。

二、不携带任何涉及党和国家秘密的资料、设备或载体出国(境)。

三、不以任何方式泄露所接触和知悉的国家秘密；在外期间，不使用个人电子设备存储、处理涉密或敏感信息；不使用手机谈论涉密事项；不在无保密条件的场所谈论涉密事项。

四、不私自到境外机构、组织以及外商企业兼职工作。

五、出国(境)期间受到境外机构、组织和人员盘查、纠缠、威胁、策反、馈赠、扣留等情况的，及时向单位报告。

六、与境外人员通婚，接受境外机构、组织及非亲属人员资助，应及时向所在单位和有关部门报告。

七、回国后 7 个工作日内，主动上交出入境证件，并接受有关部门、单位的回访。

若违反上述承诺，本人愿意承担党纪、政纪和法律责任。

承诺人：

年　月　日

注：本承诺书一式五份，由承诺人、所在单位、业务主管部门、保密委员会办公室、人事部门留存。

示例 4-3-7：涉密人员出国(境)行前保密教育情况表

填表时间：　　　年　月　日

<table>
<tr><td>姓名</td><td></td><td>性别</td><td></td><td>政治面貌</td><td></td></tr>
<tr><td>所在单位</td><td></td><td>职务/职称</td><td></td><td>联系方式</td><td></td></tr>
<tr><td>出访地</td><td></td><td>出国(境)
时间</td><td></td><td>出国(境)
原因</td><td></td></tr>
<tr><td>涉密岗位</td><td colspan="2">□科研
□非科研</td><td>涉密等级</td><td colspan="2">□核心
□重要
□一般</td></tr>
<tr><td colspan="6">保密教育内容</td></tr>
<tr><td colspan="6">本人通过此次行前保密教育培训，我已学习《保密法》《中华人民共和国国家安全法》《中华人民共和国反间谍法》和相关法律规定，了解了在国(境)外期间应遵守的法律法规和注意事项，知悉应当承担的保密义务和相应的法律责任。</td></tr>
<tr><td colspan="3">本人签字：
年　月　日</td><td colspan="3">人事部门签字(盖章)：
年　月　日</td></tr>
<tr><td>教育形式</td><td colspan="5">□电话谈话　□网络谈话　□现场谈话</td></tr>
</table>

注：此表由保密委员会办公室、人事部门留存。

示例 4-3-8：涉密人员出国(境)回访记录表

填表时间：　年　月　日

<table>
<tr><td>姓名</td><td></td><td>性别</td><td></td><td>政治面貌</td><td></td></tr>
<tr><td>所在单位</td><td></td><td>职务/职称</td><td></td><td>联系方式</td><td></td></tr>
<tr><td>出访地</td><td></td><td>出国(境)
时间</td><td></td><td>出国(境)
原因</td><td></td></tr>
<tr><td>涉密岗位</td><td>□科研
□非科研</td><td>涉密等级</td><td colspan="3">□核心　□重要　□一般</td></tr>
<tr><td colspan="6">回访记录</td></tr>
<tr><td colspan="6">1. 在国(境)外是否自觉遵守国家有关保密法律法规和本单位的各项保密制度：
是□　否□
2. 出国(境)期间，是否受到境外机构、组织和人员的盘查、纠缠、威胁、策反、馈赠和扣留：
是□　否□
3. 有无到境外机构、组织以及外商企业兼职工作的情形：
有□　无□
4. 是否按照审批的行程完成出国(境)任务：
是□　否□(说明原因：　　　　　　　　　　)
5. 其他情况：</td></tr>
<tr><td colspan="3">受访人签字：
年　月　日</td><td colspan="3">人事部门签字(盖章)：
年　月　日</td></tr>
<tr><td>回访方式</td><td colspan="5">□电话回访　□网络回访　□现场回访</td></tr>
</table>

注：1. 此表一式二份，由保密委员会办公室、人事部门留存；

2. 出国(境)时间较长者，一般应对其进行现场回访，并须由受访人签字。

示例 4-3-9：涉密人员在岗保密审查审批(复审)表

<table>
<tr><td>姓　名</td><td></td><td>性别</td><td></td><td>国籍</td><td></td><td>民族</td><td></td><td rowspan="5">照片</td></tr>
<tr><td>曾用名</td><td></td><td>身份证号</td><td colspan="5"></td></tr>
<tr><td>工　号</td><td></td><td>政治面貌</td><td colspan="2"></td><td>联系方式</td><td colspan="2"></td></tr>
<tr><td>户籍地址</td><td colspan="2"></td><td colspan="2">户籍地公安机关</td><td colspan="3"></td></tr>
<tr><td>常住地址</td><td colspan="2"></td><td colspan="2">常住地公安机关</td><td colspan="3"></td></tr>
<tr><td colspan="2">单位及职务职称</td><td colspan="7"></td></tr>
<tr><td colspan="2">拟任涉密岗位</td><td colspan="3">□科研　□非科研</td><td>涉密等级</td><td colspan="3">□核心　□重要　□一般</td></tr>
<tr><td colspan="2">持有因公出入境证件情况</td><td>□无</td><td>□护照</td><td colspan="5">□往来港澳通行证</td></tr>
<tr><td colspan="2">因公证件号码</td><td colspan="2"></td><td colspan="5"></td></tr>
<tr><td colspan="2">持有因私出入境证件情况</td><td>□无</td><td>□护照</td><td colspan="2">□往来港澳通行证</td><td colspan="3">□往来台湾通行证</td></tr>
<tr><td colspan="2">因私证件号码</td><td colspan="2"></td><td colspan="2"></td><td colspan="3"></td></tr>
<tr><td colspan="2">拥有外籍、境外永久居留权或长期居留许可情况</td><td>□无</td><td>□有</td><td colspan="2">证件号码</td><td colspan="3"></td></tr>
<tr><td rowspan="2">主要学习及工作经历</td><td>起止日期</td><td colspan="6">主要学习经历、工作单位及任职情况</td><td>证明人</td></tr>
<tr><td></td><td colspan="6"></td><td></td></tr>
</table>

续表

<table>
<tr><td rowspan="2">家庭成员及主要社会关系情况</td><td>与本人关系</td><td>姓名</td><td>国籍</td><td>是否有境外居留权、长期居留许可</td><td>单位及职务</td><td>政治面貌</td></tr>
<tr><td></td><td></td><td></td><td></td><td></td><td></td></tr>
<tr><td rowspan="2">因私出国（境）情况</td><td>起止日期</td><td colspan="4">所到国家或地区</td><td>事由</td></tr>
<tr><td></td><td colspan="4"></td><td></td></tr>
<tr><td rowspan="2">接受境外资助情况</td><td>时　间</td><td>国家地区</td><td>机构名称</td><td colspan="2">资助内容</td><td>金额</td></tr>
<tr><td></td><td></td><td></td><td colspan="2"></td><td></td></tr>
<tr><td>处分或者违法犯罪记录</td><td>时　间</td><td>处理结果</td><td colspan="2">处理原因</td><td colspan="2">处理机构</td></tr>
<tr><td></td><td></td><td></td><td colspan="2"></td><td colspan="2"></td></tr>
<tr><td></td><td></td><td></td><td colspan="2"></td><td colspan="2"></td></tr>
<tr><td></td><td></td><td></td><td colspan="2"></td><td colspan="2"></td></tr>
</table>

续表

<table>
<tr><td colspan="3">不良嗜好情况
（赌博、酗酒、吸毒等）</td><td colspan="3"></td></tr>
<tr><td colspan="3">其他需要说明的问题</td><td colspan="3"></td></tr>
<tr><td colspan="3">目前使用的非涉密计算机
及移动存储介质情况
（品牌型号、硬盘序列号）</td><td colspan="3"></td></tr>
<tr><td rowspan="2">涉密事项</td><td>序号</td><td colspan="3">涉密事项名称（含项目名称、起止期限）</td><td>密级</td></tr>
<tr><td></td><td colspan="3"></td><td></td></tr>
<tr><td>所在单位审查意见</td><td colspan="5">经审查，＿＿＿＿＿同志符合涉密人员条件，拟同意其继续在涉密岗位工作。
项目（课题）组负责人签字：　　　　单位负责人签字（盖章）：
年　月　日　　　　年　月　日</td></tr>
<tr><td rowspan="2">审批意见</td><td>国家安全领导小组办公室意见</td><td>（需要时填写）
经提请相关部门协助，＿＿＿＿同志通过审查，可继续任（聘）用到涉密岗位工作。
签字（盖章）：
年　月　日</td><td>科研管理部门意见</td><td colspan="2">（对科研人员审查时填写）
经审查，同意＿＿＿＿同志继续在涉密岗位工作。
签字（盖章）：
年　月　日</td></tr>
<tr><td>人事部门意见</td><td>经审查，同意＿＿＿＿同志继续在涉密岗位工作。
签字（盖章）：
年　月　日</td><td>保密委员会意见</td><td colspan="2">签字（盖章）：
年　月　日</td></tr>
</table>

注：1. 此表由涉密人员所在单位、科研管理部门、保密委员会办公室、人事部门留存；
2. 此表填入内容后为内部材料，不得在联网计算机上填报和打印。

示例4-3-10：涉密人员岗位变更审批表

<table>
<tr><td>姓名</td><td></td><td>性别</td><td></td><td>出生年月</td><td colspan="2"></td></tr>
<tr><td>身份证号</td><td colspan="3"></td><td>职务/职称</td><td colspan="2"></td></tr>
<tr><td>变更原因</td><td colspan="6"></td></tr>
<tr><td>原单位名称</td><td colspan="2"></td><td>现单位名称</td><td colspan="3"></td></tr>
<tr><td>原岗位类别</td><td colspan="2">□科研　□非科研</td><td>原涉密等级</td><td colspan="3">□核心　□重要　□一般</td></tr>
<tr><td>拟定岗位类别</td><td colspan="2">□科研　□非科研</td><td>拟涉密等级</td><td colspan="3">□核心　□重要　□一般</td></tr>
<tr><td colspan="3">单位意见：

负责人签字(盖章)：
年　月　日</td><td colspan="4">业务主管部门意见：

负责人签字(盖章)：
年　月　日</td></tr>
<tr><td colspan="3">人事部门意见：

负责人签字(盖章)：
年　月　日</td><td colspan="4">保密委员会意见：

负责人签字(盖章)：
年　月　日</td></tr>
</table>

注：此表一式四份，由所在单位、业务主管部门、保密委员会办公室、人事部门留存。

示例 4-3-11：涉密物品移交清单

序号	类型	物品名称	数量	密级	去向		
					存档	销毁	其他

示例 4-3-12：涉密人员脱离涉密岗位审批表

<table>
<tr><td>姓名</td><td></td><td>性别</td><td></td><td>出生年月</td><td></td></tr>
<tr><td>职务/职称</td><td></td><td>人事号</td><td></td><td>脱密期限</td><td>□3 年□2 年□1 年</td></tr>
<tr><td>岗位类别</td><td colspan="2">□科研　□非科研</td><td>岗位密级</td><td colspan="2">□核心　□重要　□一般</td></tr>
<tr><td>脱密原因</td><td colspan="5">□岗位变动　□调出　□解聘/辞职　□退休
□出国　□涉密项目已结题归档，不再承担涉密工作
□其他：</td></tr>
<tr><td colspan="4">涉密载体和物品是否履行移交手续</td><td colspan="2">□是　□否</td></tr>
<tr><td>脱密期
管理单位</td><td colspan="3"></td><td>联系电话</td><td></td></tr>
<tr><td>邮寄地址</td><td colspan="3"></td><td>邮政编码</td><td></td></tr>
<tr><td colspan="3">科、室、项目组意见：

负责人签字：
年　月　日</td><td colspan="3">所在单位意见：

负责人签字(盖章)：
年　月　日</td></tr>
<tr><td colspan="3">业务主管部门意见：

负责人签字(盖章)：
年　月　日</td><td colspan="3">人事部门意见：
1. 离岗保密谈话：□是　□否
2. 保密承诺书签订：□是　□否

负责人签字(盖章)：
年　月　日</td></tr>
<tr><td colspan="6">保密委员会意见：

负责人签字(盖章)：
年　月　日</td></tr>
</table>

注：本表一式四份，由涉密人员所在单位、业务主管部门、保密委员会办公室和人事部门留存。

示例 4-3-13：涉密人员离岗离职保密承诺书

我已了解国家的保密法律法规和本单位保密管理制度，知悉应当承担的保密义务和法律责任。

本人郑重承诺：

一、自觉遵守国家保密法律法规和单位保密管理制度，履行保密义务；

二、不以任何方式泄露个人所接触和知悉的国家秘密；

三、已全部清退个人持有的各类国家秘密载体；

四、未经原单位审查批准，不发表涉及未公开工作内容的文章、著述；

五、自愿接受脱密期管理，服从有关部门的保密监督。脱密期自______年____月____日至______年____月____日止。在脱密期内，如个人去向和联系方式发生变化，将及时向原单位报告。______年____月____日前不到境外(驻华)机构、组织及外商独资企业工作，不为境外(驻华)机构、组织、人员及外商独资企业提供劳务、咨询或者其他服务，不擅自因私出国(境)，不申请外国国籍或者国(境)外永久居留权、长期居留许可。

如违反上述承诺，本人愿意承担相应责任及法律后果。

承诺人：

年　月　日

注：1. 涉密人员在签订承诺书前，须仔细阅读并知悉承诺书全部内容；

2. 本承诺书一式五份，由承诺人、原单位、业务主管部门、保密委员会办公室、人事部门留存。

示例4-3-14：涉密人员脱密期管理要求告知书

＿＿＿＿＿同志在我单位工作期间，曾接触和知悉国家秘密，为＿＿＿＿涉密人员，脱密期自＿＿＿年＿＿月＿＿日始至＿＿＿年＿＿月＿＿日止。根据国家有关规定，脱密期管理要求如下：

一、涉密人员调入其他党政机关、人民团体、事业单位或者取得军工保密资格的单位，脱密期管理由调入机关、单位负责。调入机关、单位应当接收并统一保管涉密人员出入境证件。

二、不属于上述条款规定情形的，仍由我单位负责脱密期管理。请涉密人员社保关系或者户籍所在地、经常居住地的地市级有关单位给予涉密人员脱密期协助管理。

三、涉密人员在脱密期限内出国(境)应当经过审批程序。审批过程中现所在单位必须征求我单位意见。

四、涉密人员在脱密期内，不得同意其到境外(驻华)机构、组织及外商独资企业工作，不得同意其为境外(驻华)机构、组织、人员及外商独资企业提供劳务、咨询或者其他服务。

五、发现涉密人员有违反脱密期管理要求的，应当及时报告当地国防科技工业管理部门、国家安全机关、公安机关和保密行政管理部门。

××××单位人事部门

年　月　日

示例 4-3-15：涉密人员脱密期管理告知函

___________:

___________同志在我单位工作期间，曾接触和知悉国家秘密，自______年____月____日至______年____月____日为其脱密期限。为便于你单位知悉相关脱密期管理责任，已将《涉密人员脱密期管理要求告知书》归入该同志人事档案。

请将回执单及时退回。

联系人：　　　　　　联系电话：

××××单位人事部门

年　月　日

(骑缝章)

涉密人员脱密期管理告知回执单

××××单位人事部门：

你单位于______年____月____日转来________同志的《涉密人员脱密期管理要求告知书》已收悉，特此回复。

联系人：　　　　　　联系电话：

(收件单位盖章)

年　月　日

第四节　涉密载体的保密管理

一、涉密载体及其保密管理概述

(一)涉密载体的概念

国家秘密载体，简称涉密载体，是指以文字、数据、符号、图形、图像、声音等方式记载国家秘密信息的纸介质、光介质、电磁介质等各类物品。

根据介质不同，可将涉密载体分为纸介质涉密载体、光介质涉密载体、电磁介质涉密载体等。纸介质涉密载体，是指传统的纸质涉密文件、资料、书刊、图纸等。光介质涉密载体，是指利用激光原理写入和读取涉密信息的存储介质，包括 CD、VCD、DVD 等各类光盘。电磁介质涉密载体，包括电子介质和磁介质两种类型。电子介质涉密载体，是指利用电子原理写入和读取涉密信息的存储介质，包括各类 U 盘、移动硬盘等；磁介质涉密载体，是指利用磁原理写入和读取涉密信息的存储介质，包括硬磁盘、软磁盘、磁带等。

(二)涉密载体保密管理的概念及原则

涉密载体的保密管理主要是指在涉密载体制作、收发、传递、使用、复制、保存、维修与销毁等各环节中，依照保密法律法规和相关制度的规定，所进行的旨在保障其安全的全部活动。

涉密载体的保密管理遵循全过程闭环管理原则。所谓载体的闭环管理，是指通过有效的管控手段，使载体在流转的过程中形成封闭的回路，确保环环相扣，完整闭合，全程可追溯，实现涉密载体来源清晰、去向明确、流转有痕，始终处于可控的安全状态，如图 4-14。

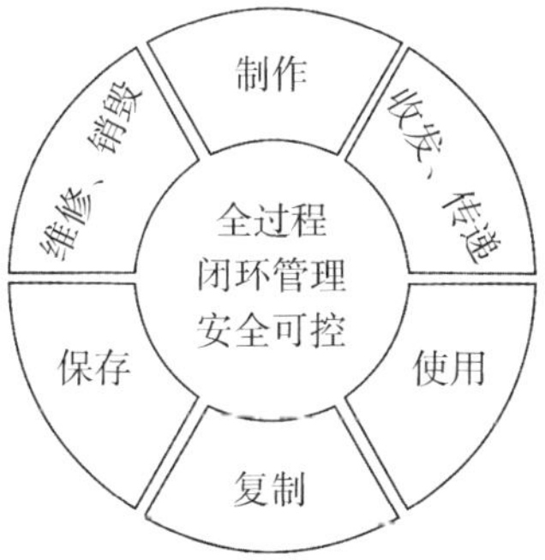

图 4-14　涉密载体的全过程闭环管理

二、涉密载体保密管理的内容

(一)制作

(1)制作涉密载体首先要履行审批登记手续(见实证参考示例4-4-1)。

(2)拟制涉密载体要同时拟定密级和保密期限，在涉密计算机和符合保密要求的场所进行，使用电子设备须采取防电磁泄漏的保密措施。

(3)涉密载体的内容一旦确定，要同时履行定密程序，准确确定其密级、保密期限和知悉范围，并作出国家秘密标志。

(4)印制涉密文件、资料，要标明密级和保密期限，注明发放范围及制作数量，并编排顺序号。制作场所要符合保密要求，机关、单位内部不具备印制条件和能力的，须委托取得涉密载体印制资质的单位进行，并严格履行交接、登记手续。制作涉密载体过程中形成的不需归档的材料，要及时销毁。

(二)收发和传递

1. 收发

(1)接收。

接收涉密载体必须履行核对、签收、登记等手续。核对的主要内容：核对检查送达的涉密载体是否发给本单位；检查信封(袋、套)密封是否完好无损，确认未被拆开或漏失；检查签收登记与实物是否相符等。

收到涉密载体后，接收人员应在专用的登记本上对涉密载体进行登记。登记内容应包含接收时间、来件单位、载体形式、载体名称、载体编号、数量、密级、保密期限等信息(见实证参考示例4-4-2)。《涉密载体登记表》要保存一定时间(一般3~5年)，以备查询。

(2)分发。

分发涉密载体分为内发和外发两类，内发指的是在本单位内部发放涉密载体，外发指的是将涉密载体传递给外单位。

对于需要内发的涉密载体，应填写分发表，主要包含载体形式、载体名称、载体编号、数量、密级、保密期限、收件单位、签收人签字、接收时间等信息(见实证参考示例4-4-3)。清点涉密载体数量并密封后，送收件部门的保密员或者收件人本人签收。《涉密载体分发表》要保存一定时间(一般为3~5年)，以备查询。

对于需要外发的涉密载体，应填写《涉密载体外发单》(见实证参考示例

4-4-4)。

2. 传递

(1)传递涉密载体，须通过机要交通、机要通信或者指派专人进行。不得通过普通邮政或非邮政渠道传递；设有机要文件交换站的城市，在市内传递机密级、秘密级秘密载体，可以通过机要文件交换站进行。指派专人传递的，须选择安全的交通工具和交通路线，并采取相应的安全保密措施。

(2)传递涉密载体，要包装密封；涉密载体的信封或者袋牌上应当标明密级、编号和收发件单位名称。使用信封封装绝密级载体时，使用由防透视材料制作的、周边缝有韧线的信封，信封的封口及中缝处应当加盖密封章或加贴密封条；使用袋子封装时，袋子的接缝处使用双线缝纫，袋口应当用铅志进行双道密封。

(3)中央国家机关部级以上，省(区、市)、计划单列市厅级以上和解放军驻直辖市、省会(首府)、计划单列市的军级以上单位及经批准地区的要害部门相互来往的绝密级载体，由机要交通传递；不属于以上范围的绝密级载体，由机要通信传递。在本地传递绝密级载体，由发件或收件单位派人直接传递。传递绝密级载体，实行专车两人护送制。

(4)向我驻外使馆传递涉密载体，要按照有关规定履行审批手续，通过外交信使传递。

(三)使用

(1)机关、单位收到涉密载体后报主管领导，由主管领导根据密级和制发机关、单位的要求及工作的实际需要，确定本机关、单位知悉范围。任何机关、单位和个人不得擅自扩大知悉范围。机关、单位收到绝密级涉密载体后，必须按照规定的范围组织阅读和使用，并对接触和知悉人员做出文字记载。

(2)阅读涉密载体，要办理登记、签收手续，在符合保密要求的办公场所进行，不得将涉密载体带回家中或带到公共场所。确需在办公场所以外阅读和使用的，应遵守有关保密规定。机关、单位领导阅读涉密载体，可以采用传阅的方式进行并填写传阅记录。传阅涉密载体由经办人员负责，与涉密载体的阅读者之间履行签收手续，并随时掌握涉密载体的去向。传阅涉密载体时，阅读者不得随意抄录、摘录或者拍摄涉密载体内容，阅读者之间不得横传，更不能私自复制。阅读、使用完毕后及时退还管理人员。

(3)借阅、借用涉密载体，须经借出机关、单位主管领导批准，非该项国家秘密知悉范围内的机关、单位和人员，不得外借。借阅、借用时要持单位介绍信，办理登记手续(见实证参考示例 4-4-5)。归还所借涉密载体时，要当面清点、销号，办理退还手续。绝密级涉密载体严禁外借。

(4)汇编涉密文件、资料，要经原制发机关、单位批准，未经批准不得汇编。经批准汇编涉密文件、资料时，不得改变原件的密级、保密期限和知悉范围；确需改变的，要经原制发机关、单位同意。汇编涉密文件、资料形成的涉密载体，要按其中的最高密级和最长保密期限标志和管理。

(5)摘录、引用国家秘密内容形成的涉密载体，要按原件的密级、保密期限和知悉范围管理。

(6)传达国家秘密时，须做好所在场所的保密安全措施并强调保密纪律，凡不准记录、录音、录像的，传达者要事先申明。

(7)因公携带涉密载体外出分为在境内携带涉密载体外出和携带涉密载体出境两类。外携涉密载体须采取保护措施，使涉密载体始终处于受控状态。

①境内外携。

在境内因公携带涉密载体须办理审查审批手续。携带绝密级涉密载体应当经本机关、单位主管领导批准，并始终两人同行。

参加涉外活动一般不得携带涉密载体。因工作确需携带的，需经本机关、单位主管领导批准，并采取严格的安全保密措施。禁止携带绝密级涉密载体参加涉外活动。

②境外外携。

因公携带涉密载体出境须办理审查审批手续。中央国家机关、中央管理企业携带涉密载体出境，由本机关、本单位审查批准。地方各级机关、单位携带涉密载体出境，由所在地省(自治区、直辖市)有关业务主管部门审查批准。业务主管部门不明确的，由所在省(自治区、直辖市)保密行政管理部门审查批准。

绝密级涉密载体原则上不得出境。机关、单位确因工作需要携带绝密级涉密载体出境的，由中央有关业务主管部门审查批准。业务主管部门不明确的，由国家保密行政管理部门审查批准。携带绝密级涉密载体须始终两人同行，并须全程书面记录接触绝密级涉密载体的情况。

(四)复制

(1)复制制发机关、单位允许复制的机密级、秘密级涉密载体，要经本机关、单位的主管领导批准，并履行登记手续（见实证参考示例4-4-6），并不得改变涉密载体的密级、保密期限和知悉范围。同时，加盖复制机关、单位的戳记，并视同原件管理。

（2）绝密级涉密载体，一般不得复制，确有工作需要的，必须征得原定密机关、单位或者其上级机关、单位同意，并经本单位主管领导批准。

（3）涉密机关、单位不具备复制条件的，须到保密行政管理部门审查批准的定点单位复制涉密载体。

（五）保存

（1）保存涉密载体，须选择安全保密的场所和部位，并配备必要的保密存放设备。工作人员离开办公场所，要将涉密载体存放在保密设备里。机密级、秘密级涉密载体应存放在密码文件柜内；绝密级涉密载体应当存放在密码保险柜内，并由专人管理。

（2）机关、单位每年要定期对当年所保存的涉密载体进行清查、核对，发现问题及时向保密行政管理部门报告。同时，按照规定应当清退的涉密载体，及时如数清退，不得自行销毁。

（3）被撤销或合并的机关、单位，要将涉密载体移交给承担其原职能的机关、单位或上级机关保存，履行好登记、签收手续。

（4）需要归档的涉密载体，要按照国家有关档案法律规定归档。

（六）维修与销毁

（1）维修涉密载体，应由本机关、单位专门技术人员负责。确需外单位人员维修的，要在本机关、单位内部进行，并指定专人全程现场监督。确需送外维修的，要送保密技术服务机构或保密行政管理部门审查批准的定点单位进行，并在送修前拆除信息存储部件。

（2）销毁涉密载体，要符合下列要求：

①销毁涉密载体，要经本机关、单位主管领导审核批准，并履行清点、登记手续（见实证参考示例4-4-7）。涉密载体在送销前须存放在符合安全保密要求的专门场所。

②机关、单位要将需要销毁的涉密载体送专门的涉密载体销毁机构或者保密行政管理部门指定的承销单位销毁。机关、单位送销涉密载体，须分类封装、安全运送、并派专人现场监销。禁止将涉密载体作为废品出售。

③涉密载体销毁的登记、审批记录须长期保存备查。

三、实证参考

示例 4-4-1：涉密载体制作审批登记表

编号：

<table>
<tr><td colspan="2">单位</td><td colspan="2"></td><td>申请人</td><td colspan="3"></td></tr>
<tr><td colspan="2">用途(去向)</td><td colspan="6">□留存____________(填写存放地点)
□外发____________(外发单位名称)</td></tr>
<tr><td colspan="2">输出方式</td><td colspan="6">□复印　□打印　□刻录　□其他</td></tr>
<tr><td colspan="2">涉密计算机编号</td><td></td><td colspan="3">涉密 U 盘编号</td><td colspan="2"></td></tr>
<tr><td>序号</td><td colspan="2">文件名称</td><td>密级</td><td>页数</td><td>份数</td><td>二维码编号</td><td>备注</td></tr>
<tr><td></td><td colspan="2"></td><td></td><td></td><td></td><td></td><td></td></tr>
<tr><td></td><td colspan="2"></td><td></td><td></td><td></td><td></td><td></td></tr>
<tr><td>申请单位意见</td><td colspan="7">科、室、项目组负责人签字(盖章)：
年　月　日</td></tr>
<tr><td>业务主管部门意见</td><td colspan="7">审核人签字(盖章)：
年　月　日</td></tr>
<tr><td rowspan="2">输出记录</td><td>制作设备编号</td><td colspan="6"></td></tr>
<tr><td colspan="7">□复印共计____份，共计____页。
□打印共计____份，共计____页。
□刻录共计____张光盘，内含文档资料____份。
□其他
经办人：　　　　年　月　日</td></tr>
<tr><td>填表说明</td><td colspan="7">1. 机密级载体制作需业务主管部门主要负责人审批；
2. 此表一式两份，由申请单位和业务主管部门留存，业务主管部门每月月底汇总整理后移交保密工作机构存档。</td></tr>
</table>

示例 4-4-2：涉密载体登记表

单位（部门）：

接收时间	来件单位	载体形式	载体名称	载体编号	数量	密级	保密期限

示例 4-4-3：涉密载体分发表

单位（部门）：

载体形式	载体名称	载体编号	数量	密级	保密期限	收件单位	签收人签字	接收时间

示例 4-4-4：涉密载体外发单(存根)

收文单位：
资料名称：
发文编号(二维码)： 密级：
经手人： 时间：

✂ ✂

外发单(回执联)

发文单位： 收文单位：
经手人： 经手人：
发文日期： 收文日期：

序号	发文编号	名称	类型	密级	页数	份数	备注

注：请收文单位在收到文件后签字盖章，并将回执联交回(寄回)发文单位存档。

示例 4-4-5：涉密载体借阅/借用审批登记表

单位(部门)：

序号	载体名称	载体编号	密级	借阅/借用事由	借阅人签字	批准人签字	经管人签字	借阅时间	归还时间	经管人签字	备注

示例 4-4-6：涉密载体复制审批登记表

编号：　　　　　　　　　　　　　　　　　　　　　　　　时间：

<table>
<tr><td colspan="2">申请单位</td><td colspan="2"></td><td colspan="3">申请人</td><td colspan="2"></td></tr>
<tr><td colspan="2">涉密载体来源(来源单位)</td><td colspan="2">(涉密机编号：　　　　　　　　)</td><td colspan="3">涉密载体编号</td><td colspan="2"></td></tr>
<tr><td colspan="2">涉密载体类型</td><td colspan="7">□纸介质□磁介质□光盘□声像制品□音像制品□其他：</td></tr>
<tr><td>去向</td><td colspan="8">□留存____________(填写存放地点)
□外发____________(外发单位名称)(选此项时，必须填写《外发单》)</td></tr>
<tr><td>输出方式</td><td colspan="8">□复印□刻录□其他：</td></tr>
<tr><td>序号</td><td colspan="3">文件名称</td><td>密级</td><td>页数</td><td>份数</td><td>编号</td><td>备注</td></tr>
<tr><td></td><td colspan="3"></td><td></td><td></td><td></td><td></td><td></td></tr>
<tr><td></td><td colspan="3"></td><td></td><td></td><td></td><td></td><td></td></tr>
<tr><td>申请理由及复制用途</td><td colspan="8">申请人签字：
年　月　日</td></tr>
</table>

续表

<table>
<tr><td>申请单位意见</td><td>主要负责人签字
(盖章):
年　月　日</td><td>业务主管部门意见</td><td>主要负责人签字
(盖章):
年　月　日</td></tr>
<tr><td>保密委员会办公室意见</td><td colspan="3">审核人签字(盖章):
年　月　日</td></tr>
<tr><td rowspan="2">输出记录</td><td>制作设备编号</td><td colspan="2"></td></tr>
<tr><td colspan="3">□复印共计____份，共计____页。
□刻录共计____张光盘，内含文档资料____份。
□其他
经办人:　　　领用人:　　　年　月　日</td></tr>
<tr><td>填表说明</td><td colspan="3">各审核部门需明确签署意见；涉密载体复制后视同原件管理；复制应该在保密办指定的符合保密要求的场所进行。</td></tr>
</table>

示例 4-4-7：涉密载体销毁登记备案清单

单位(部门)： 本次登销共____页，此为第____页

涉密载体产生年度	涉密载体编号	涉密载体类别	密级	数量	涉密载体名称及内容	涉密载体使用、管理者移销签字

登记销毁单位审查、核实签字	省销毁站收销签字
监销人签字： 单位领导审核批准签字： （单位盖章） 年 月 日	销毁站收销人签字： （单位盖章） 年 月 日

第五节　网络的保密管理

一、网络及其保密管理概述

(一)网络及其保密管理的概念

网络，是指用通信信道，将两台以上的计算机连接起来，在相应网络协议的支持下，实现信息传递、资源共享和网络计算的系统。从是否用于存储、处理、传输国家秘密的角度，网络可分为涉密网络和非涉密网络。

网络的保密管理是指通过执行相应标准和要求、采取技术防护等措施，防止网络泄密而进行的管理活动。

(二)网络的保密管理的意义

1. 网络的保密管理是维护国家安全的重要手段

十八大以来，习近平总书记围绕网络安全和信息化工作作了一系列重要指示。习总书记指出，没有网络安全就没有国家安全，就没有经济社会稳定运行，广大人民群众利益也难以得到保障。网络安全事关政治、经济、科技、国防等多个领域的安全，要筑牢网络安全保密防线，必须树立正确的网络安全观，将网络安全放在保密工作中的重要位置，从技术、管理等方面大力加强网络保密管理的体系和能力建设，更好地适应当今时代对网络发展的需求，更好地应对网络安全的挑战，切实维护国家的利益和安全。

2. 网络的保密管理能有效应对复杂的网络安全形势

随着当前社会信息化的迅速发展，国家秘密载体的存在形式已经由传统的纸介质形式发展到声、光、电、磁等多种形式，泄密的渠道增多、危害严重，而网络正是当前失泄密的重灾区。近年来，境内外不法分子和敌对势力对我国加紧网络窃密攻击，窃密方式日益隐秘、手段层出不穷，给网络保密管理带来了严重威胁，网络失泄密风险显著增大。面对日益严峻复杂的网络窃密形势，必须积极采取措施强化网络保密管理，从而更有力地应对层出不穷的网络窃密攻击。

二、网络保密管理的内容

(一)非涉密网络的保密管理

从总体上而言，非涉密网络的保密管理要坚持源头控制，严格遵循“上网不涉密，涉密不上网”的要求，主要包含以下内容：

(1)将互联网等公共信息网络与涉密网络信息系统实行物理隔离，使涉密网络(信息系统)不受到外部公共网络的非法攻击。

(2)建立互联网接入审批和登记制度，严格控制互联网接入口数量和接入终端数量。中央和国家机关各部门互联网接入口数量原则上不超过两个，省级以下党政机关逐步实现互联网集中接入。

(3)落实保密管理责任。单位的信息化职能部门负责非涉密网络的保密管理工作，单位的保密工作机构负责指导和监督。各二级单位也要确定本单位非涉密网络保密管理工作的负责人，确保责任层层落实。

(4)建立互联网信息上传的保密审查机制，严格执行“一事一审”“先审后发”的原则，建立上传信息的保密审查记录台账，确保发布的信息不涉及国家秘密，并做好信息的关联性分析，避免因数据汇聚而涉及国家秘密。

(5)加强互联网保密监管技术措施。可以采取成熟的技术，如计算机网络系统信息传输检查技术、电子邮件监视技术等对互联网保密管理情况进行实时监管。监管的范围包括机关、单位的各类网站、微博、微信公众号、QQ 群和微信群以及部分邮箱等，提高及时发现网络违规信息的能力和应急处置能力，减少失泄密隐患。

(6)定期开展互联网信息检查。各有关单位应将互联网信息检查作为保密检查内容之一，定期开展检查，以真查促真改，及时发现和消除网络泄密隐患。

(二)涉密网络的保密管理

涉密网络的保密管理包含涉密网络和涉密信息系统的保密管理，其管理要求更高，技术相对复杂多样。

1. 涉密网络(信息系统)的规划建设

为适应信息技术的迅速发展，贯彻信息安全等级保护制度，我国对涉密网络(信息系统)实行分级保护。涉密网络(信息系统)的规划建设要符合分级保护要求，主要包含以下五个环节。

(1)网络(信息系统)定级。

网络(信息系统)定级，是指涉密网络(信息系统)建设使用单位依据网络(信息系统)规划设计处理信息的最高密级，确定网络(信息系统)的保护等级。

(2)方案设计论证。

方案设计论证，是指涉密网络(信息系统)建设使用单位组织涉密网络(信息系统)集成资质单位等，依据分级保护技术要求、管理规范和方案设计指南，进行涉密网络(信息系统)方案设计，并组织开展方案评审。

(3)工程实施与监理。

工程实施与监理，是指涉密网络(信息系统)集成资质单位依据分级保护建设方案，组织实施工程建设，监理资质单位负责工程监理。

(4)网络(信息系统)测评。

网络(信息系统)测评，是指涉密网络(信息系统)在建设完成后，须通过国家保密行政管理部门授权的测评机构的安全保密测评。

(5)网络(信息系统)审批。

网络(信息系统)审批，是指涉密网络(信息系统)必须经过具有审批权限的保密行政管理部门审查批准，符合涉密网络(信息系统)分级保护要求以后，方可投入使用。

2. 涉密网络(信息系统)的应用

在涉密网络(信息系统)建成并投入使用后，涉密网络(信息系统)的建设使用单位须严格落实保密责任，加强涉密网络(信息系统)在日常使用中的保密管理，确保运行稳定安全。

(1)人员管理。

使用涉密网络(信息系统)的人员应确定为涉密人员，须经过审查审批后方能被授权使用涉密网络(信息系统)。涉密人员要签订保密责任书，并严格遵循涉密网络(信息系统)的保密规范，认真落实保密要求。

配备涉密网络(信息系统)的“三员”，即系统管理员、安全保密管理员和安全审计员，分别负责网络运行、安全保密和安全审计工作。“三员”应当经过保密行政管理部门的培训，持证上岗。“三员”的权限设置应当遵循相互独立、相互制约的原则，角色不得兼任。

(2)设备管理。

涉密网络(信息系统)建设使用单位对涉密网络(信息系统)中使用的信息设备和存储设备等进行统一采购、登记、标识、配备和发放，并明确使用管理责任人。信息设备、存储设备的管理责任人应按照单位关于信息设备、存储设备的保密管理规定严格执行或督促落实信息设备、存储设备在申请、使用、保管、外携、变更、维修、报废、销毁等全过程的保密管理要求，严防违规操作甚至失泄密事件。

(3)技术防护。

将涉密网络(信息系统)与互联网及其他公共信息网络实行物理隔离，使其不受到外部公共网络的非法攻击。

采取用户身份鉴别、访问控制、计算机病毒和恶意代码防护、边界安全防护、信息控制流转、加密防护、安全保密审计等技术加强对涉密网络(信息系统)的防护，及时发现失泄密的隐患和风险。

(4)外包服务。

涉密网络(信息系统)运行维护采用外包服务的，应当选择具有相应涉密信息系统运维资质的单位，签订保密协议，严格保密管理措施。

(5)监督检查。

涉密网络(信息系统)建设使用单位应定期开展涉密网络(信息系统)安全保密检查和风险评估，及时发现和消除失泄密隐患，并建立检查记录档案。秘密级、机密级网络(信息系统)至少每两年进行一次安全保密检查和风险评估，绝密级网络(信息系统)每年至少进行一次安全保密检查和风险评估。涉密网络(信息系统)建设使用单位自查中的风险评估与保密行政管理部门进行的风险评估相辅相成，涉密网络(信息系统)建设使用单位的自查情况是保密行政管理部门对涉密网络(信息系统)进行风险评估的重要基础。

第六节　信息设备的保密管理

一、信息设备及其保密管理概述

(一)信息设备及其保密管理的概念

信息设备，指在日常工作和科研生产活动中配备和使用的各类服务器、计算机、网络设备、办公自动化设备等设备。

服务器、计算机包括：服务器、操作终端、台式计算机、便携式计算机、工作站、小型机、中型机、大型机、巨型机等。

网络设备包括：交换机、路由器、网关等。

外部设施设备包括：打印机、扫描仪、投影仪、照相机、摄像机、移动光驱、读卡器、测试系统、调试系统、传感器系统等。

办公自动化设备包括：打字机、复印机、传真机、多功能一体机、碎纸机、速印机、晒图机、绘图仪等及其相关存储附件和耗材(其中部分设备也可以看作计算机的外部设备)。

信息设备从保密工作的角度可以划分为涉密和非涉密两大类。其本质区别在于是否按照保密规定存储、处理和传输国家秘密。

信息设备保密管理，是指为确保国家秘密安全，对所使用的信息设备，涉及国家秘密的事项，按照相关保密法律法规和标准要求进行指导、监督和管理的活动。

(二)信息设备保密管理的基本要求

1. 实行归口管理

信息设备(涉密和非涉密)归口到专门的业务部门进行管理。业务部门可以是信息化处、信息化推进处、信息安全处、设备处等。归口管理部门应当接受本单位保密工作机构的指导、监督和检查，在保密工作机构的指导下制定相应的制度，完成相应的管理工作。

2. 进行全生命周期管理

信息设备的全生命周期管理是指设备从“生”到“死”的全管理过程，即从产生(启用)、使用、保管、维修到报废等一系列管理过程，如图 4-15。

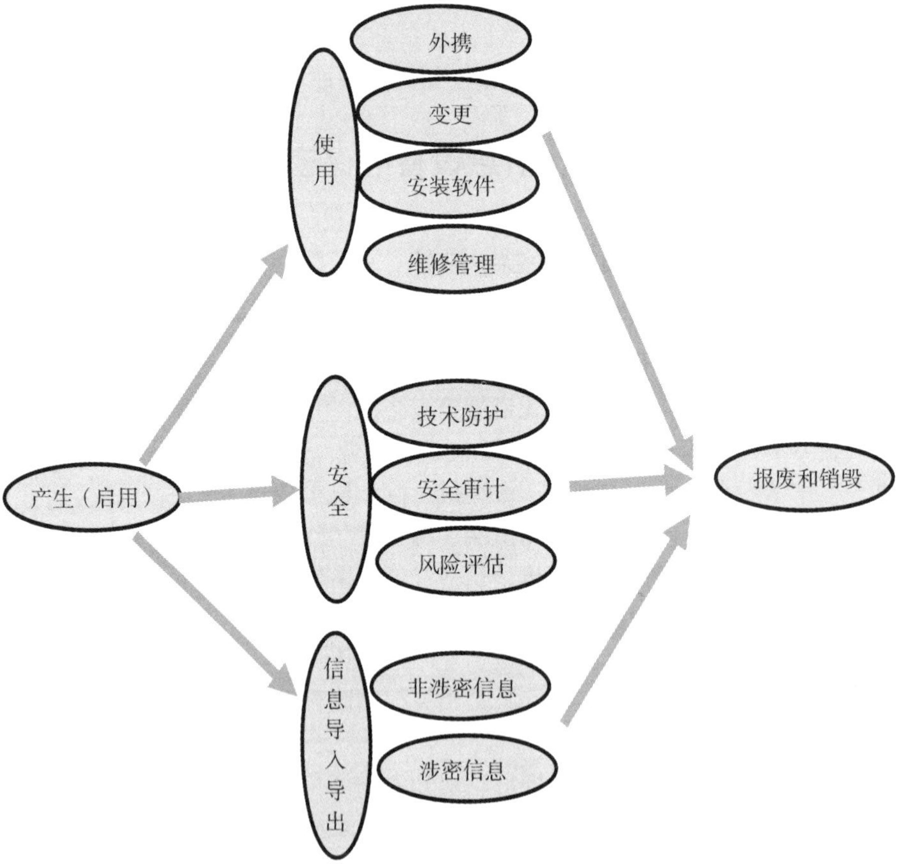

图 4-15　信息设备全生命周期管理

涉密信息设备应形成闭环可追溯的全生命周期过程，建立全生命周期管理档案，实行动态管理，包括审批启用、建立台账、使用、维修、外出携带、软硬件维护、信息导入导出以及属性变更和检查、报废和销毁。

非涉密信息设备也应实行必要的全生命周期管理，包括购置、建立台账、规范使用和报废。

3. 坚持"涉密不上网，上网不涉密"的基本原则

"涉密不上网"是指，信息设备应当与国际互联网和其他公共信息网络实行物理隔离，任何时候都不得直接或间接接入任何公共网络或国际互联网；禁止将涉密计算机接入内部非涉密信息系统。

"上网不涉密"是指，禁止使用非涉密的计算机存储、处理、传输涉密信息；禁止在未采取保密措施的有线或者无线通信中传递国家秘密。不能理解为"上网的时候不涉密，涉密的时候不上网"。

4. 采取技术防护

信息设备无论是非密还是涉密的，都必须采取一定的技术防护。

非涉密信息设备须采取必要的技术防护，其中非涉密计算机必须配备病毒、木马等查杀软件。

涉密信息设备须采取必要的技术防护，其中涉密计算机应按照存储和处理信息的相应密级进行管理和防护；涉密计算机应选择通过国家相关主管部门授权测评机构检测的安全保密产品，并正确配置和使用；涉密计算机应采取身份鉴别、访问控制和安全审计等技术保护措施，及时升级病毒和恶意代码样本库，进行病毒和恶意代码查杀，及时安装操作系统、数据库和应用系统的补丁程序。

5. 推行国产化替代

国产化替代工程也称"安可替代工程"，是指按国家战略部署，将涉密领域的信息设备替换为自主可控的涉密专用信息设备，推行国产化(自主可控)替代在当前信息化高速发展的背景下意义重大。

一是推行国产化替代工程，可以使我们有更多选择权。一直以来，信息化产业的关键产品和技术一直掌握在西方发达国家手中，处于被垄断的地位，推行国产化替代，可以有效打破西方发达国家的垄断地位，可以有更多的选择权。

二是推行国产化替代工程，可以有效地降低安全风险。我们目前所使用的国外基础软件和硬件不可避免地存在安全漏洞和后门程序，存在泄露信息的安全风险，实行基础软硬件的国产化可以有效消除来自这一方面的安全风险。

三是推行国产化替代工程，可以避免被“卡脖子”。如果说使用国外的信息产品会带来泄露信息的风险，至少我们还有产品可以使用，关键技术产品捏在外国手中，如若发生危机，他们一旦停止对我们的供应和服务，我们很多产业将会处于瘫痪的境地，实行国产化方能有效避免被“卡脖子”，打破受制于人的局面。

二、信息设备保密管理的内容

(一)制定体系文件

机关、单位信息设备归口管理部门要结合实际，制定严格的操作性强的保密信息设备管理体系文件，并组织落实。信息设备保密管理体系文件由信息安全策略、管理制度和操作规程组成。体系文件是落实安全保密工作，实现信息设备可管、可用、可控、可查、可审、可追溯的基础，是信息设备的管理准则和控制流程。

(二)全生命周期管理

1. 非涉密信息设备全生命周期管理

(1)非涉密信息设备也应实行必要的全生命周期管理，包括：

①购置，非涉密信息设备在购置时要按规范的程序，选择正规的软硬件产品。

②建立台账，非涉密信息设备要实行统一管理，机关、单位要建立健全非涉密信息设备台账，定期清查，确保账物相符，可查可控。

③规范使用，非涉密信息使用要规范，符合相关规定。非涉密信息设备的使用应该符合相关保密规定：

严禁使用非涉密信息设备存储、处理和传输国家秘密；严禁在涉密场所的非涉密信息设备上配备、安装、使用音视频输入设备和具有无线联网功能的外围设备；严禁将非涉密信息设备和涉密信息设备交叉使用；严禁将个人非涉密信息设备带入涉密工作区域等。

④报废，非涉密信息设备的报废要遵循相关的规范，不得私自随意处理。

(2)非涉密信息设备技术防范措施。通常可在传统的防火墙、防病毒、漏洞检测等防护手段基础上，增加信息发布的内容监测、互联网信息的内容审计、非涉密计算机终端监控审计等保密防护手段，形成完善的非涉密信息设备的保密技术方案。

2. 信息设备的全生命周期管理

涉密信息设备的全生命周期包括审批、建账、使用、变更、维修、停用或者退出使用、报废、销毁的全部环节，如图 4-16、图 4-17。

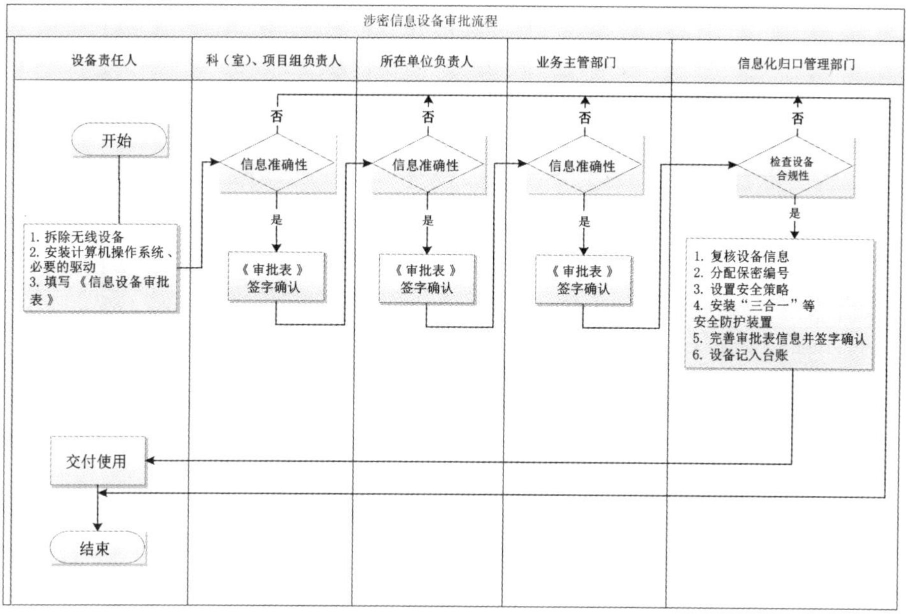

图 4-16　涉密信息设备审批流程图

（1）审批。处理国家秘密信息的信息设备启用前须履行审批手续，采取必要的安全防护措施，审批通过后，方可启用（见实证参考示例 4-6-1）。信息设备要张贴标识，涉密的要标明密级，涉密信息设备中的涉密信息应当标明密级（见实证参考示例 4-6-2）。

（2）建立台账。单位以及各业务部门（机构）要建立信息设备台账。单位应当由信息化归口管理部门会同资产管理部门和运行维护机构建立总台账，各业务部门（机构）应当建立管辖范围内的设备台账。总台账与各业务部门（机构）的台账内容应当相互印证，与实物相符合。台账应当依据信息设备的类别和涉密属性分类建账，能够反映出设备变化情况，变化情况应当可追溯。可以采用电子或纸质的台账（见实证参考示例 4-6-3）。

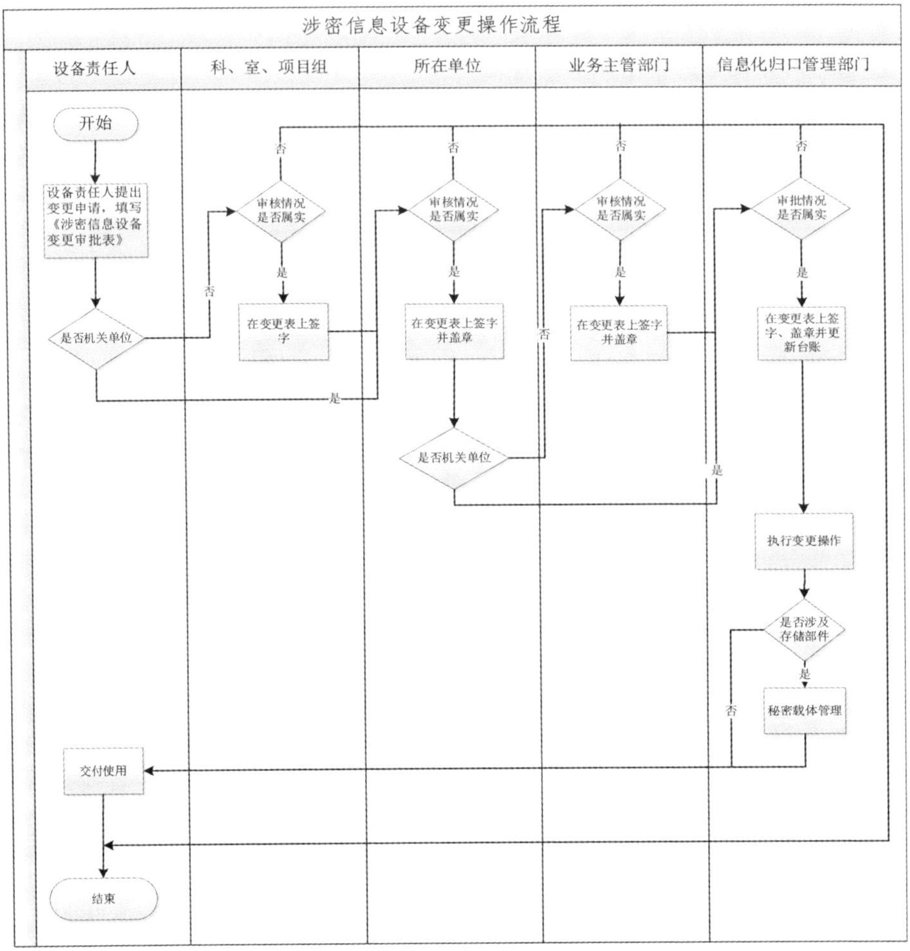

图 4-17 涉密信息设备变更操作流程图

(3)使用管理。

①外携管理。要履行审批手续，确保仅存有与外出工作相关的涉密信息，带回时要进行保密检查。

②变更管理。涉密信息设备的使用部门、责任人、使用人、密级、放置地点等发生变更，需经信息化归口管理部门批准后实施变更(见实证参考示例 4-6-4)。

③安装软件。信息化归口管理部门需根据实际制定涉密计算机软件安装白名单(见实证参考示例 4-6-5)，安装非白名单内的软件(见实证参考示例

4-6-6)，须经过信息化运维机构审批，如图 4-18。

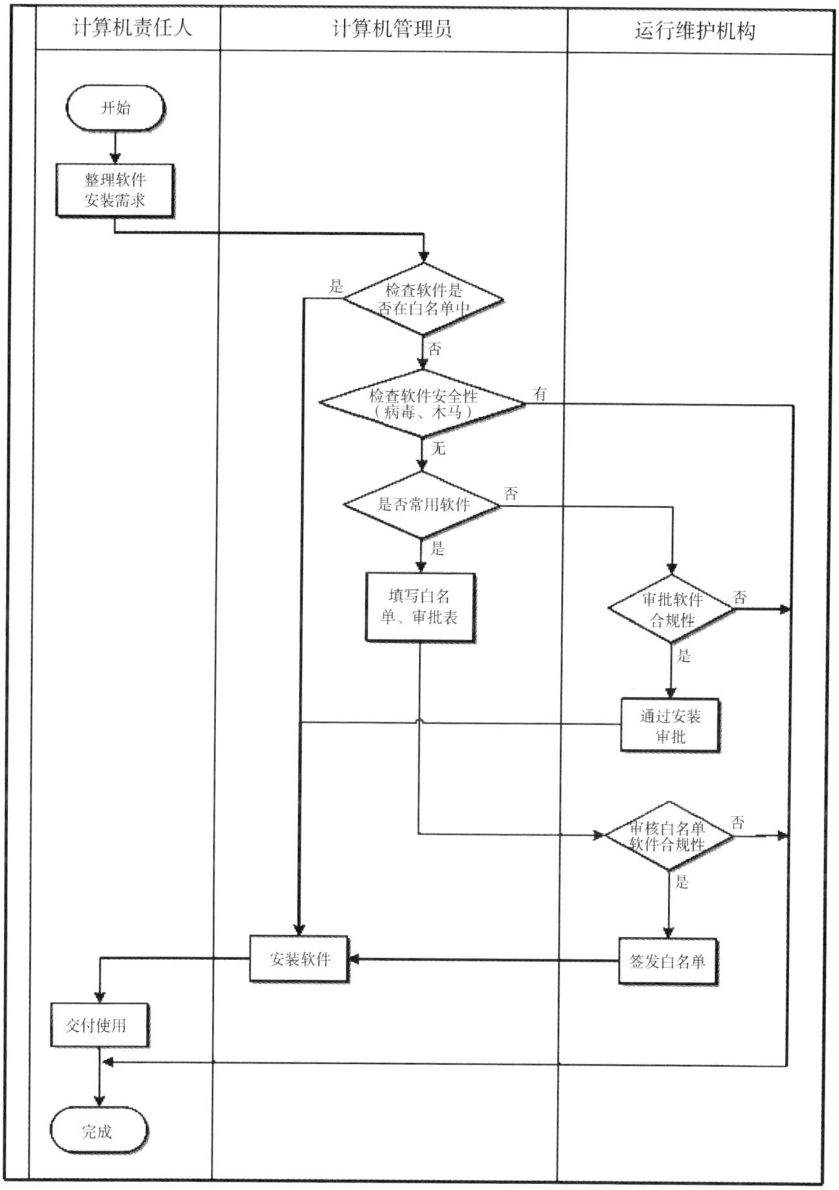

图 4-18　软件安装示意图

④维修管理。涉密信息设备发生故障需维修时，需要经过审批后方可进行维修(见实证参考示例 4-6-7)，如图 4-19。

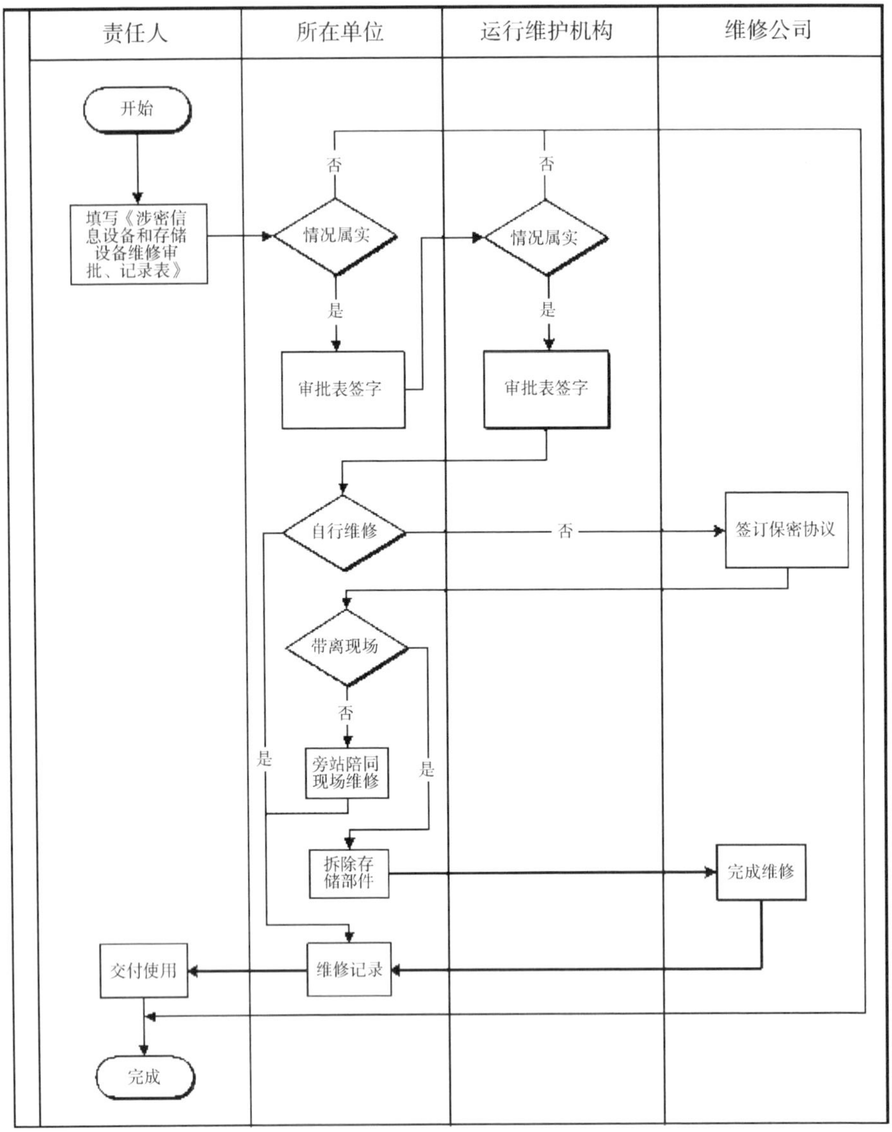

图 4-19 涉密信息设备流程图

涉密信息设备现场维修时，一般由单位内部人员维修，需由外部人员到现场维修时，维修时由专人全程旁站陪同，并记录维修过程。禁止维修人员恢复、读取和复制被维修设备中的涉密信息。

涉密信息设备需带离单位进行维修的，必须拆除所有存储过涉密信息的硬件，到指定维修地点修理，并与维修单位和维修人员签订保密协议，维修后须进行保密检查。

④信息导入导出管理。

应当依据安全策略和管理制度，在满足业务工作需求的同时，按“最小化”原则设置涉密信息设备的导入导出点，实行集中输出管理。一般一个部门、科室、机构、场所等，可以分别设置1~2个导入导出点，配备相应的导入导出设备，专人负责管理。导入设备(导入信息设备以及单向导入装置、移动光驱、扫描仪、移动硬盘、读卡器等)和导出设备(导出信息设备以及打印机、绘图仪、光盘刻录机、移动硬盘等)应当按照国家相关保密标准要求进行管控(见实证参考示例4-6-8)。

a. 涉密信息导入导出。

涉密信息应当采取可控的单向导入方式(如“三合一”单向导入装置、涉密中间机等)将涉密信息导入涉密信息设备。涉密信息导入前，应当履行审批程序，审批单上应当注明信息的名称、密级、来源、用途、承载的移动存储设备(包括移动存储设备的名称、型号、容量、序列号)等。

涉密信息导出应履行审批手续，一般应当由业务部门负责同志进行审批，业务部门负责审批的负责同志不能进行审批时，应当授权相应的涉密人员负责导出审批。应当建立管理和技术控制措施，保证导出信息在审批和导出过程中的完整性和唯一性，并采取控制措施禁止变更信息内容或者增加附件。

导出涉密信息到涉密载体时，涉密载体的领取、保存、使用等应当符合国家相关保密标准。导出的纸质涉密文件应当有不可篡改、具有唯一性的标志，导出的涉密光盘应当制作光盘封面，封面上应当有不可篡改、具有唯一性的标志，保证导出信息的唯一可核查性。未建立导出信息监控审计的单位，应当建立严格的导出信息记录和领取载体登记制度。

b. 非涉密信息导入导出。

非涉密信息导入涉密信息设备，应当通过单向导入设备(如“三合一”单向导入装置、非涉密中间机等)导入。导入前，应当履行审批程序，审批单上应当注明信息的名称、来源、用途、承载的移动存储设备(包括移动存储设备的名称、型号、名量、序列号)等。

从涉密信息设备中导出非涉密信息时，一般应当导出到纸质介质。确因工作需要将信息导出到存储介质时，应当采取刻录一次性光盘的方式，不得导出到其他移动存储设备(如果非涉密信息仅在涉密信息设备中使用，则可以导出到“三合一”特种涉密移动存储设备中)。应当在导出点配备具有光盘刻录功能的信息设备，或配置移动光盘刻录设备，并指定专人负责管理和使用。导出完成后应当做好记录，并卸载移动光盘刻录装置，或关闭数据接口。非涉密信息导出后，单位应当指定专人对信息内容进行非涉密审查，确认无涉密信息后，方可领用以及对外传递和发布。

(4)销毁管理。涉密信息设备不再使用或无法使用需要报废时，须删除信息设备中的涉密信息，经过审批后送具有保密资质的销毁中心进行销毁(见实证参考示例4-6-9)，如图4-20。

(5)档案管理。运行维护机构应当为每台涉密信息设备建立单独全生命周期档案(电子或纸质)，保存其各类相关记录文档，包括定密记录、变更记录、运维记录、维修记录、报废和销毁记录等。

(6)安全审计和技术防护。

①安全策略，针对安全问题提出对策和解决方案。安全策略应当包括信息设备安全保密的整体目标和范围、安全原则、安全方针、安全组织机构、安全管理人员、安全保密产品和工具、物理和环境安全、通信和传输安全、信息设备安全、操作安全(主要是身份鉴别、访问控制和导入导出)、信息交换安全、开发和维护安全、审计安全，以及相关的运维安全管理等。在制定安全策略前，应当分析信息设备存在的脆弱性和威胁，识别风险和隐患，提出解决安全问题的管理办法和控制措施，解释清楚“什么能做，什么不能做，应当怎么做”。

②安全审计。要依据安全策略文件中审计策略的具体要求(规范、目标、内容、人员等)，对信息设备的日志记录以及人员操作行为的日志记录等可审计事件、异常事件和行为进行综合统计分析，及时发现影响信息设备运行中的违规行为以及安全隐患，如实反映信息设备的安全状态，为安全审计报告提供数据支撑(见实证参考示例4-6-10)。

信息设备安全审计应当包括(但不限于)以下内容和对象：信息设备的整体运行情况、安全保密产品设备接入和变更情况、导入导出控制、便携式

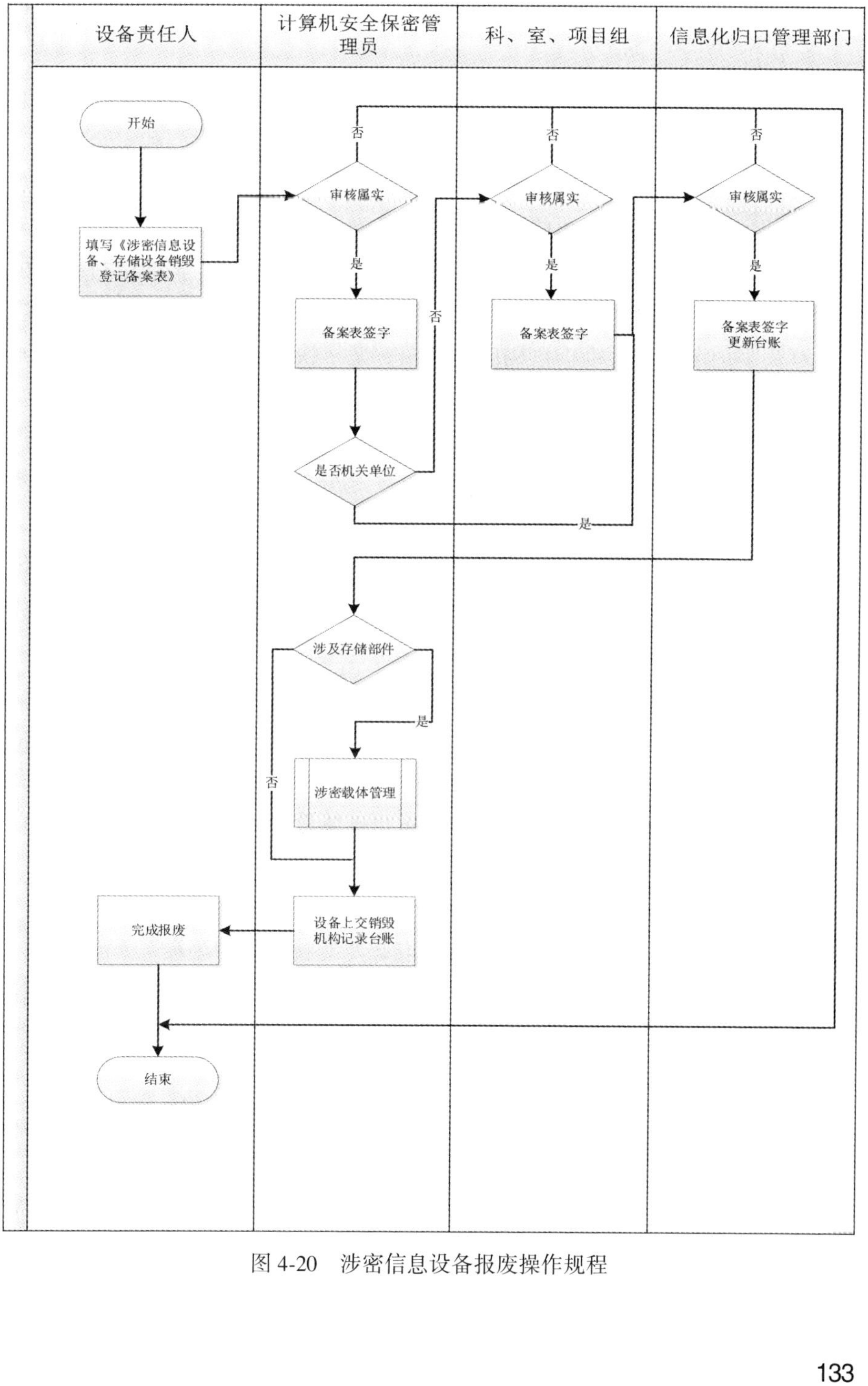

图 4-20　涉密信息设备报废操作规程

计算机、用户操作行为、管理和运行维护人员操作行为、内部信息设备、互联网计算机。

信息化归口管理部门和运行维护机构应当定期进行安全审计工作，并形成安全审计报告。审计报告应当真实反映信息设备的应用状态和安全保密状态，审计报告的结论应当与实际情况一致，禁止编造审计报告。

信息化归口管理部门和单位分管业务负责人应当根据综合审计报告，了解和掌握单位信息设备的管理、运行维护和安全保密情况，根据运行维护机构的建议决定整改方案，并提供人力、财力、物力的支持，监督整改落实，并留有文字记录。运行维护机构应当依据方案尽快落实整改措施。

③风险自评估。风险自评估，指单位信息化归口管理部门在保密工作机构的指导下，根据审计报告和日常检查情况的，组织运行维护机构利用管理和技术手段，对涉密信息设备进行的综合安全分析和评估(见实证参考示例4-6-11)。

风险自评估，绝密级信息设备每半年一次，机密级或秘密级信息设备每年一次。由国家保密行政管理部门设立或者授权的保密测评机构组织或委托组织的测评或者风险评估，其出具的结论可视为自评估结论。风险自评估过程中形成的各种记录、报告应当归档，妥善保管。

④风险控制。运行维护机构要根据风险自评估的结果，形成风险自评估报告，进行隐患漏洞和危害性分析评估，针对隐患漏洞和风险，进行来源和威胁分析，及时修改安全策略，并提出可行的管理和技术改进措施建议。单位应根据风险自评估分析的结论，研究制定相应的风险控制措施，完善保密工作体系。

⑤技术防护。涉密信息设备必须采取必要的技术防护手段。

a. 涉密计算机须安装国家相关主管部门授权测评机构检测的主机监控与审计软件，制定并实施安全控制策略，并对其使用的移动存储介质进行绑定和授权使用(见实证参考示例4-6-12、4-6-13、4-6-14)。

b. 涉密计算机须安装“三合一”“介质管理系统”等安全防护系统，身份鉴别系统等。

c. 涉密计算机须使用通过国家相关主管部门授权测评机构检测的保密产品，如规定名录内的计算病毒和恶意代码查杀软件，并由计算机安全管理员统一配置、及时升级更新。

d. 涉密信息设备和传输线路要安装配备相应的电磁泄漏发射防护装置，如红黑电源、视频干扰仪等，且应当符合国家有关规定和标准要求。

3. 国产化信息设备的保密管理

这里所说的国产化信息设备，特指国产化完全自主可控的涉密专用信息设备。其保密管理参照前述信息设备进行，其特殊性在于：

（1）核心技术完全自主可控。涉密专用信息设备在CPU、操作系统、数据库等基础软硬件及关键核心技术方面全面实行国产化，实现自主可控。

（2）用于涉密的国产化信息设备，已按相关要求，安装了相应的防护技术，比如“三合一”系统，不需另行配备。

（3）国产化信息设备实行名录管理。机关、单位在购置这类产品时，需选取国家《涉密专用信息设备名录》以内的产品。

4. 特殊信息设备的保密管理

（1）办公自动化设备的保密管理。

根据办公信息流转过程的主要功能，办公自动化设备可分为信息复制设备（如复印机、刻录机等）、信息处理设备（如打印机、扫描仪、文拍仪等）、信息传输设备（如多功能一体机、传真机等）、信息存储设备（如录音笔、照相机、摄像机等）及其他辅助设备（如碎纸机等）。所处理的对象不仅有文字、数字，也包括图形、图像以及声音信息。

复印机保密管理。使用复印机，应按下列保密要求进行管理：非涉密复印机不得复印涉密文件、资料；涉密复印机应置于符合保密要求的场所，指定专人管理，不得与互联网等公共信息网络相连接；启用涉密复印机前，应当进行必要的保密技术检测；复印涉密文件、资料等，须即送即印，履行签收手续；复印涉密文件、资料过程中产生的不合格件和多余件必须及时销毁；涉密复印机维修应当在单位内部进行，并有专人现场监督，严禁维修人员擅自读取或拷贝存储信息，确需外送维修的，应当拆除信息存储部件（硬盘）或进行专业销密；涉密复印机存储部件需要销毁的，应按涉密载体销毁要求办理。

打印机和扫描仪保密管理。使用打印机和扫描仪，应按下列保密要求进行管理：非涉密打印机、扫描仪不得打印、扫描涉密文件、资料；涉密打印机、扫描仪不得与互联网等公共信息网络连接，不得与涉密计算机之间采用无线连接方式；严禁在非涉密计算机中扫描涉密文件、资料；涉密打印机、扫描仪硬件维修须清除硬盘数据并送具有保密资质的维修店维修。

多功能一体机保密管理。使用多功能一体机，应按下列保密要求进行管理：非涉密多功能一体机不得处理、传输涉密信息；非涉密多功能一体机不得连接涉密计算机及接入涉密信息系统；涉密多功能一体机不得与公共通信网络连接，或与其他非涉密计算机共享；涉密多功能一体机报废的硒鼓等耗材配件，应视同涉密存储介质进行销毁。

录音、录像、照相设备保密管理。使用录音、录像、照相设备，应按下列保密要求进行管理：未经批准，涉密会议不准录音、录像；涉密会议的录音、录像载体，应按相应密级的文件、资料管理；用于存储涉密会议照片的CF、SD等存储卡，应当确定为涉密载体并落实有关保密管理规定。

碎纸机保密管理。使用碎纸机，应按下列保密要求进行管理：碎纸机应使用经有关部门测评的产品，如选用进口产品，投入使用前应进行安全保密检测；保密要害部门、部位使用的涉密碎纸机，在使用前应进行安全保密检测；淘汰、报废时应进行清点登记，按有关保密规定进行销毁。

(2)手机的保密管理。

使用手机，应按下列保密要求进行管理：不得在通信中涉及国家秘密；不得在手机上存储、处理、传输涉及国家秘密的信息；不得连接涉密信息系统、涉密信息设备或者涉密载体；不得在手机上存储核心涉密人员的工作单位、职务、红机电话号码等敏感信息；不得在涉密公务活动中开启和使用位置服务功能；在申请手机号码、注册手机邮箱或者开通其他功能时，不得填写禁止公开的涉密单位名称和地址等信息；不得使用未经国家电信管理部门进网许可的手机；不得使用境外机构、境外人员赠送的手机；不得将手机带入保密要害部位、绝密级或者机密级会议和活动场所；不得在保密要害部门、秘密级会议和活动场所使用手机；不得在使用涉密信息设备的场所使用手机进行视频通话、拍照、上网、录音和录像；不得使用商用加密手机谈论以及存储、处理、传输国家秘密信息。

(3)电话和传真机的保密管理。

使用电话和传真机，应按下列保密要求进行管理：明码、明语通信严禁涉及保密事项；严禁用明码、明语电话、电报或文件的形式回复、传递、传真或互相转发涉密电报的内容。

三、实证参考

示例 4-6-1：涉密信息设备审批表

编号：

<table>
<tr><td>单位名称</td><td></td><td>密级</td><td></td></tr>
<tr><td>保密编号</td><td></td><td>名称和型号</td><td></td></tr>
<tr><td>放置地点</td><td></td><td>类型</td><td>□台式计算□便携式计算机
□其他________</td></tr>
<tr><td>用途</td><td></td><td>硬盘序列号</td><td></td></tr>
<tr><td>操作系统版本和安装时间</td><td></td><td>启用时间</td><td></td></tr>
<tr><td>防护系统安装情况和安装时间</td><td colspan="3"></td></tr>
<tr><td>使用人</td><td></td><td>责任人</td><td></td></tr>
<tr><td colspan="4">承诺已经熟悉涉密计算机使用的相关规定和注意事项。</td></tr>
<tr><td colspan="2">科、室、项目组意见：

负责人签字：
年　月　日</td><td colspan="2">所在单位意见：

负责人签字(盖章)：
年　月　日</td></tr>
<tr><td colspan="2">业务主管部门意见：

负责人签字(盖章)：
年　月　日</td><td colspan="2">信息化归口管理部门意见：

负责人签字(盖章)：
年　月　日</td></tr>
<tr><td>备注：</td><td colspan="3"></td></tr>
</table>

注：此表一式五份，由申请人、所在单位、业务主管部门、信息化归口管理部门和保密委员会办公室留存。

示例 4-6-2：标识

涉密设备	严禁上网
设备名称：	
涉密编号：	
密级	
序列号：	
启用时间：	
责任人：	
单位：	

涉密设备	严禁上网
设备名称：	
涉密编号：	
密级	
硬盘序列号：	
启用时间：	
责任人：	
单位：	

示例 4-6-3：信息设备台账

单位(盖章)：　　　　　　　　　　　　　　　　　　　　　统计时间：　　年　月　日

序号	设备类型(名称)	品牌型号	设备编号	密级(非密的标明用途)	用途	设备序列号及硬盘序列号	IP 地址及 MAC 地址	操作系统及安装日期	启用时间	使用情况	责任人	使用单位及放置地点

注：1. 设备类型包括(各类台式计算机、便携式计算机、打印机、复印机、外接式光盘刻录机、移动光驱、扫描仪等)；

2. 非涉密的标明用途；

3. 不涉及的项目可以不填。

示例 4-6-4：涉密信息设备变更审批表

<table>
<tr><td>涉密信息设备名称</td><td></td><td>设备序列号</td><td></td></tr>
<tr><td>保密编号</td><td></td><td>变更时间</td><td></td></tr>
<tr><td>原使用单位</td><td></td><td>现使用单位</td><td></td></tr>
<tr><td>原责任人</td><td></td><td>现责任人</td><td></td></tr>
<tr><td>原放置地点</td><td></td><td>现放置地点</td><td></td></tr>
<tr><td>原密级</td><td></td><td>现密级</td><td></td></tr>
<tr><td>原用途</td><td></td><td>现用途</td><td></td></tr>
<tr><td>涉密信息设备
变更事项</td><td colspan="3">□变更使用单位　　□变更责任人
□变更放置地点　　□变更密级　　□变更用途
其他____________

申请人签字：
年　月　日</td></tr>
<tr><td colspan="2">科、室、项目组意见：

负责人签字：
年　月　日</td><td colspan="2">所在单位意见：

负责人签字(盖章)：
年　月　日</td></tr>
<tr><td colspan="2">业务主管部门意见：

负责人签字(盖章)：
年　月　日</td><td colspan="2">信息化归口管理部门意见：

负责人签字(盖章)：
年　月　日</td></tr>
</table>

注：1. 涉密信息设备包括中间机、涉密计算机、涉密办公自动化设备(例如：打印机、复印机)等；

2. 变更主要包括变更使用部门、责任人、放置地点、密级等；

3. 此表一式四份，由申请人、所有单位、信息化归口管理部门和保密委员会办公室留存。

示例4-6-5：涉密计算机软件白名单

序号	软件名称	软件版本	软件用途	使用范围

签发人(盖章)：　　　　　　　　　　　　　　　　　　签发时间：

示例 4-6-6：涉密计算机非白名单软件安装申请表

<table>
<tr><td>单位</td><td colspan="3"></td></tr>
<tr><td>涉密机/中间机编号</td><td></td><td>硬盘序列号</td><td></td></tr>
<tr><td>放置地点</td><td></td><td>密级</td><td></td></tr>
<tr><td>使用人</td><td></td><td>责任人</td><td></td></tr>
<tr><td>非白名单软件基本信息及安装原因</td><td colspan="3"></td></tr>
<tr><td colspan="4">科、室、项目组意见：
负责人签字：
年 月 日</td></tr>
<tr><td colspan="4">所在单位意见：
主管领导签字(公章)：
年 月 日</td></tr>
<tr><td colspan="4">信息化归口管理部门意见：
负责人签字(公章)：
年 月 日</td></tr>
</table>

注：此表一式三份，由申请人、所在单位和信息化归口管理部门留存。

示例 4-6-7：涉密信息设备维修审批、记录表

<table>
<tr><td>单位</td><td colspan="2"></td><td>申请人</td><td></td></tr>
<tr><td>设备类型</td><td colspan="2"></td><td>保密编号</td><td></td></tr>
<tr><td colspan="5">故障描述及申请维修方式：
申请人签字：
年　月　日</td></tr>
<tr><td colspan="2">所在单位负责人审批意见：
签字（公章）：
年　月　日</td><td colspan="3">运行维护机构审批意见：
签字（公章）：
年　月　日</td></tr>
<tr><td>涉密设备外送维修须填写此项</td><td colspan="4">外送日期：　　年　月　日
返回日期：　　年　月　日
经办人：　　年　月　日</td></tr>
<tr><td rowspan="5">维修记录</td><td>维修人</td><td></td><td>联系方式</td><td></td></tr>
<tr><td>身份证号</td><td></td><td>单位电话</td><td></td></tr>
<tr><td>单位地址</td><td colspan="3"></td></tr>
<tr><td colspan="4">承诺在维修过程中不恢复、读取和复制维修设备中的涉密信息。
承诺人：　　年　月　日</td></tr>
<tr><td colspan="4">故障原因：
维修结果：
维修人员签字：　　旁站陪同人员签字：
年　月　日</td></tr>
</table>

注：1. 此表一式三式，由申请人、所在单位和运行维护机构留存。

2. 上门维修应对维修人员明确保密要求、签订保密承诺书并在内部场所进行，维修时应安排旁站陪同人员；外送维修时应有专人负责与维修单位和维修人员签订保密协议。

示例 4-6-8：涉密信息设备导入导出审批登记表

涉案设备保密编号：　　　　使用人(责任人)：　　　　制表时间：

序号	操作	信息名称	密级	方式（名称）	介质编号	序列号	型号	容量	来源（去向）	经手人	审批人	时间
	□入□出			□U 盘□光盘□纸质								
	□入□出			□U 盘□光盘□纸质								
	□入□出			□U 盘□光盘□纸质								
	□入□出			□U 盘□光盘□纸质								
	□入□出			□U 盘□光盘□纸质								
	□入□出			□U 盘□光盘□纸质								

示例 4-6-9：涉密信息设备销毁登记备案清单

登记销毁单位：

涉密物品产生年度	涉密物品名称、型号及其他必要说明	编号及固定资产号	密级	销毁数量（大写）	该物品使用、管理者移销签字	监销人签字	备注

本页登销物品合计(大写)	台式计算机	便携计算机	硬盘	光盘	优盘	
	共 台	共 台	共 盘	共 片	共 个	

登记销毁单位审查、核实签字	信息化归口管理部门审批签字	销毁站收销签字
监销人登记、核实签字： 单位领导审核批准签字： （单位盖章） 年 月 日	负责人审批签字： （单位盖章） 年 月 日	销毁站收销人签字： （单位盖章） 年 月 日

注：1. 信息化归口管理部门审批签字后，即派专车专人陪同送销单位的监销人前往省销毁站共同监销；

2. 所销设备由送销单位的监销人直接面交省销毁站收销人签字销毁；

3. 本《销毁清单》一式三份，由送销单位、信息化归口管理部门和销毁站留存。

示例 4-6-10：年度涉密计算机审计报告

1. 基本信息

审计单位	
审计时间	

2. 审计内容

2.1　物理和环境安全审计

(1)涉密场所是否均安装防盗门。　□是　□否

(2)是否安装防盗窗。　□是　□否

(3)涉密场所是否采用电子门禁系统、视频监控系统、防盗报警系统对人员出入情况进行监控。　□是　□否

(4)涉密场所有非涉密计算机时是否独立划分工作区域，涉密计算机与非涉密设备和偶然导体保持安全警戒距离且没有置于同一金属平台，上网机禁止安装摄像头、麦克风等音视频输入设备。　□是　□否

2.2　通信和传输安全审计

(1)计算机的电源是否配备红黑电源隔离插座。　□是　□否

(2)涉密计算机是否配备视频干扰仪(器)。　□是　□否

2.3　信息设备安全审计

(1)涉密计算机及与其相关的涉密办公自动化设备、涉密移动存储介质是否均已标明密级、编号、责任人。　□是　□否

(2)涉密计算机是否远离暖气管道、通风管道、上下水管、电话、有线报警系统等偶然导体。　□是　□否

(3)涉密计算机及与其相关的涉密设备的屏幕、投影是否摆放不易被无关人员直视或采用遮挡措施。　□是　□否

(4)是否擅自卸载、修改涉密计算机的安全技术程序、管理程序。

□是　□否

(5)是否通过计算机防护系统对涉密计算机的端口进行禁用制，专用介质需进行认证、授权和管理，输出操作行为进行记录审计。　□是　□否

2.4　身份鉴别审计

(1)涉密计算机是否设置开机密码、操作系统密码、启用屏幕保护恢复密码。　□是　□否

(2)是否根据涉密等级设置符合长度、复杂性要求的密码，并定期更

换。设置强制定期更改密码提示，设置密码复杂度提示。 □是 □否

(3)身份鉴别措施是否根据涉密人员岗位和密级变化及时调整，USB KEY 等身份鉴别装置、账户信息与真实用户相符。 □是 □否

2.5 访问控制审计

(1)涉密计算机实行强制访问控制策略。 □是 □否

(2)多人共用涉密计算机时是否单独建立账户访问，禁止非授权访问和获取他人涉密信息。 □是 □否

(3)管理员用户密码设置是否禁止为空，关闭无关用户(如 guest)。

□是 □否

(4)BIOS 启动项是否设为硬盘，禁止设置光盘为启动项，设置 BIOS 启动密码。 □是 □否

(5)是否禁用网络连接设备。 □是 □否

(6)是否定期对涉密计算机访问控制策略和审计记录进行审查，确认未经授权的访问情况。 □是 □否

(7)涉密计算机是否禁用共享服务，未经过批准禁止开放端口。

□是□否

2.6 非涉密信息导入安全审计

(1)非涉密信息导入涉密计算机是否使用非涉密中间机或“三合一”。

□是 □否

2.7 涉密信息导入安全审计

(1)单位内部涉密信息是否通过“三合一”特种 U 盘录入。 □是 □否

(2)外来涉密光盘数据可以复制：是否将外来光盘信息导入涉密中间机，进行病毒与恶意代码查杀，记录传输内容，确认数据无异常后，将数据拷入涉密中间转换盘中。 □是 □否

(3)外来涉密信息为“三合一”特种 U 盘：□是□否涉密中间机，对数据进行病毒查杀，并记录传输内容，确认无误后，通过中间机刻录光盘导入。

□是 □否

2.8 信息导出安全审计

(1)涉密计算机输出所有资料(涉密、非涉密)登记，是否履行相关审批。

□是 □否

(2)输出涉密过程文件资料是否按照涉密载体进行管理，禁止自行销毁。

□是 □否

2.9 信息交换安全审计

(1)涉密计算机与互联网和其他公共网络是否实现物理隔离，防止非法设备与涉密设备发生连接，防止涉密设备非法外联。　□是　□否

(2)涉密计算机是否均安装“三合一”防护系统，并具有违规外联报警功能；所有涉密移动存储介质均为满足国家要求的涉密专用介质，也具有违规外联报警功能。　□是　□否

2.10　运行管理审计

(1)涉密计算机密级、责任人、使用放置场所、软硬件变更是否符合保密规定。　□是　□否

(2)重新安装操作系统、安装和拆卸涉密信息设备硬件或者外部设备的相关操作流程是否符合规定。　□是　□否

(3)涉密便携式计算机外出携带是否按规定进行审批且进行安全保密检查。　□是　□否

(4)处理文档的涉密计算机上是否使用规定版本的操作系统，并安装系统补丁。　□是　□否

(5)临时使用的软件及应用系统是否进行审批。　□是　□否

(6)涉密设备维修时是否符合保密管理规定。　□是　□否

2.11　计算机病毒和恶意代码防护审计

(1)涉密计算机是否安装国产防病毒软件与恶意代码软件，对系统进行全面病毒扫描后投入使用。　□是　□否

(2)是否定期对杀毒软件进行更新，不取消杀毒功能。　□是　□否

(3)中间转换机与涉密机是否采用不同的病毒查杀工具。　□是　□否

(4)病毒库升级包是否经过安全保密检测，按照规定操作流程及频率对杀毒软件进行升级。　□是　□否

2.12　操作系统策略安全审计

(1)用户属性禁止选择“密码永不过期”。　□是　□否

(2)密码策略须启用“密码必须符合复杂性要求”。　□是　□否

(3)密码长度最小值按照不同密级输入数字。　□是　□否

(4)密码最长留存期按照不同密级输入数字。　□是　□否

(5)强制密码历史设置为“0”。　□是　□否

(6)账户锁定时设置为“30 分钟”。　□是　□否

(7)账户锁定阈值设置为“5 次无效登录”。　□是　□否

(8)重置账户锁定计数器设置为“30 分钟之后”。　□是　□否

(9)审核策略更改设置为“成功、失败”。　□是　□否
(10)审核登录事件设置为“成功、失败”。　□是　□否
(11)审核系统事件设置为“成功、失败”。　□是　□否
(12)审核账户登录事件设置为“成功、失败”。　□是　□否
(13)审核账户管理设置为“成功、失败”。　□是　□否
(14)Server 服务须将启动类型改为“已禁用”。　□是　□否

示例 4-6-11：年度涉密信息设备的风险自评估报告

1. 评估方法

1.1　评估说明

涉密信息设备的风险自评估报告从物理安全、信息安全、运行管理及应急安全四个方面进行风险综合评估，以查找其脆弱性和威胁，确定风险和隐患，及时采取整改措施。

本风险评估报告评估等级的计算对各级分类单独计算，如涉及违反《武器装备科研生产单位二级保密资格评分标准》中的基本条目或重点扣分条目时，该计算机自评估风险等级为高风险，不再按分值计算。

1.2　评估计算方法

评估内容中，每项评估条目满分 2 分，根据实际情况进行打分，如此项不涉及按照 2 分打分。

对于相应的分类风险评估等级，计算所有涉及的条目得分，满分为低风险，得分不为满分且大于等于满分的 70%为中风险，得分小于满分的 70%为高风险。

该风险自评估报告与审计报告一同上报信息中心。

2. 评估内容

2.1　物理设备安全评估(满分 42 分)

2.1.1　物理和环境安全评估(满分 10 分)

(1)涉密场所安装防盗门。

□未安装得分 0 分，□未安装但有监控等安防措施得 1 分，□已安装得 2 分

(2)安装防盗窗。

□未安装得 0 分，□未安装且处于较高楼层得 1 分，□已安装得 2 分

(3)涉密场所采用电子门禁系统、视频监控系统、防盗报警系统对人员出入情况进行监控。

□场所为要害部位且未安装得 0 分，□场所为要害部位且已安装部分安防系统得 1 分，□场所为要害部位安防系统正常运行或场所为一般涉密场所安装部分安防系统得 2 分

(4)要害部位做到对进入人员进行登记。

□未登记得 0 分，□未登记完整或信息要素不全得 1 分，□已登记完整且信息要素齐全或不涉及此项得 2 分

(5)涉密场所有非涉密计算机时独立划分工作区域，涉密计算机与非涉密设备和偶然导体保持安全警戒距离且没有置于同一金属平台，上网机禁止安装摄像头、麦克风等音视频输入设备。

□未划分或者上网机装有音视频输入设备得 0 分，□划分独立区域，但不满足警戒距离要求得 1 分，□划分独立区域，且满足上述要求或不涉及此项得 2 分

风险评估类别	风险评估项	该子项得分	得分所占比例	风险评估等级
物理设备安全评估	物理和环境安全评估			□高　□中　□低

2.1.2　通信和传输安全评估(满分 6 分)

(1)各涉密单位，如需使国家普通密码产品，须制定专门的密码产品保护方案，报保密工作机构进行审核。

□使用密码产品，未进行管理 0 分，□未使用密码产品，或使用密码产品并有相应保护方案得 2 分

(2)涉密信息设备的电源必须使用红黑电源隔离插座，多台涉密信息设备可在红黑电源隔离插座后串接普通插座使用。

□未使用得 0 分，□按规定使用得 2 分

(3)涉密计算机，须安装视频干扰器。视频干扰器遵循先开后关原则，即电脑开启前先打开，电脑关闭后再关闭。

□未使用得 0 分，□不涉及或按规定使用得 2 分

风险评估类别	风险评估项	该子项得分	得分所占比例	风险评估等级
物理设备安全评估	通信和传输安全评估			□高　□中　□低

2.1.3　信息设备安全评估(满分 26 分)

(1)涉密计算机及与其相关的涉密办公自动化设备、涉密移动存储介质已建立涉密设备台账，均已标明密级、编号、责任人。

□未建立台账得 0 分，□已建立涉密设备台账但台账要素不完整得 1 分，□已建立台账且台账要素完整得 2 分

(2)涉密计算机建立有管理档案并相关记录齐全。

□未建立管理档案得 0 分，□建立有周期管理档案，但相关记录不齐全得 1 分，□已建立相关管理档案且相关记录齐全得 2 分。

(3)涉密、非涉密计算机及相关设备按规定粘贴学校统一设计制定的标识。

□未粘贴标识得 0 分，□只有部分按规定粘贴学校统一设计制定的标识得 1 分，□全都按规定粘贴学校统一设计制定的标识得 2 分。

(4)涉密计算机远离暖气管道、通风管道、上下水管、电话、有线报警系统等偶然导体。

□未远离偶然导体得 0 分，□远离偶然导体得 2 分。

(5)涉密计算机及与其相关的涉密设备的屏幕、投影摆放不易被无关人员直视或采用遮挡措施。

□极易被直视得 0 分，□较容易直视得 1 分，□不能直视得 2 分。

(6)按规定程序对涉密计算机进行变更和调整，记录齐全且与实际相符。

□未按规定程序且记录不齐全且与实际不符得 0 分，□未按规定程序或记录不齐全或不与实际相符得 1 分，□按照规定执行或不涉及此项得 2 分。

(7)未擅自卸载、修改涉密计算机的安全技术程序、管理程序。

□擅自卸载和修改得 0 分，□未擅自卸载和修改得 2 分

(8)涉密计算机未连接非涉密设备或非涉密移动存储介质。

□已连接得 0 分，□未连接得 2 分

(9)高密级存储设备禁止接入低密级信息设备。

□已接入得 0 分，□未接入或不涉及此项得 2 分

(10)未超出涉密计算机的涉密等级进行存储、处理、传输涉密信息。

□超出等级得 0 分，□未超出等级得 2 分

(11)与涉密计算机相关的输出设备明确专人进行管理，实行登记审批制度且限制非授权打印输出。

□未执行得 0 分，□未完全执行得 1 分，□严格执行或不涉及此项得 2 分

□未明确等级且无安全控制措施得 0 分，□未明确等级或无安全控制措施得 1 分，□明确等级且具有安全控制措施或不涉及此项得 2 分

风险评估类别	风险评估项	该子项得分	得分所占比例	风险评估等级
物理设备安全评估	信息设备安全评估			□高　□中　□低

(12)涉密计算机禁止接入非涉密移动存储介质，涉密信息存储介质禁止接入非涉密计算机。

□未按规定执行得 0 分，□已按规定执行得 2 分

(13)通过计算机防护系统对涉密计算机的端口进行禁用控制，专用介质需进行认证、授权和管理，输出操作行为进行记录审计。

□非输出机开放端口得 0 分，□禁用端口但专用介质未授权或输出无记录审计得 1 分，□全部按规定执行得 2 分

物理安全总体评估情况

风险评估类别	风险评估项	该子项得分	得分所占比例	风险评估等级
物理设备安全评估	物理和环境安全评估			□高　□中　□低
	通信和传输安全评估			□高　□中　□低
	信息设备安全评估			□高　□中　□低
物理安全总体评估				□高　□中　□低

2.2　操作安全评估(满分 54 分)

2.2.1　身份鉴别评估(满分 10 分)

(1)涉密计算机设置开机密码、USB KEY 密码、操作系统密码、启用屏幕保护恢复密码。

□未设置密码得 0 分，□设置部分密码得 1 分，□按规定执行得 2 分

(2)根据涉密等级设置符合长度、复杂性要求的密码，并定期更换。设置强制定期更改密码提示，设置密码复杂度提示。

□密码不符合要求且不更换且无提醒得 0 分，□密码不符合要求或不及时更换或无提醒得 1 分，□按规定执行得 2 分

(3)妥善保管 USB KEY 和密码，离开涉密机时 USB KEY 及时拔出，离开涉密场所时将 USB KEY 存放于密码文件柜内。

□USB KEY 未安全存放得 0 分，□USB KEY 未及时安全存放得 1 分，□按规定执行得 2 分

(4)身份鉴别措施根据涉密人员岗位和密级变化及时调整，USB KEY 等身份鉴别装置、账户信息与真实用户相符。

□未调整身份鉴别措施得 0 分，□未及时调整或与实际用户不符得 1 分，□按规定执行得 2 分

(5)未经授权，禁止知悉和掌握他人的身份鉴别装置和登录信息，USB KEY 等身份鉴别装置参照国家秘密载体的要求进行管控。

□未按秘密载体要求管控得 0 分，□按规定执行得 2 分

风险评估类别	风险评估项	该子项得分	得分所占比例	风险评估等级
操作安全评估	身份鉴别评估			□高　□中　□低

2.2.2　访问控制评估(满分 26 分)

(1)涉密计算机实行强制访问控制策略。

□未实行得 0 分，□已实行得 2 分

(2)机密级计算机经批准授权后使用与责任人绑定的 USB KEY 登录系统。

□未使用得 0 分，□按规定执行或不涉及此项得 2 分

(3)多人共用涉密计算机时单独建立账户访问，禁止非授权访问和获取他人涉密信息。

□未建立单独账号得 0 分，□建立单独账号但未禁止非授权访问得 1 分，□按规定执行或不涉及此项得 2 分

(4)管理员用户密码设置禁止为空，关闭无关用户(如 guest)。

□未禁止为空且未关闭无关用户得 0 分，□未禁止为空或未关闭无关用户得 1 分，□按规定执行得 2 分

(5)BIOS 启动项设为硬盘，禁止设置光盘为启动项，设置 BIOS 启动密码。

□未设置 BIOS 密码得 0 分，□设置 BIOS 密码，但启动盘为其他盘得 1 分，□按规定执行得 2 分

(6)常规状态时关闭涉密计算机所有端口、共享、服务、链接和系统授权，在需要时按规定审批，根据实际情况有限制的开放。

□未关闭端口得 0 分，□关闭端口但未按审批限制开放得 1 分，□按规定执行得 2 分

(7)禁用网络连接设备。

□未禁用得 0 分，□已禁用得 2 分。

(8)外部信息设备经审批后安装，禁止涉密设备与非涉密的外部设备连接。

□未审批且未禁止得 0 分，□未审批或未禁止得 1 分，□按规定执行得 2 分

(9)定期对涉密计算机访问控制策略和审计记录进行审查，确认未经授权的访问情况。

□未审查得 0 分，□未定期审查得 1 分，□按规定执行得 2 分

(10)在审查时发现非授权访问及时汇报并采取有效措施予以控制，防止非授权访问的延续与扩大。

□未汇报和控制得 0 分，□未及时汇报和控制得 1 分，□按规定执行得 2 分

(11)涉密信息和重要信息的输出实施严格控制，防止被非授权访问和获取。

□未严格控制得 0 分，□按规定执行得 2 分。

(12)涉密计算机禁用共享服务，未经过批准禁止开放端口。

□未禁用共享服务和未经批准开放端口得 0 分，□未禁用共享服务或未经批准开放端口得 1 分，□按规定执行得 2 分。

(13)采用无线方式接入涉密计算机，须采用国家保密行政管理部门和国家密码管理部门检测合格的安全保密设施和密码设备，并制定专门的安全保密方案并报国家保密行政管理部门审查。

□未按规定执行得 0 分，□按规定执行得 2 分

风险评估类别	风险评估项	该子项得分	得分所占比例	风险评估等级
操作安全评估	访问控制评估			□高　□中　□低

2.2.3　非涉密信息导入安全评估(满分 2 分)

非涉密信息导入涉密计算机使用非涉密中间机或“三合一”。

□未使用非涉密中间机得 0 分，□使用但登记不完整得 1 分，□按规定执行得 2 分

风险评估类别	风险评估项	该子项得分	得分所占比例	风险评估等级
操作安全评估	非涉密信息导入安全评估			□高　□中　□低

2.2.4　涉密信息导入安全评估(满分 8 分)

(1)涉密中间机原则上只接收外来涉密光盘。

(2)本单位内部涉密信息是否通过“三合一”特种 U 盘录入。

(3)外来涉密光盘数据可以复制：将外来光盘信息导入涉密中间机，进行病毒与恶意代码查杀，记录传输内容，确认数据无异常后，将数据拷入涉密中间转换盘中，审批后，通过涉密中间转化盘将数据拷入其他涉密计算机中，使用的光盘要存档。

□未按规定执行得 0 分，□执行但登记审批不完整得 1 分，□按规定执行得 2 分

(4)外来涉密光盘数据为加密数据，无法复制：使用涉密中间机对光盘进行病毒查杀，记录传输内容，确认数据无异常后，审批后，该光盘可以直接接入涉密计算机使用。

□未按规定执行得 0 分，□执行但登记审批不完整得 1 分，□按规定执行得 2 分

(5)外来涉密信息为涉密移动硬盘：计算机安全保密管理员须针对硬盘的 VID 和 PID 值做特殊放行，放行后将数据拷入涉密中间机，对数据进行病毒查杀，并记录传输内容，确认无误后，计算机安全保密管理员将开放的端口关闭，并取消放行规则。

□未按规定执行得 0 分，□执行但登记审批不完整得 1 分，□按规定执行

行得 2 分

风险评估类别	风险评估项	该子项得分	得分所占比例	风险评估等级
操作安全评估	涉密信息导入安全评估			□高 □中 □低

2.2.5 信息导出安全评估(满分 8 分)

(1)涉密计算机输出所有资料(涉密、非涉密)登记，输出类别填写打印、刻录或复印，注明去向，审批人(定密责任人)审批。

□未按规定执行得 0 分，□执行但登记审批不完整得 1 分，□按规定执行得 2 分

(2)涉密计算机输出的废页经审批人批准后销毁(废页为制作时出现错误，既无法使用又未体现国家秘密的纸张)。

□未按规定执行得 0 分，□执行但登记审批不完整得 1 分，□按规定执行得 2 分

(3)输出涉密过程文件资料须按照涉密载体进行管理，禁止自行销毁。

□未按规定执行得 0 分，□执行但登记审批不完整得 1 分，□按规定执行得 2 分

(4)废页为由于硒鼓缺墨或其他原因导致的不能体现完整内容的页面，打印出的废页经审批人签字后可以自行销毁。

□未按规定执行得 0 分，□执行但登记审批不完整得 1 分，□按规定执行得 2 分

风险评估类别	风险评估项	该子项得分	得分所占比例	风险评估等级
操作安全评估	信息导出安全评估			□高 □中 □低

2.3 安全审计评估(满分 20 分)

2.3.1 主机审计基本要求评估(满分 4 分)

(1)秘密级计算机每 3 个月根据审计日志，结合自查情况，形成审计报告。机密级计算机每 1 个月根据审计日志，结合自查情况，形成审计报告。

□未形成审计报告得 0 分，□未指定安全审计报告或未定期形成审计报

告得 1 分，□按要求执行得 2 分

(2)审计记录存储至少保存一年，并保证有足够的空间存储审计记录，防止由于存储空间溢出造成审计记录的丢失。

□无审计记录得 0 分，□内容不完整或保存时间不足或未定期审查分析或未授权查阅得 1 分，□按要求执行得 2 分

风险评估类别	风险评估项	该子项得分	得分所占比例	风险评估等级
安全审计评估	主机审计基本要求评估			□高　□中　□低

2.3.2　涉密信息设备审计内容评估(满分 12 分，不重复计算)

(1)整体运行情况：包括设备和用户的在线和离线、系统负载均衡、网络和交换设备、电力保障、机房防护等是否正常。

□无审计记录得 0 分，□内容不完整得 1 分，□不涉及或按要求执行得 2 分

(2)安全保密产品：对身份鉴别、访问控制、防火墙、IDS、漏洞扫描、病毒与恶意代码防护、网络监控审计、主机监控审计、各种网关、打印和刻录监控审计等安全保密产品的功能以及自身安全性进行审计。查验各个安全保密产品的功能是否处于正常状态，日志记录是否完整，汇总并分析安全防护设备的日志记录，发现是否存在未授权的涉密信息访问、入侵报警事件、恶意程序与木马、病毒大规模爆发、高风险漏洞、违规拆卸或接入设备、擅自改变软件配置、违规输入输出情形。

□无审计记录得 0 分，□内容不完整得 1 分，□不涉及或按要求执行得 2 分

(3)设备接入和变更情况：对信息设备接入和变更的审批流程、接入方式、控制机制等情况进行审计，防止设备违规接入。对涉密信息系统服务器、用户终端和涉密计算机重新安装操作系统进行审计，防止故意隐藏或销毁违规记录的行为。对试用人员和设备的变更审批、设备交接、授权策略和权限控制进行审计、保证试用人员岗位变更后，无法查看和获取超出知悉范围的国家秘密信息。

□无审计记录得 0 分，□内容不完整得 1 分，□不涉及或按要求执行得 2 分

(4)导入导出控制：对信息系统和信息设备的导入导出点的建立、管理和控制，以及审批流程、导入导出操作、存储设备使用管理等进行审计。特别要对是否存在以非涉密方式导出涉密信息的情形进行审计，发现违规行为应当及时记录、上报、并协助查处。

□无审计记录得 0 分，□内容不完整得 1 分，□不涉及或按要求执行得 2 分

(5)用户操作行为：对涉密信息设备用户的关键操作行为进行审计，发现用户失误或者违规操作行为。

□无审计记录得 0 分，□内容不完整得 1 分，□不涉及或按要求执行得 2 分

(6)管理和运行维护人员操作行为：通过信息设备和安全保密产品的审计功能，结合人工文字记录，准确记录和审计系统管理员、安全保密管理员的操作行为，如：登录或退出事件、新建和删除用户、更改用户权限、更改系统配置、改变安全保密产品状态等。

□无审计记录得 0 分，□内容不完整得 1 分，□不涉及或按要求执行得 2 分

风险评估类别	风险评估项	该子项得分	得分所占比例	风险评估等级
安全审计评估	涉密信息设备审计内容评估			□高　□中　□低

2.3.3　非涉密信息设备审计评估(满分 4 分)

(1)内部信息设备：对内部信息系统、内部信息设备和内部存储设备的配置、管理、使用、控制、安全机制等进行审计。

□无审计记录得 0 分，□内容不完整得 1 分，□不涉及或按要求执行得 2 分

(2)互联网计算机：对互联网计算机的配置、管理、使用、控制、安全机制等进行审计。

□无审计记录得 0 分，□内容不完整得 1 分，□不涉及或按要求执行得 2 分

风险评估类别	风险评估项	该子项得分	得分所占比例	风险评估等级
安全审计评估	非涉密信息系统、非涉密信息设备和非涉密存储设备审计评估			□高　□中　□低

安全审计总体评估情况

风险评估类别	风险评估项	该子项得分	得分所占比例	风险评估等级
安全审计评估	主机审计基本要求评估			□高　□中　□低
	涉密信息设备审计内容评估			□高　□中　□低
	非涉密信息设备审计评估			□高　□中　□低
安全审计总体评估				□高　□中　□低

2.4　运维安全评估(满分 88 分)

2.4.1　运行管理评估(满分 26 分)

(1)申请涉密计算机按规定进行审批。

□未审批得 0 分，□未按规定审批得 1 分，□按要求执行得 2 分

(2)涉密计算机密级、责任人、使用放置场所、软硬件变更按规定审批并调整相应台账信息。

□未审批且未调整台账得 0 分，□未审批或未调整台账得 1 分，□按要求执行得 2 分

(3)重新安装操作系统、安装和拆卸涉密信息设备硬件或者外部设备的相关操作流程符合规定。

□流程不符合规定得 0 分，□按要求执行得 2 分

(4)涉密便携式计算机外出携带按规定进行审批且进行安全保密检查，做好外出操作记录，详细记录计算机使用情况。

□未进行保密审查和审批得 0 分，□未审批或未经保密审查得 1 分，□

按要求执行得 2 分

(5)处理文档的涉密计算机上使用规定版本的操作系统，并安装系统补丁。

□未使用规定的操作系统和未安装补丁得 0 分，□未使用规定的操作系统或未安装补丁得 1 分，□按要求执行得 2 分

(6)涉密信息设备使用的软件统一管理并制定软件白名单。

□未制定软件白名单得 0 分，□制定软件白名单但未统一管理得 1 分□，按要求执行得 2 分

(7)临时使用的软件及应用系统采取一次一批的管理办法按规定进行审批。

□未审批得 0 分，□未按规定审批得 1 分，□按要求执行得 2 分

(8)涉密设备维修时严格按照相关管理办法做好审批，按规定与维修单位相关维修人员签订保密协议，认真填写设备维修日志档案，维修过程全程旁站陪同。

□未审批且维修过程不符合规定得 0 分，□未按规定审批或维修过程不符合规定得 1 分，□按要求执行得 2 分

(9)涉密设备送外维修时，在具有相关保密资质的单位进行维修并与其签订保密协议。拆除所有可能存储过涉密信息的硬件和固件，维修信息记录详细。

□未签订保密协议且维修过程不符合规定得 0 分，□未签订保密协议或维修过程不符合规定得 1 分，□按要求执行得 2 分

(10)与涉密计算机相关的不再使用的设备及其存储部件办理销毁手续符合规定且记录完整。

□未销毁得 0 分，□未按规定销毁或记录不完整得 1 分，□按要求执行得 2 分

(11)涉密便携式计算机不使用时存放在密码文件柜内。

□未按规定存放得 0 分，□按要求执行或不涉及此项得 2 分

(12)由专人管理专供外出携带的涉密信息设备，借出前或者归还后按规定进行保密检查且与实际情况相符。

□无专人管理且借出归还未按规定进行得 0 分，□无专人管理或借出归还未按规定进行得 1 分，□按要求执行得 2 分

(13)不得修改、删除涉密计算机保密技术防护专用系统的监控程序报

警回联地址。

□未按规定执行得 0 分，□按规定执行得 2 分

风险评估类别	风险评估项	该子项得分	得分所占比例	风险评估等级
运维安全评估	运行管理评估			□高 □中 □低

2.4.2 计算机病毒和恶意代码防护评估(满分 12 分)

(1)涉密计算机安装国产防病毒软件与恶意代码软件，对系统进行全面病毒扫描后投入使用。

□未安装国产杀毒软件得 0 分，□安装国产杀毒软件但未全面扫描得 1 分，□全部按规定执行得 2 分

(2)定期对杀毒软件进行更新，不取消杀毒功能。

□软件未更新或取消杀毒功能得 0 分，□软件未及时更新得 1 分，□按规定执行得 2 分

(3)中间转换机与涉密机采用不同的病毒查杀工具。

□采用相同的病毒查杀工具得 0 分，□采用不同的病毒查杀工具得 2 分

(4)杀毒软件升级后立即进行全盘查杀及时清除隔离区和未被删除的病毒，对无法删除的病毒及时上报信息化管理部门。

□未查杀和清除且未上报得 0 分，□未及时查杀或清除病毒或未及时上报得 1 分，□按规定执行得 2 分

(5)病毒库升级包经过安全保密检测，按照规定操作流程及频率对杀毒软件进行升级。

□未升级得 0 分，□未检测或未按规定流程升级得 1 分，□按规定执行得 2 分

(6)被病毒感染的计算机中止信息交换等数据操作，直至病毒清除。

□未中止得 0 分，□未及时中止得 1 分，□立即中止得 2 分

风险评估类别	风险评估项	该子项得分	得分所占比例	风险评估等级
运维安全评估	计算机病毒和恶意代码防护评估			□高 □中 □低

2.4.3　系统安全性能检测评估(满分 8 分)

(1)已进行非法外联等安全性能检测。

□未进行检测得 0 分，□已进行安全检测得 2 分

(2)对检测数据进行详细记录和分析，对发现的漏洞和脆弱点及时修补。

□未分析检测数据得 0 分，□未及时发现漏洞或未及时修补得 1 分，□完成情况良好得 2 分

(3)涉密信息设备自检自查定期执行。

□未执行得 0 分，□未定期执行得 1 分，□已定期执行得 2 分

(4)非涉密信息设备自检自查定期执行。

□未执行得 0 分，□未定期执行得 1 分，□已定期执行得 2 分

风险评估类别	风险评估项	该子项得分	得分所占比例	风险评估等级
运维安全评估	系统安全性能检测评估			□高　□中　□低

2.4.4　操作系统策略安全评估(满分 32 分)

(1)用户属性禁止选择“密码永不过期”。

□未设置得 0 分，□部分设置得 1 分，□按要求执行得 2 分

(2)密码策略须启用“密码必须符合复杂性要求”。

□未设置得 0 分，□部分设置得 1 分，□按要求执行得 2 分

(3)密码长度最小值按照不同密级输入数字。

□未设置得 0 分，□部分设置得 1 分，□按要求执行得 2 分

(4)密码最长留存期按照不同密级输入数字。

□未设置得 0 分，□部分设置得 1 分，□按要求执行得 2 分

(5)强制密码历史设置为“0”。

□未设置得 0 分，□部分设置得 1 分，□按要求执行得 2 分

(6)账户锁定时设置为“30 分钟”。

□未设置得 0 分，□部分设置得 1 分，□按要求执行得 2 分

(7)账户锁定阈值设置为“5 次无效登录”。

□未设置得 0 分，□部分设置得 1 分，□按要求执行得 2 分

(8)重置账户锁定计数器设置为“30分钟之后”。

□未设置得0分，□部分设置得1分，□按要求执行得2分

(9)审核策略更改设置为“成功、失败”。

□未设置得0分，□部分设置得1分，□按要求执行得2分

(10)审核登录事件设置为“成功、失败”。

□未设置得0分，□部分设置得1分，□按要求执行得2分

(11)审核特权使用设置为“成功、失败”。

□未设置得0分，□部分设置得1分，□按要求执行得2分

(12)审核系统事件设置为“成功、失败”。

□未设置得0分，□部分设置得1分，□按要求执行得2分

(13)审核账户登录事件设置为“成功、失败”。

□未设置得0分，□部分设置得1分，□按要求执行得2分

(14)审核账户管理设置为“成功、失败”。

□未设置得0分，□部分设置得1分，□按要求执行得2分

(15)Windows XP日志最大大小设置为“5120KB”，Windows 7日志最大大小设置为“20480KB”。

□未设置得0分，□部分设置得1分，□按要求执行得2分

(16)Server服务须将启动类型改为“已禁用”。

□未设置得0分，□部分设置得1分，□按要求执行得2分

风险评估类别	风险评估项	该子项得分	得分所占比例	风险评估等级
运维安全评估	操作系统策略安全评估			□高　□中　□低

2.4.5　应急响应评估(满分10分)

(1)涉密计算机系统异常时及时汇报与处理。

□未汇报和处理得0分，□未及时汇报和处理得1分，□按要求执行得2分

(2)定期对安全审计日志进行综合分析，并对异常事件进行问题分析。

□未进行分析得0分，□未及时分析得1分，□按要求执行得2分

(3)针对可能发生的安全事件(如病毒破坏等)以及所造成的对系统的损

坏(如数据篡改、系统瘫痪等)，制定并采取相应的应急响应和补救措施且记录详细。

□未采取补救措施得 0 分，□未及时采取补救措施得 1 分，□按要求执行得 2 分

(4)因涉密计算机、安全保密产品、信息存储介质等发生的泄密事件时，立即停止涉密事件相关信息设备的运行，排查确定原因及时改进、及时报告、及时补救、切断泄密源，进行详细记录。

□未立即停止得 0 分，□立即停止但未及时排查原因整改补救或未有相关记录得 1 分，□按要求执行得 2 分

(5)在与泄密事件相关信息设备进行重新的安全评估后，方能重新启用。

□进行安全评估得 0 分，□按要求执行得 2 分

风险评估类别	风险评估项	该子项得分	得分所占比例	风险评估等级
运维安全评估	应急响应评估			□高 □中 □低

运维安全总体评估情况

风险评估类别	风险评估项	该子项得分	得分所占比例	风险评估等级
运维安全评估	运行管理评估			□高 □中 □低
	计算机病毒和恶意代码防护评估			□高 □中 □低
	系统安全性能检测评估			□高 □中 □低
	操作系统安全评估			□高 □中 □低
	应急响应评估			□高 □中 □低
运行安全总体评估				□高 □中 □低

3. 存在风险及整改措施

涉密信息设备风险自评估情况(总分 204 分)

风险评估项		该子项得分	得分所占比例	风险评估等级
物理设备安全评估	物理和环境安全评估			□高　□中　□低
	通信和传输安全评估			□高　□中　□低
	信息设备安全评估			□高　□中　□低
	物理设备安全总体评估			□高　□中　□低
操作安全评估	身份鉴别评估			□高　□中　□低
	访问控制评估			□高　□中　□低
	非涉密信息导入安全评估			□高　□中　□低
	涉密信息导入安全评估			□高　□中　□低
	信息导出安全评估			□高　□中　□低
	操作安全总体评估			□高　□中　□低
安全审计评估	主机审计基本要求评估			□高　□中　□低
	涉密信息设备审计内容评估			□高　□中　□低
	非涉密信息设备审计评估			□高　□中　□低
	安全审计总体评估			□高　□中　□低
运维安全评估	运行管理评估			□高　□中　□低
	计算机病毒和恶意代码防护评估			□高　□中　□低
	系统安全性能检测评估			□高　□中　□低
	操作系统安全评估			□高　□中　□低
	应急响应评估			□高　□中　□低
	运维安全总体评估			□高　□中　□低
涉密信息设备风险自评估				□高　□中　□低

评估人签字：

示例 4-6-12：设置密码策略

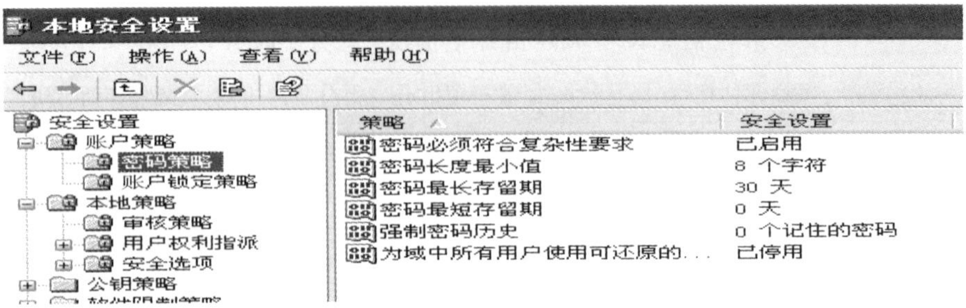

WindowsXP

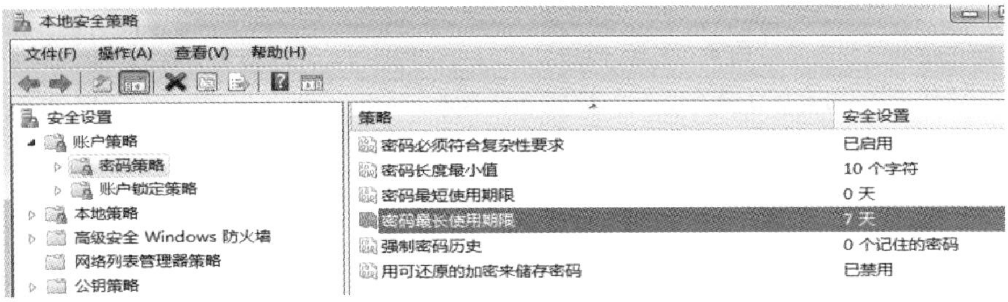

Windows7

示例 4-6-13：设置账户锁定策略

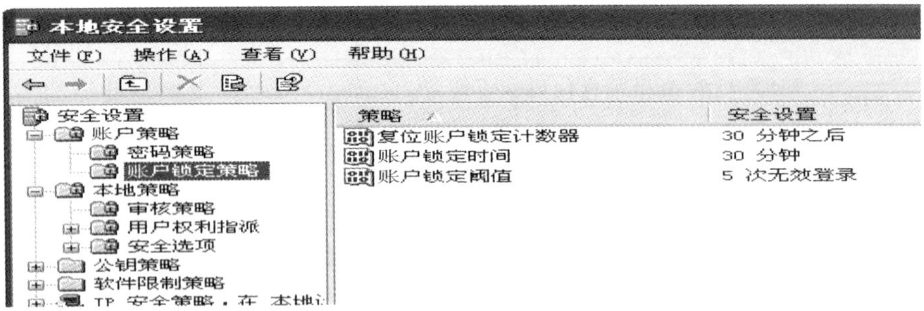

WindowsXP

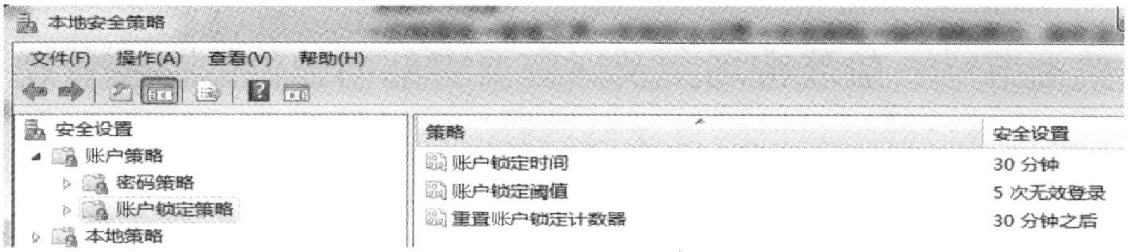

Windows7

示例 4-6-14：设置屏保恢复密码

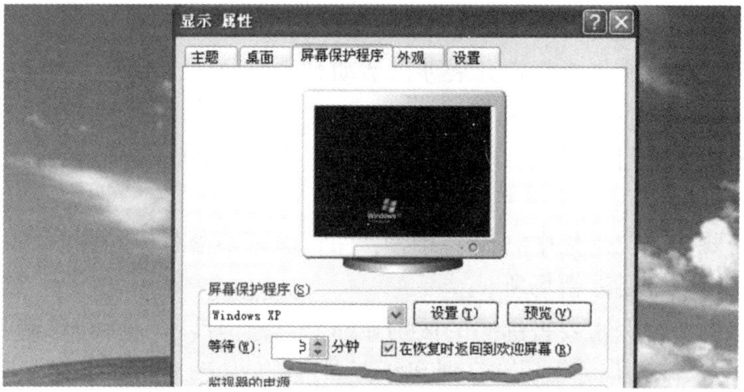

WindowsXP

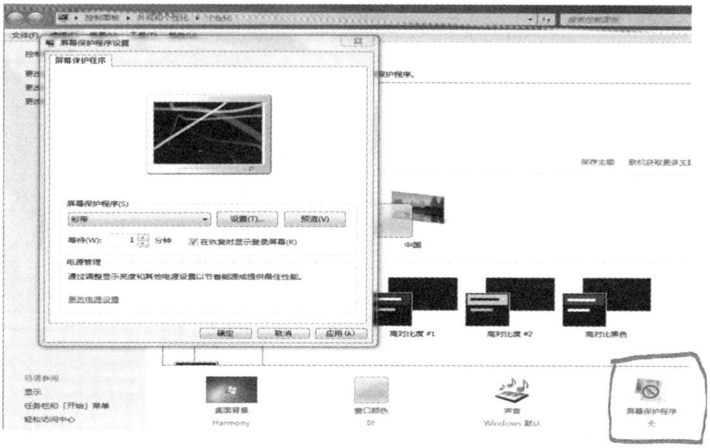

Windows7

第七节　一般涉密场所及保密要害部门部位的保密管理

一、一般涉密场所及保密要害部门部位概述

(一)一般涉密场所及保密要害部门部位的概念

一般涉密场所是涉密场所的一部分。对一般涉密场所概念的理解必须基于对涉密场所概念的理解。

涉密场所是指在一定时间内经常性开展涉密活动和制作、存放、保管国家秘密载体的固定场所。

一般涉密场所是指经常开展涉密活动和少量制作、存放、保管国家秘密载体的非专门的固定场所。

保密要害部门是机关、单位内部涉及绝密级或者较多机密级、秘密级国家秘密的机构。

保密要害部位是集中制作、存放、保管国家秘密载体的专门场所。保密要害部位也称重要涉密场所。

涉密场所与保密要害部门的区别显而易见，但涉密场所和保密要害部位同属于“场所”，从概念上的差别在于其外延的界定。涉密场所与保密要害部位是包含与被包含的关系。涉密场所分为一般涉密场所和重要涉密场所，重要涉密场所即保密要害部位。一般涉密场所和保密要害部位的概念核心差异体现在“是否集中制作、存放、保管涉密载体”和“是否专门场所”，如图4-21。

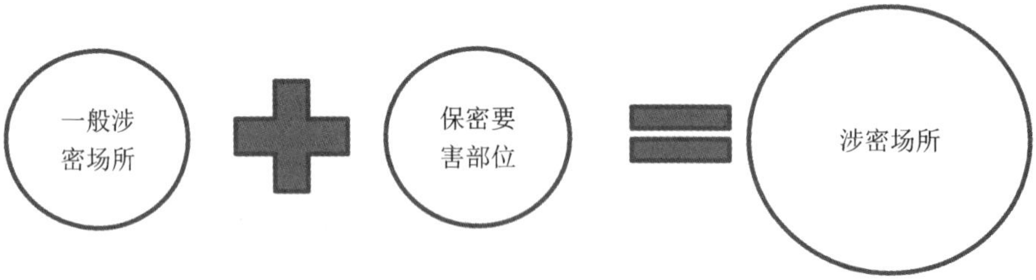

图 4-21　涉密场所的构成

(二)一般涉密场所及保密要害部门部位的确定原则

遵循保密工作的“突出重点”方针和保密管理的最小化原则，一般涉密

场所和保密要害部门部位的确定要遵循以下原则。

(1)分级原则。中央国家机关和省级党政机关依据标准确定保密要害部门部位；中央国家机关下属单位和省级以下机关、单位确定保密要害部门部位，应报中央国家机关保密工作机构或省级保密行政管理部门审核确认。

(2)“底线”原则。只有集中制作、存放、保管国家秘密载体的专门场所，才能确定为涉密场所。只是临时或偶尔、开展涉密活动或极少量制作、存放、保管涉密载体的场所，不宜确定为涉密场所。

(3)可控原则。指在确定涉密场所时应当尽可能限定到内部最小的、专用的、固定的、能够独立控制的场所。流动的、开放的、无法管控的场所即便开展了涉密活动，也不能确定为涉密场所，比如外场涉密试验场所，只需临时进行保密管控即可。

(4)差异原则。

一是定性维度：将持续从事涉密活动的非专用场所确定为一般涉密场所，比如岗位职责涉及秘密事项的办公场所、同时开展涉密科研和非涉密科研的实验室、同时批阅涉密文件和非涉密文件的阅文室等。但只是临时举办涉密活动的场所不作为涉密场所，比如偶尔召开涉密会议的一般会议室、偶尔进行外场试验的科研外场实验室等。将用于集中从事涉密活动从而集中制作、存放、保管涉密载体的专门场所确定为要害部位，比如涉密实验室、涉密机房、涉密会议室和独立的集中涉密科研场所等。

二是量化维度：将适量制作、存放、保管涉密载体的场所可以确定为一般涉密场所。零散存放涉密载体的不能作为涉密场所，比如配备有密码柜临时存放一份或几份涉密文件的办公场所、只是一般流转而不存放国家秘密载体的场所如公文签转室等，都不应确定为一般涉密场所。只有集中制作、存放、保管涉密载体的场所可确定为要害部位，比如机要室、涉密档案室、涉密文印室等。专门集中开展涉密活动的场所确定为要害部位，极少量开展涉密活动的场所即便是专门场所也应定义为一般涉密场所。

(三)一般涉密场所和要害部门部位保密管理的概念和基本要求

一般涉密场所和要害部门部位保密管理，是指为确保国家秘密安全，对一般涉密场所和要害部门部位的确定、建设、使用以及日常运维等过程，按照相关保密法律法规和标准要求进行指导、监督、管理的活动。

一般涉密场所和要害部门部位保密管理基本要求：

(1)归口管理。一般涉密场所及保密要害部门部位应当实行归口管理原则，由单位明确的归口职责管理部门部位进行统一管理，包括建立场所(部门)台账、场所的确定、使用等日常管理。

(2)“三防”管理。单位归口管理部门部位要加强一般涉密场所及保密要害部门部位的日常管理，建立人防、物防、技防综合防护的“三防”体系，做到严格管理、责任到人、严密防范、确保安全。

二、一般涉密场所及保密要害部门部位保密管理的内容

(一)一般涉密场所及保密要害部门部位的确定、变更和撤销

1. 一般涉密场所确定及变更备案

一般涉密场所的确定和变更原则上不需要严格的审批手续。机关、单位应当根据一般涉密场所的确定原则，确定或变更一般涉密场所。当一般涉密场所确定和发生变更时，应将相关信息报保密工作机构备案，填写《一般涉密场所确定和变更登记备案表》(见实证参考示例 4-7-1)。

2. 保密要害部门部位的确定、变更和撤销

机关、单位确定保密要害部门部位属于法定义务，须依法严格执行。

(1)确定。单位所属各内设机构，应当根据保密要害部门部位的确定原则，会商保密工作机构并上报业务主管部门，对本机构达到保密要害部门部位确定标准的机构或场所，提出确定申请，填写《保密要害部门/部位申请表》(见实证参考示例 4-7-2)，并组织开展安全防护措施与保密管理制度建设，经单位保密、保卫和保密行政主管部门等相关部门现场检查验收合格后(见实证参考示例 4-7-3)，报单位保密委员会审批，然后报保密行政管理部门审核确认。

(2)变更。保密要害部门部位的场所发生变更时，所在内设机构向单位保密工作机构提出变更申请，填写《变更/撤销保密要害部门/部位审批表》(见实证参考示例 4-7-4)，单位保密工作机构组织人员进行现场审查，确保变更符合规定后报单位保密委员会审定，然后报保密行政管理部门审核确认。

(3)撤销。保密要害部门部位的实际情况发生变化时，符合撤销条件的，所在内设机构应向单位保密工作机构提出撤销申请，填写《变更/撤销保密要害部门/部位审批表》(见实证参考示例 4-7-4)，由单位保密工作机构

组织对现场审查后，报单位保密委员会审批，然后报保密行政管理部门审核确认。

（二）一般涉密场所和保密要害部门部位的防护措施

完善一般涉密场所及保密要害部门部位人防、物防和技防综合防护体系。

1. 关于“人防”

一般涉密场所和保密要害部门部位均需要落实场所的责任人，以某种方式层层落实保密责任（见实证参考示例 4-7-5），明确限定进入人员范围，特别加强工勤人员管理等（见实证参考示例 4-7-6、4-7-7）。保密要害部门部位还需进行外来人员进出须审批登记手续（见实证参考示例 4-7-8、4-7-9），建立 24 小时值班制度，有保卫人员值守等。

2. 关于“物防”

一般涉密场所和保密要害部门部位应选择在相对坚固、独立、便于控制的区域和房间，均需配备“三铁”：铁门即防盗门、铁窗即防盗窗、铁柜即密码文件柜或密码保险柜。保密要害部门部位还需配备手机柜，采取区域安全隔离措施等。

3. 关于“技防”

一般涉密场所和保密要害部门部位均需配备视频监控系统，保证全覆盖，无死角。保密要害部位还需配备门禁系统、入侵报警装置、信号屏蔽等安全设施。

（三）关于场所管控

一般涉密场所可携带手机、电脑等无线通信设备进入，但严禁进行拍照、摄像、录音和进行视频通话等。保密要害部门部位严禁安装、使用无绳电话和其他无线通信设备，严禁将与工作无关的具有存储或信息采集功能的电子设备或电磁介质带入，未经批准不得携带具有录音、录像、拍照、信息存储功能的设备（见实证参考示例 4-7-10）。

三、实证参考

示例4-7-1：一般涉密场所确定和变更登记备案表

填报单位：　　　　　　　　　　　　　　　　填报日期：　　年　　月　　日

序号	场所名称	所在地点	用途	责任人	物理防护情况	技术防护情况	设备和载体情况	确定变更	备注

示例 4-7-2：××保密要害部门/部位申请表

申报单位：

<table>
<tr><td>部门(部位)名称</td><td colspan="4"></td></tr>
<tr><td>类别</td><td colspan="2">□部门　□部位</td><td>涉密等级</td><td></td></tr>
<tr><td>所在地点</td><td colspan="2"></td><td>涉密人员总数</td><td></td></tr>
<tr><td>负责人姓名</td><td></td><td>联系方式</td><td colspan="2"></td></tr>
<tr><td>申请依据</td><td colspan="4"></td></tr>
<tr><td>申报单位
意见</td><td colspan="4">负责人签字(公章)：
年　月　日</td></tr>
<tr><td>保密委
办公室意见</td><td colspan="4">负责人签字(公章)：
年　月　日</td></tr>
<tr><td>保密委员会
意见</td><td colspan="4">(公章)
年　月　日</td></tr>
<tr><td>保密行政管理
部门意见</td><td colspan="4">(公章)
年　月　日</td></tr>
<tr><td>备注</td><td colspan="4"></td></tr>
</table>

注：此表一式三份，填写后按密件管理，由所在单位、保密委员会办公室和保密行政管理部门留存。

示例 4-7-3：××保密要害部门/部位现场审查表

申报单位：

部门(部位)名称			
类别	□部门　□部位	涉密等级	
所在地点		涉密人员总数	
负责人姓名		联系方式	
检查主要内容		目前状态	备注
1. 制度健全完善		是 □　否 □	
2. 保密工作责任落实		是 □　否 □	
3. 安装防盗门		是 □　否 □	
4. 安装防盗网		是 □　否 □	
5. 配备手机柜		是 □　否 □	
6. 配备密码柜/保险柜		是 □　否 □	
7. 采取出入口控制设施并正常工作		是 □　否 □	
8. 采取入侵报警设施并正常工作		是 □　否 □	
9. 采取视频监控设施并正常工作		是 □　否 □	
10. 安排值班人员		是 □　否 □	
审查结论及整改意见			
审查组成员			

注：此表一式两份，填写后按密件管理，由所在单位和保密委员会办公室留存。

示例 4-7-4：××变更/撤销保密要害部门/部位审批表

填报单位：　　　　　　　类别：□变更　□撤销　　　　　填报日期：

□保密要害部门　　　□保密要害部位			
名称		涉密等级	
负责人		联系电话	
原地点			
现地点(变更填写)			
变更/撤销理由			
所属单位意见	负责人签字(公章)： 年　月　日		
现场审查情况	条件审核：□符合变更条件　　□符合撤销条件 后续情况：□涉密资料/密品等管理　　□其他： 符合管理要求：□是　　□否 现场审查人签字： 年　月　日		
保密委员会 办公室意见	负责人签字(公章)： 年　月　日		
保密委员会意见	(公章) 年　月　日		
保密行政管理 部门意见	(公章) 年　月　日		

注：此表一式三份，填写后按密件管理，由所在单位、保密委员会办公室和保密行政管理部门留存。

示例 4-7-5：××保密要害部门/部位(涉密场所)保密责任书

为确保国家秘密安全，维护国家安全和利益，根据《中华人民共和国保守国家秘密法》等保密法律法规和单位保密管理规定，制定本责任书。

保密要害部门、部位(涉密场所)应严格落实下列保密责任：

一、根据单位保密管理要求，结合本部门、部位(涉密场所)工作实际，制定具体的保密管理制度；

二、建立本部门、部位(涉密场所)保密责任制，并逐级签订保密责任书，把保密责任落实到人；

三、完善本部门、部位(涉密场所)防范措施，不断加强物防、技防建设；

四、建立健全各类台账及保密管理档案；

五、有计划地组织保密教育培训，增强所属工作人员的保密意识，不断提高保密知识和技能；

六、每季度对本部门、部位(涉密场所)的物理环境、信息设备和存储设备、涉密载体、涉密人员、各类台账等进行一次全面检查，及时消除失泄密隐患；

七、对所属工作人员执行保密制度、遵守保密纪律等情况进行监督、考核；

八、本保密要害部门、部位(涉密场所)发生泄密事件时，应立即采取补救措施，并及时向所在单位报告。发现他人违反保密规定、泄露国家秘密时，立即予以制止，并及时向所在单位和学校报告；

九、保密要害部门、部位所属单位应按照有关保密规定，为保密要害部门、部位(涉密场所)负责人履行职责提供必要的条件；

十、本责任书的执行情况，纳入年度保密要害部门、部位(涉密场所)年审内容，作为考核和评先评优的重要依据。凡责任落实不到位、措施不力、造成重大违规和失泄密事件，或发生问题隐瞒不报的，取消评先资格，并依纪依法追究责任。

十一、本责任书一式三份，本人、所在单位和保密委员会办公室各执一份。

保密委员会	所属单位	保密要害部门/部位(涉密场所)名称：
主任签字：	负责人签字：	负责人签字：
年　月　日	年　月　日	年　月　日

示例 4-7-6：××保密要害部门/部位(□工勤□外协)人员上岗资格审批表

<table>
<tr><td>姓名</td><td></td><td>性别</td><td></td><td>民族</td><td></td><td rowspan="4">一寸免冠照片</td></tr>
<tr><td>身份证号</td><td colspan="3"></td><td>政治面貌</td><td></td></tr>
<tr><td>户籍所在地</td><td colspan="5"></td></tr>
<tr><td>现住址</td><td colspan="5"></td></tr>
<tr><td>所属单位</td><td colspan="3"></td><td>职务/职称</td><td></td><td></td></tr>
<tr><td>拟工作岗位</td><td colspan="3"></td><td>联系方式</td><td></td><td></td></tr>
<tr><td colspan="7">家庭成员及主要社会关系(直系亲属)</td></tr>
<tr><td>姓名</td><td>国籍</td><td>与本人关系</td><td colspan="4">工作单位(涉外应标明国别与所在机构名称)</td></tr>
<tr><td></td><td></td><td></td><td colspan="4"></td></tr>
<tr><td></td><td></td><td></td><td colspan="4"></td></tr>
<tr><td></td><td></td><td></td><td colspan="4"></td></tr>
<tr><td></td><td></td><td></td><td colspan="4"></td></tr>
<tr><td></td><td></td><td></td><td colspan="4"></td></tr>
<tr><td></td><td></td><td></td><td colspan="4"></td></tr>
<tr><td>现实表现</td><td colspan="6">政治态度：热爱祖国，热爱社会主义，拥护党的方针、政策　是□否□
思想状况：稳定□　基本稳定□　不稳定□
注：工勤人员需附所属单位政审材料或户籍所在地公安派出所无犯罪证明；外协人员需附原单位出具的保密审查证明。</td></tr>
<tr><td>所在单位意见</td><td colspan="6">我单位同意聘用该同志担任(岗位)，
负责(工作)。

负责人签字(公章)：
年　月　日</td></tr>
</table>

注：此表由要害部门/部位留存。

示例 4-7-7：××保密要害部门/部位(□工勤□外协)人员保密承诺书

姓名		性别		出生年月	
单位		职务		涉密等级	
身份证号			联系电话		

我已了解国家的保密法律法规和学校的保密管理制度，知悉应当承担的保密义务和法律责任。

本人郑重承诺：

一、本人所提供信息真实有效，自愿接受保密审查；

二、自觉遵守国家有关保密法律法规和单位的保密管理制度，接受保密监督和管理；

三、不以任何方式泄露个人所接触和知悉的国家秘密；

四、积极参加保密教育培训；

五、发现失泄密隐患或遇其他重大情况时，及时向单位领导报告。

如违反上述承诺，本人愿意承担法律后果。

承诺人：

年　月　日

注：此表由承诺人、要害部门/部位留存。

示例 4-7-8：××非授权人员进入保密要害部门/部位登记表

保密要害部门、部位：

序号	日期	姓名	来访单位	证件名称	证件号码	来访事由	接待人	批准人	进入时间	离开时间

注：此表由要害部门/部位留存。

示例 4-7-9：××外来人员进入保密要害部门/部位审批表

填表时间：　年　月　日

<table>
<tr><td>来访人员单位</td><td></td><td>人数</td><td></td></tr>
<tr><td>来访人姓名</td><td colspan="3"></td></tr>
<tr><td>来访理由</td><td colspan="3">□联系工作　□维修服务　□参加会议　□其他：</td></tr>
<tr><td>保密要害
部门(部位)
意见</td><td colspan="3">负责人签字：
年　月　日</td></tr>
<tr><td>陪同人签字</td><td colspan="3">签字：
年　月　日</td></tr>
<tr><td>保密要求</td><td colspan="3">1. 接待部门必须派人负责接送并全程陪同；
2. 只允许在指定部门、部位活动；
3. 注意做好指定部门、部位的保密工作；
4. 接待部门负责人承担来访者的保密责任；
5. 其他。</td></tr>
<tr><td>备注</td><td colspan="3">1. 如人员较多，附人员名单。
2. 此表由要害部门/部位留存。</td></tr>
</table>

示例 4-7-10：阅文室保密管理

管理类别	具体要求
“三防”管理要求	1. 关于“人防”管理 1.1　明确责任人，签订责任书。 1.2　加强工作人员培训教育，做好工勤人员管理。 2. 关于“物防”管理 2.1　设置在相对独立、固定的场所。 2.2　安装防盗门、防盗窗。 2.3　配备密码文件柜或密码保险柜和手机柜。 3. 关于“技防”管理 3.1　安装视频监控。
日常管理要求	1. 严格控制出入，每次阅文尽量保证同时进入阅文室的为同一知悉范围的人员。 2. 严格手机、便携计算机等无线通信设备管理，严禁进行视频通话等。 3. 只允许临时存放少量待传阅的文件。 4. 阅文时，做好登记工作，禁止拍照、录音、录像等，摘录涉密文件信息，采用专用的记录本，记录本按涉密载体管理，使用完毕后及时归还。

第五章　保密管理(二)

保密管理类别多、范围广。除了从保密管理的基本要素维度进行划分，还应该从保密工作涉及的业务领域维度进行划分。保密管理涉及的业务领域广泛，本章仅从新闻宣传与信息公开、档案工作、涉外活动与涉密会议、涉密科研活动、机要工作和国家统一考试七个具有普遍性的业务领域的保密管理进行阐述。

第一节　新闻宣传、信息公开的保密审查

一、新闻宣传、信息公开及其保密审查概述

(一)新闻宣传、信息公开及其保密审查的概念

新闻宣传，泛指借助新闻报道形式，以新闻媒介为手段，报道并传播事实，扩散观点态度所进行的宣传活动。虽然新闻与宣传是两种不同的形式——新闻以报道事实、传播事实为主，宣传则以扩散观点、态度、授人以理为主，但新闻在报道事实的同时其实在传达着观点和态度，宣传在向受众传播观点、态度的时候往往要借助事实，因此新闻和宣传在使用事实及运用事实方面有极大的共融性。

信息公开是指行政机关和授权组织将其在履行公共管理职责过程中制作、获取并以一定形式记录、保存的政府信息，通过法定程序主动向社会公众和行政相关人员公开，或者依据特定公民、法人和其他组织的申请为其提供政府信息的行为。信息公开的方式包括主动公开和依申请公开，前者主要指相关行政部门依据《中华人民共和国政府信息公开条例》的规定，主动公开政府信息，各级各类政府官方网站的信息公开专栏中所公开的信息均属于主动公开信息；后者主要指根据某些公民、法人和社会组织的申请而公开信息，依申请公开的信息是点对点发布的信息，一般只向申请人提供。

新闻宣传、信息公开保密审查是指为确保国家秘密安全，按照《保密法》《中华人民共和国政府信息公开条例》以及其他相关法律法规和国家有关规定，对拟发布的新闻宣传、信息公开内容是否涉及国家秘密、是否免于公开或其他不宜公开内容进行甄别鉴定，以确认是否能向社会公众宣传报道或公开的行政管理过程。

（二）新闻宣传、信息公开保密审查的原则

新闻宣传、信息公开保密审查必须坚持“谁发布谁审查、谁公开谁审查”“一事一审”“先审后发”“线下审查”的原则。

1. 谁发布谁审查、谁公开谁审查

拟发布新闻、公开信息的单位或部门，应在正式发布或公开之前，对拟发布、公开的内容按程序进行保密审查，并对审查程序的规范性和审查结论正确性负责。

2. 一事一审

新闻宣传、信息公开必须一事一审，拟发布或公开内容不得合并审查，必须按事项逐项审查、逐件审查。

3. 先审后发

拟新闻宣传、信息公开的单位或部门，在正式发布、公开之前，应当依照相关法律法规及规定，对拟发布内容、公开信息进行保密审查。严禁先发后审、先用后审。

4. 线下审查

新闻宣传、信息公开保密审查必须线下进行，以书面形式进入审查程序，审查通过后方可发布、公开。审查内容、过程、结论，必须书面文字记录并予归档保存。严禁网上办理审查程序，避免审查过程中的失泄密高风险。

二、新闻宣传、信息公开保密审查的内容

（一）新闻宣传、信息公开保密审查的依据

1.《保密法》

《保密法》第四条关于保密工作方针“积极防范、突出重点、依法管理”“既确保国家秘密安全，又便利信息资源合理利用”“法律、行政法规规定公开的事项，应当依法公开”以及第九条所规定的国家秘密的七大范围，构成新闻宣传和信息公开的总遵循。

2. 保密事项范围

保密事项范围是国家秘密及其密级具体范围的简称，它规定了国家秘密具体事项的名称、密级、保密期限和知悉范围，是机关、单位新闻宣传、信息公开保密审查的基本依据。

3. 信息公开法规

党务公开条例和政府信息公开条例有关信息公开的规定，是信息公开保密审查最直接的依据。

4. 其他相关法律法规

我国许多其他相关法律法规包括党内法规，也是新闻宣传、信息公开保密审查的参考依据。

(二)新闻宣传、信息公开保密审查的程序

新闻宣传、信息公开保密审查必须对标题、内容及附件等所有信息进行全面审查，甄别新闻宣传的内容是否涉密、是否能够发布以及信息公开的内容是否属于免于公开的政府信息、是否应该公开。

1. 新闻宣传保密审查的程序

(1)初审。

拟对外提供宣传材料、发布新闻报道的单位，对宣传材料、新闻报道材料进行初审，单位负责人审批签字后，报送新闻宣传主管部门或上级机关、单位审定。

(2)审定。

新闻宣传主管部门或上级机关、单位对宣传材料、新闻报道材料及其提供单位的保密初审意见进行审查，并填写保密审查意见，主管领导审批签字后，报送新闻宣传平台管理机构。对没有履行保密审查程序的宣传材料、新闻报道，应退回提供单位进行审查；对保密审查有漏项或审查意见不准确的，应提出复审建议。

(3)复核及发布。

机关、单位负责门户网站、网络公众号、报刊发行等平台管理机构，对拟发布内容进行审核，审核无误后再公开发布。

见实证参考示例 5-1-1。

2. 信息公开保密审查的程序

(1)初审。

由机关、单位制作、保存信息的内设机构进行初审，填写保密审查结论意见，机构负责人审批签字后，报送单位信息公开工作机构。

(2)复审。

由信息公开工作机构对提请公开的政府信息及保密初审意见进行复审，并填写保密审查意见，机构负责人审批签字后，报送负责批准信息公开的负责人。

(3)终审及公开。

机关、单位信息公开的负责人对拟公开信息进行终审，作出是否批准公开的决定。对没有履行保密审查程序的信息，应退回信息公开相关部门进行审查；对保密审查有漏项或者审查意见不准确的，应提出再复审建议。

经初审、复审、终审，仍不能判断拟公开信息是否涉密和是否可以公开的，由信息公开工作机构提请上级主管部门或保密行政管理部门确定。

见实证参考示例 5-1-2。

对机关、单位或个人依法申请公开的信息，申请人认为涉及公众利益调整、需要公众广泛知晓或者需要公众参与决策的，可以建议机关、单位将该信息纳入主动公开的范围。机关、单位经审核认为属于主动公开范围的，应当及时主动公开。

(三)新闻宣传、信息公开保密审查的监督检查

加强新闻宣传、信息公开保密审查的监督检查，是确保新闻宣传、信息公开保密审查制度贯彻执行的必要措施。新闻宣传、信息公开主管部门和保密行政管理部门或保密工作机构应当加强监督检查的协调沟通。一方面，在各自组织的检查中应当兼顾信息公开和信息保密，相互通报检查情况，协商解决检查中发现的有关问题；另一方面，应当加强双方的联合检查，这样更有利于发现和解决新闻宣传、信息公开与信息保密之间出现的矛盾冲突问题，提高机关、单位的信息管控能力。

新闻宣传、信息公开保密审查的监督检查内容主要包括：

(1)保密审查制度建设情况。重点检查机关、单位制定新闻宣传、信息公开保密审查制度及制度执行情况。

(2)保密审查工作责任落实情况。重点检查分管领导、工作机构及审查人员的确定情况，审查程序的制定情况，审查责任的明确情况。

(3)保密审查程序执行情况。重点检查是否严格执行审查程序，新闻宣传、信息公开相关单位、部门分别完成初审、复审、终审及发布、公开各程序；必须严格执行线下审查、书面记录，审查内容、过程、结论，必须手写记录并予归档保存。不确定事项报请上级主管部门或同级保密行政管理部门确定。

三、实证参考

示例 5-1-1：新闻宣传保密审查审批表

<table>
<tr><td>宣传事项</td><td colspan="2"></td></tr>
<tr><td>宣传方式
（含时间安排）</td><td colspan="2">□新闻报道　□接受采访　□公布信息
□网络发布、传递信息____________（网站名称）
□其他：</td></tr>
<tr><td>宣传材料
内容简述
（另附原件）</td><td colspan="2"></td></tr>
<tr><td colspan="3">所在单位（部门）意见：

负责人签字（盖章）：
年　月　日</td></tr>
<tr><td colspan="2">业务主管部门意见：

负责人签字（盖章）：
年　月　日</td><td>新闻宣传主管部门或上级机关、单位意见：

负责人签字（盖章）：
年　月　日</td></tr>
</table>

示例 5-1-2：信息公开保密审查审批表

<table>
<tr><td>信息公开单位(部门)</td><td></td><td>时间</td><td></td></tr>
<tr><td>联系人</td><td></td><td>联系电话</td><td></td></tr>
<tr><td>信息名称</td><td colspan="3"></td></tr>
<tr><td>信息内容概述
(必须附原件)</td><td colspan="3"></td></tr>
<tr><td colspan="2">本单位(部门)意见：

负责人签字：
年　月　日</td><td colspan="2">信息公开工作机构意见：

负责人签字(盖章)：
年　月　日</td></tr>
<tr><td colspan="2">业务主管部门意见：

负责人签字(盖章)：
年　月　日</td><td colspan="2">信息公升负责人意见：

负责人签字(盖章)：
年　月　日</td></tr>
</table>

注：此表一式三份，由信息公开单位(部门)、信息公开工作机构、业务主管部门留存。

第二节　涉外活动的保密管理

一、涉外活动及其保密管理概述

(一)涉外活动及其保密管理的概念

涉外活动是指机关、单位及工作人员以各种方式与国(境)外政府、组织、机构、企业、团体和人员的交往、交流、合作活动，主要包括举办或参加国际学术会议，接待国(境)外人员参观访问，邀请国(境)外专家讲学，出国(境)进修、培训、考察，开展国际合作研究、调查、谈判、展览、咨询等活动。

涉外活动保密管理是指机关、单位为保护国家秘密安全，在与国(境)外政府、组织、机构、企业、团体和人员交往、交流、合作等过程中所采取的一切保密防护措施和管理措施。

(二)涉外活动保密管理的意义及原则

涉外活动历来是保密工作的重点领域，也是保密工作较为薄弱的领域。随着我国改革开放的不断扩大和市场经济的深入发展，特别是全球化、信息化持续推进，对外交往与合作的领域越来越广泛，各地区、各领域、各行业与世界各国的经济交往、科技文化交流、学术研讨等涉外活动日益频繁，相关保密管理面临的形势和挑战更加复杂严峻。在对外交往与合作中，有的人往往只注重交流而忽视了保密，自觉或不自觉地泄露了国家秘密；有的人为寻求国外的资金、技术支持，一味寻求合作，把不应提供的国家秘密提供给外方；还有的人为满足个人私利，非法向外国提供科技、经济等方面的情报。诸如此类的失泄密案件时有发生。保密工作直接关系国家安全和利益以及涉外活动的成败，涉外活动保密管理是捍卫国家安全和利益的坚强屏障。因此，机关、单位及其工作人员应当认清保密工作新形势，牢固树立敌情观念，增强忧患意识，采取切实有效的措施，进一步加强涉外活动保密管理，确保党和国家秘密安全，最大限度地维护国家安全和利益。

涉外活动保密管理坚持“内外有别，严守秘密”的原则，在涉外活动中既要做到热情友好，以礼相待，又要提高警惕，防范各种可能的窃密活动和失泄密事件发生。

二、涉外活动保密管理的内容

(一)严格审批环节，制定涉外活动的保密工作预案

举办涉外活动，需履行审批程序(见实证参考示例5-2-1)，并制定活动保密工作预案。保密工作预案一般包括以下内容：

(1)举办单位事先对拟参观、工作的部位进行保密检查；

(2)举办单位负责确定统一口径，明确交流、参观内容及范围；

(3)外宾在单位的行动路线严格限定在指定的区域，其他场所禁止进入；

(4)外宾在单位参观、工作期间，举办单位负责安排专人进行陪同。

(5)举办单位负责对参与活动的人员(不含外宾)进行安全保密教育、外事纪律教育；

(6)拟对外提供的文件材料、音像制品和实物样品等，须经保密审查；

(7)未经批准，严禁外宾在单位内部进行摄像和拍照等，严禁外宾进入涉密部门、部位。

(二)加强涉外活动人员管理

举办或参与涉外活动，有关部门要对参与人员进行保密教育，明确保密纪律和注意事项，确定保密管理责任人员，加强涉外活动全过程的保密监督管理。因公出国(境)人员在出国(境)前，有关部门应对其进行保密审查和保密教育；涉及国家秘密的科技人员出境或参加涉外学术交流活动，要接受保密提醒并签订保密承诺书。因公出国(境)人员从国(境)外回来后，应向机关、单位汇报在国(境)外期间保密工作情况，接受有关部门的保密审查。

出席国际会议或进行学术交流、讲学、进修等，与国(境)外人员会谈和交流，不得涉及国家秘密和敏感事项内容，不得向国(境)外人员介绍或泄露尚未公开的科研成果、传统工艺和技术诀窍等，不得提供、介绍未公开发布的经济数据等。

(三)加强涉外活动设备和涉密载体管理

对外洽谈、会谈和谈判，应当事先申明保密纪律，对底牌、标底、方案、口径及对合作方的有关评价资料严格保密，不得提前泄露。需要对外提供资料的，要对所提供的资料进行严格的保密审查(见实证参考示例5-2-2)。涉及国家秘密或与合作项目无关的，应当拒绝提供；确需提供国家秘密但能够对涉密内容进行技术处理并不影响使用的，应当进行技术处理，隐去涉密内容；确需提供国家秘密又无法进行技术处理的，应当按照规定的程序事先经过批准，并与对方签订保密协议或在合同中明确要求其承担保密义务。禁止任何个人擅自对外提供涉密资料。

出国(境)期间，或者出入国(境)外驻华组织、机构和国(境)外人员驻地或陪同国(境)外人员活动，不得携带国家秘密载体(包括随身携带和邮寄、托运)。确因工作需要携带国家秘密载体出境的，应当按照有关规定办理相关审查批准和委托外交信使携带、传递手续。在国(境)外期间草拟、打印涉密电报和涉密文件、资料，应当在我驻外使(领)馆或驻外机构保密场所进行，不得在下榻的宾馆饭店房间内起草、阅读涉密文件、资料。

在私人通信中不得涉及国家秘密及内部情况，不得使用手机、普通电话谈论涉密事项，不得使用国(境)外人员的办公设备处理涉密信息。向国内传递涉密载体，要通过我外交信使传递；向国内传输涉密文件、资料，要通过我驻外使(领)馆或驻外机构的机要渠道传输。不得通过普通邮政、电报、电传、电子邮件等形式传递国家秘密；不得委托他人携带或在回国人员托运行李中夹带涉密载体。经批准携带出境的涉密载体，需要在国(境)外销毁的，应当到我驻外使(领)馆或驻外机构符合保密条件的场所销毁，回国时需要带回的，应到我驻外使(领)馆办理相关手续，由外交信使(含临时信使)传递回国。出国(境)人员在国(境)外遭遇涉密载体被抢、被盗、丢失等突发事件时，应当立即寻求我驻外使(领)馆帮助并及时向国内有关部门报告。

(四)加强涉外活动场所管理

举办涉外活动，不得选择在军事禁区或涉及国家秘密的场所、部位进行，确有必要需在这些特殊场所进行的，应当事先经过有关主管部门批准，并采取相应保密措施，禁止国(境)外人员拍照、录音、录像。国(境)外人员单独或者与中方合作在非对外开放地区拍摄电影、电视片，主办单位应当事先征得当地政府和军事主管机关批准并办理相关手续，安排路线应远离军事禁区和涉密场所，拍摄的胶片在国内冲洗后，要由有关部门进行审查，涉及军事秘密的，要由军队有关部门鉴定，并作出保密处理。举办有国(境)外人员参加的体育比赛活动，选择路线及地点应远离我军事禁区、不对外开放区域及一些特殊地区。

三、实证参考

示例 5-2-1：某科研机构涉外活动保密审查审批表

<table>
<tr><td>活动名称</td><td></td><td>接待单位负责人</td><td></td></tr>
<tr><td>活动地点</td><td></td><td>保密责任人</td><td></td></tr>
<tr><td>有无上级批文</td><td></td><td>申请人</td><td></td></tr>
<tr><td>举办部门</td><td colspan="3"></td></tr>
<tr><td>起止时间</td><td></td><td>来宾人数</td><td></td></tr>
<tr><td>活动内容
和范围</td><td colspan="3"></td></tr>
<tr><td>参加人员</td><td colspan="3"></td></tr>
<tr><td>活动保密
工作预案</td><td colspan="3">□举办单位事先对拟参观、工作的部位进行保密检查；
□举办单位负责确定统一口径，明确交流、参观内容及范围；
□外宾在单位的行动路线严格限定在指定的区域，其他场所禁止进入；
□外宾在单位参观、工作期间，举办单位负责安排专人进行陪同；
□举办单位负责对参与活动的人员(不含外宾)进行安全保密教育、外事纪律教育；
□拟对外提供的文件资料、音像制品和实物样品，须经保密审查；
□未经批准，严禁外宾在单位内部进行摄像和拍照等，严禁外宾进入要害部门、部位。</td></tr>
<tr><td colspan="2">举办单位意见：

负责人签字(盖章)：
年　月　日</td><td colspan="2">业务主管部门意见：

负责人签字(盖章)：
年　月　日</td></tr>
<tr><td colspan="4">保密委员会办公室意见：

负责人签字(盖章)：
年　月　日</td></tr>
</table>

注：此表一式两份，由举办单位和保密委员会办公室留存。

示例 5-2-2：某科研机构涉密人员对外提供材料审查审批表

<table>
<tr><td>事项名称</td><td colspan="3"></td></tr>
<tr><td>涉密或公开</td><td>□机密　□秘密
□内部　□公开</td><td>数量
(页数)</td><td></td></tr>
<tr><td>事项类别</td><td>□论文　□著作
□材料　□其他：</td><td>接收对象
名称</td><td></td></tr>
<tr><td>内容简述及
申请依据</td><td colspan="3">申请人签字：
年　月　日</td></tr>
<tr><td colspan="2">科、室、项目组意见：

负责人签字：
年　月　日</td><td colspan="2">所在单位意见：

负责人签字(盖章)：
年　月　日</td></tr>
<tr><td colspan="2">业务主管部门意见：

负责人签字(盖章)：
年　月　日</td><td colspan="2">保密委员会办公室意见：

负责人签字(盖章)：
年　月　日</td></tr>
<tr><td colspan="4">主管领导意见：

签字：
年　月　日</td></tr>
</table>

注：1. 如内容涉密，须报主管领导审批；

2. 此表一式两份，由所在单位、保密委员会办公室留存。

第三节　档案的保密管理

一、档案及其保密管理概述

（一）档案及其保密管理的概念

档案，是指过去和现在的机关、团体、企业事业单位和其他组织以及个人从事经济、政治、文化、社会、生态文明、军事、外事、科技等方面活动直接形成的对国家和社会具有保存价值的各种文字、图表、声像等不同形式的历史记录。

档案保密管理，是指机关、单位为确保档案工作中的国家秘密安全，所采取的一切保密防护措施和管理措施。

《中华人民共和国档案法》（以下简称《档案法》）第一章第一条明确提出："为了加强档案管理，规范档案收集、整理工作，有效保护和利用档案，提高档案信息化建设水平，推进国家治理体系和治理能力现代化，为中国特色社会主义事业服务，制定本法。"对档案的有效保护，包括维护档案实体的安全和保护档案信息的安全两个方面，后者主要是指要防止档案的失密泄密，也就是档案的保密管理。

（二）档案保密管理的特点

（1）涉密档案内容多、范围广。机关、单位的档案一般包括：①文书、科技（科研、基建、设备）、人事、会计档案；②机关、单位履行行业特有职责形成的专业档案；③照片、录音、录像等音像档案；④业务数据、公务电子邮件、网页信息、社交媒体档案；⑤印章、题词、奖牌、奖章、证书、公务礼品等实物档案；⑥其他档案。

前款①②③项包含传统载体档案和电子档案两种形式。这些档案从类别和内容来看，都有可能包含涉密内容，其中文书档案、科技档案及其电子档案涉及的国家秘密较多，范围较广。

（2）涉密档案的载体形式多样。由于机关、单位履行职能活动的丰富多样，导致所产生的涉密档案内容也丰富多彩、形式多样。涉密档案存在的实物形态主要有以下几种形式：

①纸介质：包括国家秘密文件、文稿、电报、信函、图纸及其他图文资料等；

②磁介质：包括计算机硬盘、移动硬盘、软盘、录音带、录像带等；

③光介质：包括 CD、VCD、DVD 等各类光盘；

④半导体介质：包括 U 盘、存储卡等。

(3)涉密档案的管理环节多。机关、单位的文件在履行其现行效用之后，总会经过一定程序统一收集到档案馆(室)进行管理，从而完成从文件到档案的转化过程。虽然电子公文转化为电子档案的过程相对简便、快捷，但也要履行相应手续。在档案管理过程中，收集、整理、鉴定、保管、提供利用、编研等各个环节，都始终需要注意涉密档案的保密问题。任一环节存在泄密隐患，都有可能发生涉密事件。特别是涉密电子档案，一旦连接互联网或其他公共信息网络，为黑客所窥视，就容易造成泄密。

(三)档案保密管理的突出隐患

我国档案工作过去由于强调政治性，导致了档案保密管理只侧重于红头文件，而忽视了其他涉密文件材料的收集整理。虽然国家出台了《档案法》，使档案的保密管理有了法律依据，但由于历史和现实的种种原因，档案保密管理还不够完善，在实际工作中还存在一些突出隐患。

(1)文档管理不严导致文件缺失。档案工作是机关、单位的基础工作之一，是衡量其管理水平的重要依据和标志。机关、单位各个部门的工作人员都有保护和依法移交档案的义务，但实际情况往往不容乐观。有的机关、单位由于档案保密制度不健全，工作人员缺乏档案意识和保密意识，对涉密文件的重要性认识不够，在涉密文件材料形成后，没有随时掌握流向，将该归档的文件及时收集起来，导致涉密文件材料长期留存在个人手中。对离职离岗工作人员，监督责任没有落实，没有督促其缴清应归档的材料，交接手续不齐全，导致文件丢失后无法查找，造成了不必要的损失。

(2)立卷归档环节存在安全隐患。一是传统的立卷归档方法忽略了保密的要素，在技术操作上没有把涉密文件材料和非密文件材料区分出来，两种归档材料混合在一个案卷里，给档案的提供利用带来麻烦。二是在实际工作中，部分机关、单位的立卷归档工作是聘请本机关、单位以外人员(即社会人员)完成的，这种做法存在保密安全隐患。因为档案工作是政治性极强的工作，要求从业人员具备较高的政治素质和职业道德水准。归档的文件材料有部分是涉密文件，是需要限定知悉范围的。社会人员显然不在知悉范围内，聘请社会人员参与立卷归档，他们对所归档的文件材料一览无遗，存在严重的失泄密隐患。

(3)档案利用和文档保密的相互衔接不紧密。从档案利用的现状来看，档案部门为了充分挖掘档案资源，提高档案资源的使用效益，紧紧围绕开放档案，采取了一些积极措施，以更好地为经济建设和改革开放服务。当然，档案利用工作收效明显，这一点无可非议。但在档案利用具体操作过程中，由于有的档案管理人员保密意识不强，对于涉密文件与一般内部文件混合立卷归档的案卷，向外提供利用档案时容易忽视案卷中的涉密文件材料，难以从严控制涉密档案的使用范围，存在保密安全隐患。

做好新时期档案保密管理，应大力宣传《档案法》和《保密法》，提高全员档案保密意识，贯彻执行工作责任制；要加强档案保密法制建设，建立健全档案保密法规，强化保密执法监督；要把保密工作贯穿到档案工作的每个环节，在档案管理、鉴定、保管和利用中严格按是否涉密区别对待，并根据保密期限及时做好涉密档案的降密和解密工作。

二、档案保密管理的内容

档案保密管理的内容主要包括以下几个方面。

(一)涉密档案的立卷归档

(1)重新鉴定密级和保密期限。涉密文件材料在立卷前，应对其密级和保密期限重新鉴定。属于本机关、单位产生的涉密文件材料，凡是可以解密、降密或变更保密期限的，要按照保密有关规定进行解密、降密或变更保密期限。不属于本机关、单位产生的涉密文件材料，如原定密机关未作出解密、降密或变更保密期限决定的，不得擅自解密、降密或变更保密期限。

(2)立卷。属于本机关、单位文件材料归档范围内的涉密文件材料，由各部门档案工作人员(兼职档案员)负责系统收集、整理、分类、立卷。

(3)作出密级标志。涉密文件材料立卷完成后，要在档案卷皮(盒)和卷内目录上做出与卷内涉密文件材料密级相同的标志。卷内有多份涉密文件材料的，档案卷皮(盒)上按其中的最高密级做出标志。

(4)移交归档。涉密档案形成后，经本部门保密工作负责人审查签字后，由档案工作人员(兼职档案员)向档案馆(室)进行移交归档(见实证参考示例 5-3-1)。移交、传递过程要严格遵守国家秘密载体保密管理的相关规定，确保国家秘密安全。

(二)涉密档案的保管

涉密档案应当按照专人、专簿、专室、专柜的标准严格管理。

(1)专人。涉密档案的日常管理需安排专人负责。涉密档案责任人上岗前，要进行保密资格审查，审查合格后签订保密承诺书、接受保密教育培训，并定期进行在岗保密教育培训和考核。

(2)专簿。涉密档案入库时，需由涉密档案责任人认真清点案卷数量，做好交接登记工作，制作案卷目录，并定期对馆藏涉密档案进行清点、核对和统计。

(3)专室。涉密档案需保存在档案馆(室)专门库房里。涉密档案库房属于保密要害部位，应确定安全控制区域，采取防盗报警、视频监控等必要的安全防范措施，配备相应的保管设施。日常严格控制涉密档案库房人员进出，非授权人员不得擅自入内。非授权人员进入涉密档案库房应当履行审批程序，做好登记，并采取相应监督管理措施。未经批准不得带入具有无线通信功能的设备和有录音、录像、拍照、信息存储等功能的电子设备。

(4)专柜。涉密档案要存放在符合保密要求的设施设备中，其中秘密级、机密级涉密档案应存放在密码文件柜中，绝密级涉密档案应存放在密码保险柜中。

(三)涉密档案的利用

档案的利用，是指对档案的阅览、复制和摘录。档案馆(室)应根据涉密档案归档部门的要求，结合工作实际需要，确定涉密档案知悉人员和范围，不得随意扩大知悉范围。

1. 档案馆(室)内借阅利用涉密档案

本机关、单位人员因工作需要借阅利用涉密档案，应严格执行审批制度(见实证参考示例 5-3-2)，在档案馆(室)符合保密要求的阅览室进行，并履行借阅登记手续(见实证参考示例 5-3-3)。利用者复制涉密档案，需履行审批手续(见实证参考示例 5-3-4)，并按照国家秘密载体保密管理规定执行。绝密级涉密档案，一般不得摘录、复制，确因工作需要的，必须征得原定密机关、单位或者其上级机关、单位同意。在借阅利用过程中，利用者应自觉遵守保密制度，严禁对涉密档案进行涂改、勾画、剪裁、抽页、折叠、拆散、撕毁。

2. 外借涉密档案

档案馆(室)涉密档案一般不外借，绝密级涉密档案一律不外借。确因工作需要外借涉密档案时，须履行审批手续，明确归还时间。对于外借的涉密档案，利用者要严格执行保密有关规定，在知悉范围内使用，不得损坏、丢失、泄密或转借。

(四)涉密档案的销毁

机关、单位应当定期对已达到保管期限的涉密档案进行鉴定审核，对仍需继续保存的涉密档案，应当重新划定保管期限并做出标注；对确无保存价值的涉密档案，应当按规定予以销毁。涉密档案的销毁应严格执行国家秘密载体销毁的保密管理规定。

三、实证参考

示例 5-3-1：某单位涉密档案移交目录

序号	档号	案卷题名	日期	页数	密级	保密期限	备注

移交单位(盖章)： 接收单位(盖章)：
移交人签字： 接收人签字：
交接日期：

示例 5-3-2：某单位涉密档案借阅审批表

<table>
<tr><td>部门</td><td></td><td>姓名</td><td></td><td>电话</td><td></td></tr>
<tr><td>借阅
事由</td><td colspan="5"></td></tr>
<tr><td>档号</td><td colspan="4">档案题名</td><td>密级</td></tr>
<tr><td></td><td colspan="4"></td><td></td></tr>
<tr><td></td><td colspan="4"></td><td></td></tr>
<tr><td>档案利用
单位意见</td><td colspan="5">负责人签字(盖章)：　　　　　　　　　年　月　日</td></tr>
<tr><td>档案归档
单位意见</td><td colspan="5">负责人签字(盖章)：　　　　　　　　　年　月　日</td></tr>
<tr><td>档案馆
意见</td><td colspan="5">负责人签字(盖章)：　　　　　　　　　年　月　日</td></tr>
<tr><td>分管领导
审批意见</td><td colspan="5">签字(盖章)：　　　　　　　　　年　月　日</td></tr>
<tr><td>备注</td><td colspan="5">借阅绝密级档案，须经本机关、单位分管领导审批</td></tr>
</table>

示例 5-3-3：某单位涉密档案借阅登记表

序号	档号	题名	数量	密级	借阅			用途	归还		备注
					日期	部门	姓名		日期	收件人	

示例 5-3-4：某单位涉密档案复制申请表

<table>
<tr><td>申请单位</td><td colspan="2"></td><td colspan="2">申请日期</td><td></td><td>经办人</td><td></td></tr>
<tr><td>承办复制单位</td><td colspan="2"></td><td colspan="2">复制日期</td><td></td><td>承办人</td><td></td></tr>
<tr><td>复制理由</td><td colspan="7"></td></tr>
<tr><td>档号</td><td colspan="3">档案题名</td><td>密级</td><td>页数</td><td>复制份数</td><td>备注</td></tr>
<tr><td></td><td colspan="3"></td><td></td><td></td><td></td><td></td></tr>
<tr><td></td><td colspan="3"></td><td></td><td></td><td></td><td></td></tr>
<tr><td></td><td colspan="3"></td><td></td><td></td><td></td><td></td></tr>
<tr><td>档案利用
单位意见</td><td colspan="7">负责人签字(盖章)：　　　　年　月　日</td></tr>
<tr><td>档案归档
单位意见</td><td colspan="7">负责人签字(盖章)：　　　　年　月　日</td></tr>
<tr><td>保密委员会
办公室意见</td><td colspan="7">负责人签字(盖章)：　　　　年　月　日</td></tr>
<tr><td>档案馆
意见</td><td colspan="7">负责人签字(盖章)：　　　　年　月　日</td></tr>
<tr><td>备注</td><td colspan="7"></td></tr>
</table>

第四节　涉密会议、活动的保密管理

一、涉密会议、活动及其保密管理概述

(一)涉密会议、活动及其保密管理概念

涉密会议是指机关、单位召开的内容或资料涉及国家秘密信息的会议。涉密活动是指机关、单位举办的内容或资料涉及国家秘密信息的活动。涉密会议、活动保密管理是指机关、单位为保护国家秘密安全，在涉密会议、活动过程中所采取的一切保密防护措施和管理措施。

根据涉密程度的不同，涉密会议、活动可分为三个等级，即绝密级会议、活动，机密级会议、活动和秘密级会议、活动。其中，涉及机密级(含)以上国家秘密信息的会议、活动，称为重大涉密会议、活动。会议、活动主办机关、单位应根据涉密程度的不同，分别采取不同的保密措施。

(二)涉密会议、活动的特征

涉密会议、活动一般具有以下特征：一是以国家秘密为指向或基本内容；二是围绕涉密事项展开；三是多数参与者包括与会者和工作人员，需要经过一定方式的保密审查，符合接触国家秘密的基本条件和要求；四是人员、场所等都要求可管可控，符合保密要求。

(三)涉密会议、活动的管理原则

涉密会议、活动应当按照“谁主办，谁负责”和“全过程管理”的原则进行管理，明确保密管理职责。“谁主办，谁负责”，是指涉密会议、活动的主办单位对其保密工作负总责。多个部门、单位参与涉密会议、活动筹办和组织工作的，由牵头机关、单位负总责，参与单位根据会议、活动分工，负责相关方面的保密工作。“全过程管理”，是指从会议、活动筹备，到会议、活动结束及后续的保密管理，均由主办单位负责。重大涉密会议、活动，可根据需要请所在地保密行政管理部门对保密工作进行监督和指导，并提供必要的安全保密技术服务保障。

涉密会议、活动主办单位的保密工作机构，对涉密会议、活动的保密工作进行监督和指导，并提供必要的安全保密技术服务保障。对重大涉密会议、活动，需派驻保密工作人员参与全过程管理。主办单位应及时向本机关、单位保密工作机构申报备案(见实证参考示例5-4-1)，主动接受保密监

督和检查。

二、涉密会议、活动保密管理的内容

(一)制定涉密会议、活动的保密工作方案

涉密会议、活动的主办单位应提前制定保密工作方案，明确相关保密措施。涉密会议、活动保密工作方案一般包括以下内容：

(1)明确会议、活动保密工作的目标和重点；

(2)明确会议、活动的具体保密事项及其密级；

(3)明确会议、活动保密工作的组织领导及各环节、各阶段保密工作责任人及其工作职责；

(4)规定参加会议、活动人员的保密纪律或保密守则；

(5)明确会议、活动场所及各类设施、设备的保密管理要求和技术防护措施；

(6)明确会议、活动涉密载体的保密管理要求；

(7)明确会议、活动承办单位(如宾馆、会议中心)的保密责任和义务；

(8)明确会议、活动宣传报道、接受采访的保密管理要求；

(9)制定保密突发事件的应急、补救措施；

(10)规定违规违章行为及泄密责任追究办法。

(二)涉密会议、活动场所及设施设备的管理

涉密会议、活动举办地点应选择具备保密条件的场所，原则上在本机关、单位内举办，重大涉密会议、活动必须在本机关、单位内举办。主办单位在涉密会议、活动开始前，要对场所进行安全保密检查，根据需要加装必要的保密技术设备。会议、活动中需要使用录音、录像等电子设备、设施的，应进行安全保密检查，并由专人负责保密管理。录制的音频、视频资料，需要按会议、活动的密级进行定密，并按涉密载体进行管理和使用。会场入口显著位置应摆放保密提醒标志，禁止带入具有无线联网功能的计算机、智能终端(含笔记本电脑、平板电脑等)等设备。未经批准禁止带入具有摄录功能的设备。召开涉密视频会议，会议主办单位应当使用按照涉密网络有关规定和标准建设的涉密视频会议系统，并指定专人负责系统维护和音频、视频录制。

会议、活动期间，主办单位应当加强场所、住地保密巡查，主要是检查有无违反保密规定、保密纪律的行为和泄密隐患，包括是否有无关人员进

入，会议、活动现场设备管理是否符合保密要求，保密技术防护设施、设备是否正常工作等。

(三)现场管理

1. 人员管理

主办单位应根据会议、活动涉密程度和工作需要，确定参加人员的范围，审核参加人员资格，登记参加人员姓名、单位、职务等情况(见实证参考示例5-4-2)，并与其他会议材料一并存档备查。对进入会议、活动场所人员，应当核实身份，确保参加人员身份准确无误。涉及绝密级国家秘密信息的会议、活动，应当严格控制参加人员范围，严禁知悉范围之外的人员参加或者他人代为参加。

涉密会议、活动总负责人，应在会议、活动预备会议上，以口头或文字方式向参加人员告知会议、活动保密注意事项，进行保密教育。

涉密会议、活动参加人员不得使用非保密本记录涉密内容，不记录明确规定不允许记录、摘抄、摘录的内容，不得扩大涉密内容知悉范围。

2. 涉密载体管理

主办单位应严格执行国家保密管理有关规定，对涉密会议、活动使用或形成的涉密文件、资料及其他涉密载体，在制作、分发、存放、回收、销毁等各个环节，落实保密管理措施。

(1)涉密会议、活动文件资料起草应当选择安全可靠的场所，实行集中封闭管理。

(2)涉密文件、资料及其他涉密载体的印制、传递，要严格执行涉密载体管理规定。

(3)涉密文件、资料分发应登记、编号，履行签收手续，并在安全保密装置完善的设备中存放。

(4)规定会议、活动结束后收回的文件、资料，不得私自留存，主办单位要及时清点回收(见实证参考示例5-4-3)。

(5)需要发给与会单位的，应当通过机要交通或机要通信渠道进行传递，确需参加人员随身携带的，应叮嘱参加人员回到机关、单位后将携带的文件、资料及时交单位机要部门管理。

(6)涉密载体销毁应严格执行国家秘密载体销毁保密管理规定，需要保密行政管理部门提供现场销毁服务的，应事先通知。

(7)涉密会议休会期间，需要集中保管的文件、资料和其他物品，应由会议工作人员负责收回。同时，应对会场和代表住地进行检查，防止遗留涉密文件、资料及其他涉密载体。不需收回的，应提醒参加人员妥善保管，不得带出会议住地。

(8)撤离会议、活动住地前，主办单位要对住地进行全面检查，防止涉密文件、资料遗失。

涉密会议、活动参加人员要妥善保管会议、活动发放的涉密载体，不得擅自复制；会议、活动结束后，主动退还明确要回收的涉密载体。参加外机关、单位涉密会议、活动领取的涉密载体，回本机关、单位后应立即登记，并按本机关、单位国家秘密载体保密管理规定进行管理。

3. 手机管理

绝密级和机密级会议、活动场所禁止带入手机，确需将专用手机带入的，应经过机关、单位保密委员会(保密工作领导小组)批准，并登记备案。对于举办地点、参加人员需要严格保密的涉密会议、活动，参加人员及随行人员不得携带手机前往。秘密级会议、活动场所禁止使用普通手机。主办单位应在会场入口处设置手机存放柜和保密提示牌，会议、活动参加人员进入涉密会议、活动场所前，应将手机交工作人员按规定统一保管。在休会期间需要对外通信联络的，不得涉及会议、活动内容。

(四)宣传报道管理

涉密会议、活动宣传报道应履行审批程序，凡是公开报道、播放的稿件、图片、录像片、录音带等，公开报道前应报请有关业务主管部门或涉密会议、活动主办单位审查批准。对是否涉密界定不清的，应报请有权确定该事项密级的上级机关或保密行政管理部门审查确定，严防在宣传报道中发生失泄密事件。撰写新闻稿件应当认真遵守新闻出版的保密规定和会议、活动的保密要求，不得涉及国家秘密。会议、活动提供新闻通稿或报道口径的，应按照新闻通稿或报道口径进行报道。相关人员接受采访，须经会议、活动主办单位负责人审查批准，未经审查批准，任何人员不得擅自公开、宣传报道会议内容。

三、实证参考

示例 5-4-1：某单位涉密会议、活动审批表

<table>
<tr><td>主办单位</td><td></td><td>负责人</td><td></td></tr>
<tr><td>会议、活动名称</td><td></td><td>会议、活动密级</td><td></td></tr>
<tr><td>会议、活动起止时间</td><td></td><td>参加人数</td><td></td></tr>
<tr><td>会议、活动地点</td><td colspan="3"></td></tr>
<tr><td rowspan="3">参加会议、活动的人员及所属单位(可附页)</td><td>姓名</td><td>单位</td><td>联系方式</td></tr>
<tr><td></td><td></td><td></td></tr>
<tr><td></td><td></td><td></td></tr>
<tr><td>是否发放涉密文件资料</td><td></td><td>资料名称</td><td></td></tr>
<tr><td>资料密级</td><td></td><td>发放份数</td><td></td></tr>
<tr><td>是否有录音或摄像
(若有，注明录音、摄像人员或单位名称)</td><td></td><td>是否使用干扰器</td><td></td></tr>
<tr><td colspan="4">保密措施：</td></tr>
</table>

续表

所在单位意见	负责人签字(盖章)： 年　月　日
业务主管部门意见	负责人签字(盖章)： 年　月　日
保密委员会办公室意见	负责人签字(盖章)： 年　月　日
主管领导意见	签字： 年　月　日

注：此表一式两份，由主办单位、保密委员会办公室留存。

示例 5-4-2：某单位涉密会议、活动参加人员登记表

主办单位（盖章）：

会议、活动名称							
会议、活动时间				会议、活动地点			
参加人员	序号	姓名	性别	工作单位	职务/职称	联系电话	人员类别

注：此表由主办单位填写并存档。

示例 5-4-3：某单位涉密会议、活动材料发放、回收登记表

主办单位(盖章)：

会议、活动名称			
会议、活动时间		会议、活动地点	
负责人		材料管理人	
会议、活动材料目录			
材料编号	发放签字	回收签字	备注

第五节　涉密科研活动的保密管理

一、涉密科研活动及其保密管理概述

（一）涉密科研活动及其保密管理的概念

科研活动是科学研究活动的简称，一般是指利用科研手段和装备，为了认识客观事物的内在本质和运动规律而进行的调查研究、实验、试制等一系列的活动，为创造发明新产品和新技术提供理论依据。涉密科研活动是指涉及国家秘密事项的科研活动。

涉密科研活动的保密管理是为了保护国家秘密，按照相关法律法规对涉密科研活动及其人员、设备、场所、载体和成果等，进行有针对性的保护措施的活动。

（二）涉密科研活动保密管理的原则

1. 坚持归口管理

涉密科研活动的保密管理应坚持“业务谁主管，保密谁负责”的归口管理原则。（1）领导责任划分：从事涉密科研活动单位的主要负责人对本单位涉密科研保密管理负主要责任，分管科研工作的负责人负直接领导责任，分管保密工作的负责人负保密分管领导责任。（2）科研管理部门为涉密科研活动的归口管理部门，对涉密科研活动负监督管理责任，结合涉密科研项目管理对保密工作进行监督管理。（3）保密工作机构负监督指导责任，组织制定各项保密制度，开展涉密人员保密教育和培训，对保密工作进行监督检查和指导。（4）项目负责人负直接管理责任，对参研人员进行保密教育和提醒，落实保密管理要求和措施，进行日常监督检查。

2. 坚持闭环管理

涉密科研活动必须实现全过程可追溯可循环，使科研活动成为各自独立可控的闭环系统。通过有效的管控手段，使涉密科研活动的申报、立项、在研、结题、归档全过程形成连续封闭的回路，形成每一个环节都有机衔接、环环相扣的完整、闭合的“链条”。通过对涉密科研活动实施全过程闭环管理，使之始终处于可控、可追溯的状态，确保涉密科研活动保密安全。

二、涉密科研活动保密管理的内容

(一)涉密科研活动的基本要素管理(图5-1)

1. 涉密科研场所

涉密科研场所是指进行涉密科研活动和科研成果产生及保存的主要场所，也是科研设备和载体存放的集中场所。

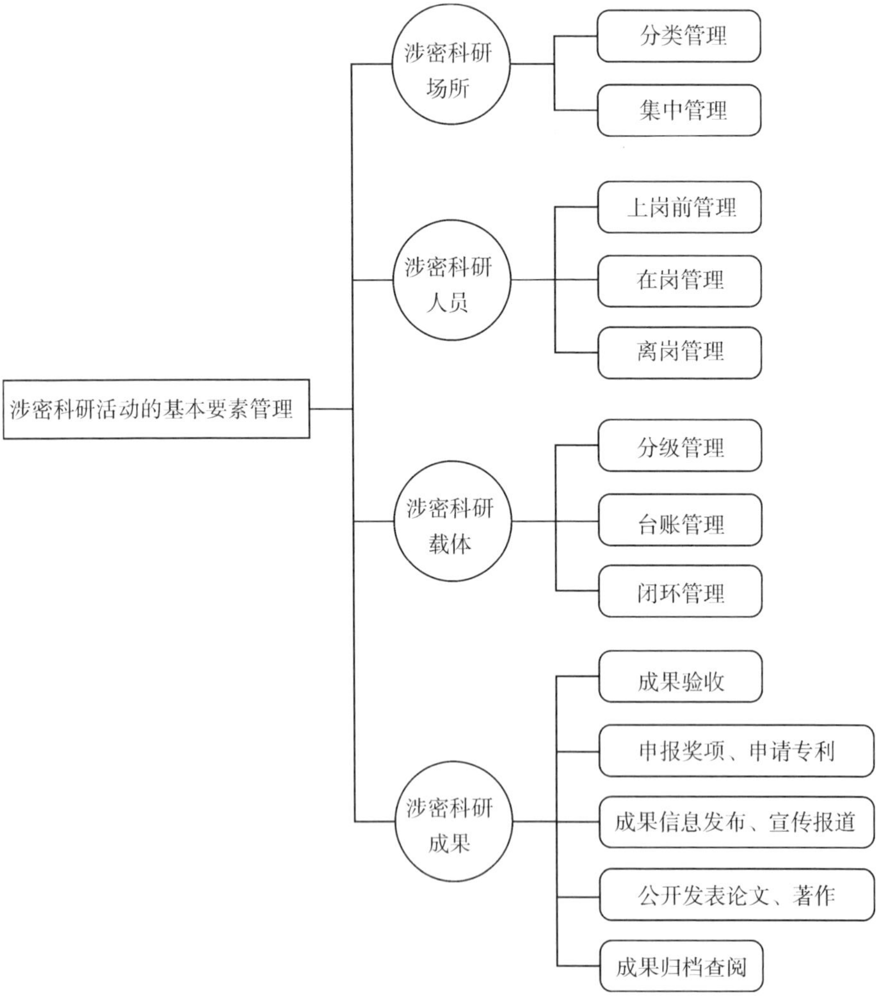

图5-1　涉密科研活动的基本要素管理

(1)分类管理。根据涉密科研场所的涉密程度及用途，采取不同的保密管理措施进行分类管理。其中，保密要害部门、部位的管理是重中之重。其他涉密场所，如一般涉密实验室、涉密会议室、涉密外场试验场地等，也必须分别有相应的保密管理要求。

(2)集中管理。涉密设备、涉密载体存放场所与涉密科研活动场所应当尽可能实现集中管理。集中管理不等于场所的绝对集中，而是按照归口管理原则，由各自所属单位或部门进行统一管控，实现“相对集中，安全可控”。涉密课题组开展非涉密科研活动的场所也应纳入保密管理范围。

2. 涉密科研人员

涉密科研人员是指由于科研工作需要，在涉密科研岗位合法接触、知悉或经管国家秘密事项的人员。科研人员实行上岗、在岗、离岗全过程动态管理。

(1)上岗前管理。主要包括涉密人员资格审查、上岗审批与涉密等级界定、岗前培训、签订保密承诺书等事项。

(2)在岗管理。主要包括保密教育培训、保密监督检查、涉密岗位变更、出国(境)与涉外活动管理、论文发表以及考核奖惩等事项。

(3)离岗管理。主要包括离职离岗审批、载体清退、保密承诺、脱密期限界定、脱密期管理等事项。

3. 涉密科研载体

涉密科研载体包括项目任务书、合同书、阶段研究报告、实验原始记录、图片、幻灯片、总结报告、项目鉴定或评议书、项目的工艺及技术关键、材料配方等需要保密的图纸、存有涉密内容的计算机载体等。涉密科研载体数量大、品种多，特别是移动存储介质，如移动硬盘、U 盘、光盘等控制难度大。

(1)分级管理。应根据涉密科研项目的各个部分在不同阶段产生的涉密载体的技术价值和涉密程度不同，本着既不无原则地降低整体密级、又不扩大密级范围的准则，对文件、图纸、资料等涉密载体逐项与保密范围对照，分别确定密级，分级做好保密管理。

(2)台账管理。应建立载体台账，确保涉密载体数目清楚、密级、保密期限与知悉范围记录清晰，并定期清查、核对，及时追回应清退归还的涉密载体。

(3)闭环管理。涉密科研载体的制作、收发、流转、保存、使用、复制、维修和销毁等全过程，必须过程清晰、有始有终、闭环可控。规范涉密载体的报废处理，对批准销毁的国家秘密载体实施统一管理并集中销毁，严防使用者私自降密处理，不得随意转赠、转作他用或作为废品出售或丢弃，不得擅自销毁。

见实证参考示例5-5-1、5-5-2。

4. 涉密科研成果

涉密科研成果是指涉密科研人员在其所从事的某一科研项目或课题研究范围内，通过实验观察、调查研究、综合分析等一系列脑力、体力劳动所取得的、并经过评审或鉴定，确认具有学术意义和实用价值的创造性结果。涉密科研成果形式多样，包括应用模型、学术论文、咨询报告、建议、方案、规划等，也包括使用产品技术专利，计算机软件、程序，科研新理论新方法及其科研设计新产品的工艺流程、图表、数据等。涉密科研成果往往包含着大量国家秘密。

涉密科研成果的保密管理，主要包括成果验收、申报奖项、申请专利、成果发布、新闻宣传、公开发表论文、著作及成果档案查阅等工作的保密管理。

(1)成果验收。要根据工作需要，确定和控制知悉范围，明确对评审人员的保密要求。

(2)申报奖项、申请专利。在推动涉密科研项目成果转化应用中，要严格保密审查。未经批准，不得接受任何委托在涉密科研项目成果基础上开展的相关研究。国家科技秘密申请知识产权保护应注意：绝密级不得申请普通专利或者保密专利；机密级、秘密级经原定密机关、单位批准后可申请保密专利；机密级、秘密级申请普通专利或者由保密专利转为普通专利的，应当先行办理解密手续。

(3)成果信息发布、宣传报道。涉密科研成果原则上不予公开发布、宣传报道。确需公开发布、宣传报道的，新闻媒体、科技行政管理部门、科研机构要加强协调配合，按照“谁公开谁审查”“事前审查”“全面审查”“依法审查”的原则做好相关保密审查工作。

(4)公开发表论文、著作。涉密科研人员发表文章、著作不得涉及国家秘密。凡涉及本系统、本单位业务工作或对是否涉及国家秘密界限不清的，以及拟向境外新闻出版机构提供报道，出版涉及国家政治、经济、外交、科技、军事等方面内容的，应当事先经本机关、本单位或上级机关、单位保密审查。向境外投寄稿件，应当按照国家有关规定办理。

(5)成果档案查阅。应当填写涉密档案查阅申请表，经项目负责人同意、所在单位保密负责人审批、档案负责人审定后，到涉密科研档案管理部门借阅，借阅涉密档案不得擅自留存、抄录和复印。

（二）涉密科研活动的全过程管理

按照过程管理的思路，涉密科研活动一般可以分为项目申报、立项、实施、结题验收等各个阶段。做好涉密科研的保密管理，需要把保密要求融入项目管理和科研活动过程中，针对各个阶段的科研活动特点，针对性地实施保密管理，确保国家秘密安全，如图 5-2 所示。

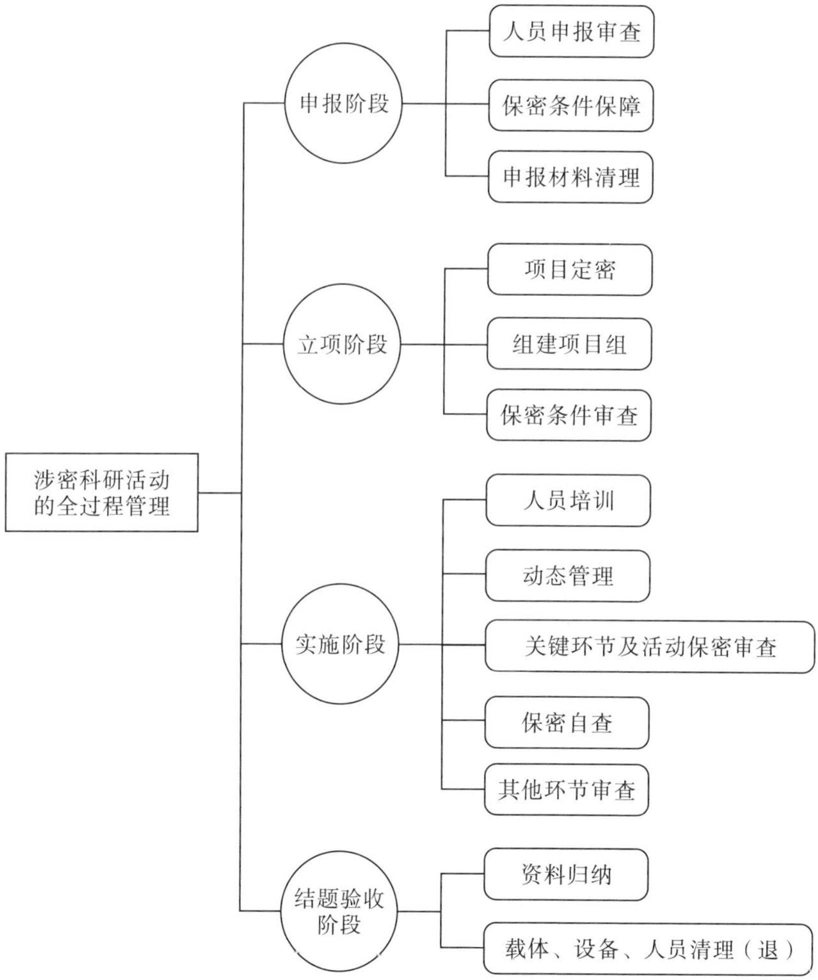

图 5-2 涉密科研活动的全过程管理

1. 申报阶段

(1)人选把关、资格审查及保密提醒。选择涉密人员以及具备涉密资格的非涉密人员进行申报，在组织查阅涉密项目申报指南、接触涉密资料之前，应当对相关人员进行涉密资格审查，并进行保密提醒、签署保密承诺书。

(2)保密条件保障。涉密科研项目申报材料，均应当按照拟定密级进行管理。对于申报人员，应当为其提供涉密计算机及打印机等条件保障。

(3)申报材料清理。如果申报的涉密科研项目未立项，需及时删除并销毁相关申报材料，或交由单位集中保存，个人不得保留标密文件。

2. 立项阶段

对于获准立项的涉密项目，应当事先确定涉密事项，确认具备开展保密工作条件后，方可办理合同签订手续。

(1)做好项目定密。涉密科研保密管理应当以涉密事项确定为源头，做好项目的定密工作。能明确密点的，必须清楚标注密点内容。见实证参考示例 5-5-3。

(2)组建项目组。项目组是涉密科研活动的基本单元。项目负责人应当选择具备涉密资格的人员组建涉密项目组。合理设置涉密岗位，明确涉密项目涉密事项的知悉范围，进入涉密岗位的人员均需纳入涉密人员管理。要办理涉密人员的上岗审批手续，做好岗前保密教育培训，签订保密承诺书。

(3)做好保密条件审查。在签订合同前，应当对涉密科研项目组是否具备保密条件进行审查。项目负责人及所属单位应当对照项目包含的各涉密事项的密级和知悉范围，核查项目组是否具备开展保密工作的条件，主要包括：参与涉密工作的人员涉密等级、所用的涉密信息设备与开展涉密工作的场所是否符合保密要求、专兼职保密员是否配备等。严禁在尚不具备保密条件的情况下开展涉密科研活动。

3. 实施阶段

在涉密科研项目的实施阶段，项目组应当严格执行各项保密管理制度，项目组专兼职保密员协助项目负责人收集、保管项目资料，落实本项目组的涉密人员、涉密载体、涉密设备、涉密场所以及有关涉密活动的日常保密管理工作。

(1)人员培训。持续强化有关人员的保密意识、不断提高防范能力。

(2)动态管理。项目负责人需要根据科研项目的开展情况，及时对任务分工进行调整，对涉密人员、计算机、存储介质以及涉密场所等要素进行动态管理。

(3)关键环节及活动保密审查。对涉密部门、部位来访接待、对外交流、发表论文、信息发布等关键环节以及涉密会议、外场试验与外协等关键活动做好保密审查。

(4)保密自查。对保密责任落实情况、项目定密情况、涉密科研要素管理情况以及研究过程管理情况进行定期保密自查。见实证参考示例 5-5-4、示例 5-5-5。

(5)其他环节审查。在财务管理、设备购置管理、涉密人员申报非涉密项目等多种活动过程中，应当以“尽量缩小知密范围”为原则，尽可能对相关信息做非密化处理，经保密审查确保材料不涉密后方可报出；对于必须涉密的环节，如涉密项目财务决算等过程，则需选择使用符合保密要求的设备和环境以及传输方式进行处理。

4. 结题验收阶段

组织涉密科研项目结题验收，要根据工作需要，确定和控制知悉范围，明确对评审人员的保密要求。项目组除了完成有关材料准备、会议答辩外，还需要做好资料归档及与项目相关人员、设备、资料的清理(退)工作。

(1)资料归档。项目结题后，涉密科研承办单位应组织项目负责人及项目组，按照涉密科研项目立卷归档的有关规定及时向档案管理部门提交归档资料。归档过程中文件传递及保存应严格遵守涉密载体管理的有关规定。

(2)做好载体、设备、人员清理(退)。项目结题后，项目组保密员应当督查项目组成员清理相关涉密载体(包括所有纸质及电子载体)，无须保留的及时交由相关部门销毁，需要保留的由所在单位按规定集中保管；不再使用的涉密设备，及时办理停用或报废手续；对未承担其他涉密岗位且未申请新涉密项目的人员，在对其负责或参与的所有涉密项目结题确认后按规定应当及时办理脱密手续，由项目负责人或所在单位保密工作负责人对清理(退)情况进行把关。

三、实证参考

示例 5-5-1：秘密载体制作审批登记表

编号：

<table>
<tr><td colspan="2">单位(部门)</td><td colspan="2"></td><td></td><td colspan="3">申请人</td></tr>
<tr><td colspan="2">用途(去向)</td><td colspan="6">□留存　(填写存放地点)
□外发　(外发单位名称)</td></tr>
<tr><td colspan="2">输出方式</td><td colspan="6">□复印　□打印　□刻录　□其他</td></tr>
<tr><td colspan="2">涉密计算机编号</td><td colspan="2"></td><td colspan="2">涉密 U 盘编号</td><td colspan="2"></td></tr>
<tr><td>序号</td><td colspan="2">文件名称</td><td>密级</td><td>页数</td><td>份数</td><td>二维码编号</td><td>备注</td></tr>
<tr><td></td><td colspan="2"></td><td></td><td></td><td></td><td></td><td></td></tr>
<tr><td></td><td colspan="2"></td><td></td><td></td><td></td><td></td><td></td></tr>
<tr><td></td><td colspan="2"></td><td></td><td></td><td></td><td></td><td></td></tr>
<tr><td colspan="2">申请单位(部门)意见</td><td colspan="6">科、室、项目组负责人签字(盖章)：
年　月　日</td></tr>
<tr><td colspan="2">业务主管部门意见</td><td colspan="6">审核人签字(盖章)：
年　月　日</td></tr>
<tr><td colspan="2" rowspan="2">输出记录</td><td>制作设备编号</td><td colspan="5"></td></tr>
<tr><td colspan="6">□复印　共计________份，共计________页。
□打印　共计________份，共计________页。
□刻录　共计________张光盘，内含文档资料________份。
□其他____________
经办人：　　　　年　月　日</td></tr>
<tr><td colspan="2">填表说明</td><td colspan="6">1. 机密级载体制作需业务主管部门主要负责人审批；
2. 此表一式两份，由申请单位(部门)和业务主管部门留存，业务主管部门每月月底汇总整理后移交保密行政部门存档。</td></tr>
</table>

示例 5-5-2：销毁涉密物品登记备案清单

登记销毁单位(部门)：

<table>
<tr><td>涉密物品产生年度</td><td>涉密物品名称、型号及其他必要说明</td><td>编号及固定资产号</td><td>密级</td><td>销毁数量（大写）</td><td>该物品使用掌管者即销毁人移销签字</td><td>监销人接收签字</td><td>备注</td></tr>
<tr><td></td><td></td><td></td><td></td><td></td><td></td><td></td><td></td></tr>
<tr><td></td><td></td><td></td><td></td><td></td><td></td><td></td><td></td></tr>
<tr><td></td><td></td><td></td><td></td><td></td><td></td><td></td><td></td></tr>
<tr><td></td><td></td><td></td><td></td><td></td><td></td><td></td><td></td></tr>
<tr><td></td><td></td><td></td><td></td><td></td><td></td><td></td><td></td></tr>
<tr><td></td><td></td><td></td><td></td><td></td><td></td><td></td><td></td></tr>
<tr><td></td><td></td><td></td><td></td><td></td><td></td><td></td><td></td></tr>
<tr><td></td><td></td><td></td><td></td><td></td><td></td><td></td><td></td></tr>
<tr><td></td><td></td><td></td><td></td><td></td><td></td><td></td><td></td></tr>
<tr><td colspan="4">合计</td><td></td><td colspan="3">–</td></tr>
</table>

<table>
<tr><td>登记销毁单位(部门)审查、核实签字</td><td>保密委员会(办公室)审批签字</td><td>销毁站收销签字</td></tr>
<tr><td>监销人登记、核实签字：

主管领导审核批准签字：
（单位盖章）

年　月　日</td><td>负责人审批签字：
（单位盖章）

年　月　日</td><td>销毁站收销人签字：
（单位盖章）

年　月　日</td></tr>
</table>

注：1. 保密委员会办公室审批签字后，即派专车专人陪同监销人前往销毁站共同监销；所销物品均由监销人直接面交销毁站收销人签字销毁。

2. 此表一式三份，经上述三方签字盖章后，各持一份归档备查并长期保存。

示例 5-5-3：涉密科研项目定密审批表

<table>
<tr><td>项目名称</td><td colspan="6"></td><td colspan="2">负责人</td><td colspan="2"></td></tr>
<tr><td rowspan="3">项目来源(本单位为乙方)</td><td colspan="3" rowspan="3"></td><td colspan="2" rowspan="3">乙方是否将该项目分配给外协</td><td rowspan="2">是　□</td><td colspan="4">外协项目涉密(须提供给外协单位保密资质证明)□</td></tr>
<tr><td colspan="4">外协项目不涉密□</td></tr>
<tr><td>否　□</td><td colspan="4"></td></tr>
<tr><td>项目起止日期</td><td colspan="7"></td><td colspan="2">研究地点(房间)</td><td></td></tr>
<tr><td>定密依据</td><td colspan="10">1. 上级文件规定的密级：
2. 甲方明确要求的密级：
3. 其他情况(须写清定密依据)：　　　　建议密级：
承办人签字：　　　年　月　日</td></tr>
<tr><td>密点</td><td colspan="10"></td></tr>
<tr><td>本项目(课题)所使用涉密计算机的涉密编号</td><td colspan="4"></td><td colspan="3">本项目(课题)所使用涉密移动存储介质编号</td><td colspan="3"></td></tr>
<tr><td rowspan="4">参研人员</td><td>姓名</td><td>身份</td><td>是否是涉密人员</td><td>人员涉密等级</td><td>参研内容是否涉密</td><td>姓名</td><td>身份</td><td>是否是涉密人员</td><td>人员涉密等级</td><td>参研内容是否涉密</td></tr>
<tr><td></td><td></td><td></td><td></td><td></td><td></td><td></td><td></td><td></td><td></td></tr>
<tr><td></td><td></td><td></td><td></td><td></td><td></td><td></td><td></td><td></td><td></td></tr>
<tr><td></td><td></td><td></td><td></td><td></td><td></td><td></td><td></td><td></td><td></td></tr>
<tr><td>所在单位定密审核人意见</td><td colspan="4">经审核，拟定为(□绝密　□机密　□秘密　□内部)级，保密期限为(　　年　月　日至　年　月　日)。
定密审核人签字(盖章)：
年　月　日</td><td colspan="2">业务主管单位(部门)定密责任人意见</td><td colspan="4">定密责任人签字(盖章)：
年　月　日</td></tr>
</table>

注：1. 项目申报时，此表一式一份，由业务主管单位(部门)留存；

2. 项目立项时，此表一式四份，由项目负责人、所在单位、保密委员会办公室、业务主管单位(部门)留存，打印后亲笔填写。

示例 5-5-4：涉密项目自查表

<table>
<tr><td colspan="6">所在单位：</td><td colspan="4">检查时间：　20　年　月　日　□上午　□下午</td></tr>
<tr><td colspan="2">项目基本信息</td><td colspan="2">密级：□机密　□秘密　□内部</td><td colspan="4">起止时间：20　年　月　日 至 20　年　月　日</td><td rowspan="2">项目负责人签名</td><td rowspan="2"></td></tr>
<tr><td colspan="6">项目名称（全称）：</td><td colspan="2">状态：□在研　□结题　□延期</td></tr>
<tr><td colspan="6">项目合同甲方：</td><td colspan="4">项目类型：</td></tr>
<tr><td rowspan="8">项目人员相关信息</td><td>姓名</td><td>涉密等级及办理时间</td><td>职称</td><td>国籍</td><td>境外绿卡</td><td>境外学习工作时间</td><td>持有因私护照国别</td><td>保密培训学时</td><td>签订保密责任书</td></tr>
<tr><td></td><td>/</td><td></td><td></td><td></td><td></td><td></td><td>年　h/　年　h/　年　h</td><td>□是　□否</td></tr>
<tr><td></td><td>/</td><td></td><td></td><td></td><td></td><td></td><td>年　h/　年　h/1　年　h</td><td>□是　□否</td></tr>
<tr><td></td><td>/</td><td></td><td></td><td></td><td></td><td></td><td>年　h/　年　h/　年　h</td><td>□是　□否</td></tr>
<tr><td></td><td>/</td><td></td><td></td><td></td><td></td><td></td><td>年　h/　年　h/　年　h</td><td>□是　□否</td></tr>
<tr><td></td><td>/</td><td></td><td></td><td></td><td></td><td></td><td>年　h/　年　h/　年　h</td><td>□是　□否</td></tr>
<tr><td></td><td>/</td><td></td><td></td><td></td><td></td><td></td><td>年　h/　年　h/　年 h</td><td>□是　□否</td></tr>
<tr><td></td><td>/</td><td></td><td></td><td></td><td></td><td></td><td>年　h/　年　h/　年　h</td><td>□是　□否</td></tr>
</table>

续表

	姓名	台式计算机		便携式计算机		移动存储设备		研究地点	文档编制地点	文档输出地点
		基本信息	硬盘序列号	基本信息	硬盘序列号	基本信息	序列号			
人员科研设施情况		/ 台		/ 台		/ 台				
		/ 台		/ 台		/ 台				
		/ 台		/ 台		/ 台				
		/ 台		/ 台		/ 台				
		/ 台		/ 台		/ 台				
		/ 台		/ 台		/ 台				
		/ 台		/ 台		/ 台				

	检查内容	不符具体情况		检查内容	不符具体情况
涉密项目过程管理情况	1. 非密人员查阅涉密项目指南是否签订保密承诺书　是□否□ 2. 项目定密是否有审查和备案　是□否□ 3. 涉密人员(含研究生)进行保密审批并签订保密承诺书　是□否□ 4. 涉密科研场所和设备符合保密管理要求　是□否□		涉密项目过程管理情况	17. 涉密笔记本电脑(非工作状态)是否存储有涉密信息　是□否□ 18. 涉密笔记本电脑借出、归还是否审批及登记，台账是否齐全　是□否□	

续表

	5. 涉密文件、资料的收发、复制、保存有审批和登记手续 是□否□ 6. 项目组指定有保密员和涉密计算机管理人员 是□否□ 7. 涉密人员定期进行保密自查（每年至少4次） 是□否□ 8. 经费上账时，涉密项目名称和经费来源是否进行脱密处理 是□否□ 9. 涉密科研项目申报立项、研究过程、结题归档等各个环节中涉密载体台账齐全 是□否□ 10. 涉密载体销毁符合保密管理要求 是□否□ 11. 涉密会议符合保密管理要求、相关记录齐全 是□否□ 12. 外场试验符合保密管理要求、相关记录齐全 是□否□ 13. 协作配套符合保密管理要求、相关记录齐全 是□否□ 14. 涉密信息设备和存储设备是否进行了保密审查审批 是□否□	
结题归档管理情况	1. 相关涉密材料输出进行了登记 是□否□ 2. 外发经过审批并填写外发单 是□否□ 3. 发表论文、申请专利、报奖等有相应的审批程序 是□否□ 4. 根据验收和归档要求形成项目保密档案，移交归口管理部门 是□否□ 5. 不再使用的涉密信息设备和存储设备审批后送所在单位或信息中心销毁或登记封存 是□否□	
脱密管理情况	1. 不再承担涉密项目的涉密人员及时办理脱密手续 是□否□ 2. 进行了脱密期管理 是□否□	
本人作为公民，牢记《中华人民共和国保守国家秘密法》。作为涉密项目负责人，严格遵照《武器装备科研生产单位二级保密资格标准》		

续表

	15. 涉密计算机是否存有上网和交叉使用记录　是□否□ 16. 非涉密计算机是否存储、处理和传输过涉密信息　是□否□	

说明：1. 项目类型填写装发、军委科技委、军兵种的项目类型、科技/工程计划名称、企业合作。

2. 境外学习工作时间栏，超过 15 天以上填写；台式、便携计算机及移动存储设备填写 1 密(秘密级)或 1 机(机密级)/1 非(非密)台。

3. 本表所有信息须建立完整台账，填写相对应的表格。

自查人签名：

示例 5-5-5：涉密科研项目保密安全检查登记表

单位名称：　　　　　　　　　　　　　　　　　　　　年　月　日

序号	检查项目	检查内容	存在问题
1	涉密科研项目台账情况	1. 项目定密是否有审查和备案： 是□　否□ 2. 涉密科研项目台账是否齐全： 是□　否□ 涉密项目数量：________ 涉密科研项目组数量：________	
2	涉密人员保密管理情况	3. 涉密人员台账是否齐全： 是□　否□ 涉密人员总数：________ 各项目组负责人及人数： ________________ ________________ ________________ ________________ 4. 涉密人员（含研究生）是否进行了保密审查审批并签订了保密承诺书： 是□　否□ 5. 项目组负责人是否定期对项目组涉密人员进行了保密教育： 是□　否□	
3	信息设备和存储设备保密管理情况	6. 涉密信息设备和存储设备台账是否齐全： 是□　否□ 涉密计算机数量：________ 移动存储介质数量：________ 其他设备数量：________ 7. 涉密信息设备和存储设备是否进行了保密审查审批： 是□　否□ 8. 涉密计算机是否存有上网和交叉使用记录 是□　否□	

续表

序号	检查项目	检查内容	存在问题
		9. 非涉密计算机是否存储、处理和传输过涉密信息： 是□　否□ 10. 涉密笔记本电脑(非工作状态)是否存储有涉密信息： 是□　否□ 11. 涉密笔记本电脑借出、归还台账是否齐全 是□　否□	
4	涉密载体管理情况	12. 涉密载体是否存放在符合要求的保密柜或密码柜中： 是□　否□ 13. 涉密载体的收发、使用、传递、复制和销毁是否符合保密管理规定： 是□　否□	
5	科研场所管理情况	14. 涉密项目科研场所是否符合保密管理规定： 是□　否□	
6	项目结题阶段管理情况	15. 不再承担涉密项目的人员是否办理了脱密手续，并签订了保密承诺书： 是□　否□ 16. 无需归档的涉密资料是否销毁或清退： 是□　否□ 17. 不再使用的涉密信息设备和存储设备是否送指定机构销毁或登记封存： 是□　否□	
7	存在问题		
检查人(签字)：		责任人(签字)：	

第六节　机要工作的保密管理

一、机要工作及其保密管理概述

(一) 机要工作及其保密管理的概念

机要工作是机关、单位的一项政治性、重要性十分突出的工作，主要包含为保障党和国家重要或涉密的文件及时传达、落实而进行的关于文件在制作、收发、阅读、传递、保管、借阅、复制、清退、销毁等环节的管理工作。

机要文件是指党中央、国务院和省委、省政府等不宜公开的重要或涉密文件。

机要工作的保密管理主要是指在机要文件的制作、收发、阅读、传递、保管、借阅、复制、清退、销毁等各环节中，依照保密法律法规和相关制度的规定，所进行的旨在保障其安全的全部活动。

(二) 机要工作保密管理的特点

1. 极端重要性

机要工作直接关系到政令畅通，其保密管理直接影响政令能否及时、安全地传达和贯彻。而且，机要文件往往涉密程度深，许多内容与党和国家的安全和利益紧密相关。一旦由于保密管理工作不到位发生失泄密事件，将会对相关领域的工作乃至直接对党和国家造成严重甚至不可挽回的损失。因此，机要工作保密管理的极端重要性和严肃性十分突出。

2. 标准高、要求严

机要工作的保密管理标准高、要求严，体现在：一是涉密机要文件要实现全程可追溯。为确保涉密机要文件去向明确、流转有痕，必须坚持原则，认真履行交接环节的签收手续，并及时提醒、催还文件，才能为涉密机要文件始终处于可控、可追溯的状态提供良好保障；二是涉密机要文件保密管理要始终保持“零差错”。涉密机要文件的保密管理要求贯穿于制作、收发、阅读、传递、保管、借阅、复制、清退、销毁全过程，必须在每一个环节都严格落实保密管理要求，不出任何错漏，才能实现保密管理的“零差错”，确保涉密机要文件的绝对安全。

二、机要工作保密管理的内容

机要工作的保密管理内容主要包括以下几个方面：

(一)建立健全工作机制

首先，机关、单位要成立机要工作领导小组，这不仅是落实机要工作责任制的要求，也是督促领导干部落实机要工作责任的有效保证。并且，应根据单位的人事变动，及时调整机要工作领导小组成员，做到组织健全有效，确保机要工作得到及时研究、部署、推进和落实。

其次，机关、单位要完善相应的工作制度，要将保密要求融入到业务工作制度中去，实现机要业务与保密要求的高度融合。比如在机要文件的管理制度中，要将保密管理要求融入到文件管理的各个环节，为落实机要文件全过程的保密管理工作提供遵循。

(二)加强对机要人员的保密管理

机要人员是机要工作的直接承担者，因此机关、单位要加强对机要人员的保密管理：督促机要人员及时办理上岗手续，及时接受保密教育培训和机要业务培训，持证上岗；在日常工作中，加强对机要人员的管理、提醒、监督和检查；在机要人员离岗离职前，督促其办理好涉密载体交接、脱密审批手续等。

机要人员自身也要积极履行好保密职责，严格落实保密责任，执行保密纪律，在日常工作和生活中始终遵守相应的保密管理要求，维护好机要工作中的国家秘密安全。

(三)落实闭环管理

由于机要文件是涉密载体和不宜公开的纸质载体，因此，在管理上，涉密机要文件的保密管理必须遵循涉密载体的管理要求，同时也具有其独特性。其他不宜公开的非涉密的重要文件虽不属涉密载体，但参照涉密文件管理，在性质上和存放方式上可以有所区别。

1. 收发环节

(1)收文环节。

在收到纸质涉密机要文件、履行签收手续前，应检查信封、包装、密封标志等是否完好无损，并确认收文单位信息。拆封后要核对信封内发文通知单的信息和收到的文件是否相符，并妥善保存发文通知单。

在电子政务内网上收到机要文件时，在签收、打印后，要核对纸质文件和系统自动形成的收文单上的信息是否一致。

(2)登记环节。

收到涉密机要文件后，接收人员应在专用的涉密文件登记本上进行登记或者在涉密信息设备上登记。登记内容应包含接收时间、来件单位、文件名称、文件字号、文件编号、密级、保密期限、份数、页数等信息(见实证参考示例 5-6-1)。

非涉密的机要文件由于不宜公开，虽不必在涉密文件登记本或涉密信息设备上处理、登记，也得在标注“内部资料”“敏感资料”的文件登记本上登记或在受控的非涉密信息设备上成文、制作、登记。

(3)发文环节。

对于在本单位内部发放的文件，发文单位应填写分发单，主要包含文件名称、文件字号、文件编号、密级、保密期限、份数、页数、收件单位、接收时间等信息，并交收件部门的保密员或者负责人本人签收。涉密机要文件分发单要保存一定时间(一般 3 年至 5 年)，以备查询。

对于需要外发给其他单位的文件，一般通过机要途径邮寄，由发文单位安排专人携带身份证和邮寄证明前往办理相关手续(见实证参考示例 5-6-2)。寄出人应使用机要专用信封亲自将文件装入并密封，并在信封上标明密级和收件单位、发件单位的名称。机要人员在信封封口处盖上骑缝章，并与寄出人完成签收手续。

2. 阅读环节

(1)控制知悉范围。阅读文件必须严格在文件限制或主管领导批准确定的知悉范围之内，不得自行扩大范围。其中，对于阅读绝密级机要文件的人员还应作出文字记载。

(2)阅文室阅文。阅读文件一般应在符合保密要求的阅文室进行，不得将其带回家中或带到公共场所。

(3)不得横传。文件的阅读者不得横传文件，不得随意抄录、摘录文件内容。经申请同意摘抄后，要使用单位统一编号配发的保密本进行摘抄，并按照保密要求进行管理。

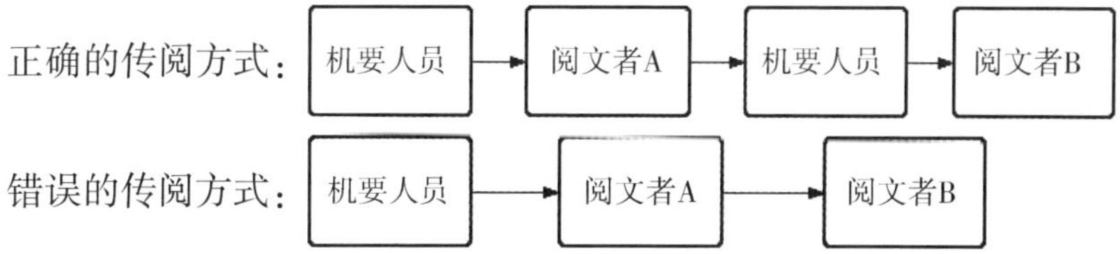

3. 借阅、借用环节

(1)严格审批。借阅、借用文件应由借出机关、单位的主管领导批准，非知悉范围内的机关、单位和人员，不得外借。借阅、借用时要持单位介绍信，办理登记手续(见实证参考示例5-6-3)。归还所借文件时，要当面清点、销号，办理退还手续。绝密级文件严禁外借。

(2)及时归还。机要人员应督促借阅文件者及时将文件归还。

4. 清退环节

根据上级发文机关要求，要按时对机要文件进行清退。在清退、清查工作中如发现有丢失的，要及时向主管领导和单位保密工作机构报告，并协助做好追查处理工作。

5. 销毁环节

(1)销毁涉密机要文件，要经本机关、单位主管领导审核批准，并履行清点、登记手续(见实证参考示例5-6-4)，并在送销前存放在符合安全保密要求的专门场所。非涉密机要文件的销毁在经过审批、清点后，必须按照内部资料进行受控销毁。

(2)机关、单位要将需要销毁的涉密机要文件送专门的涉密载体销毁机构或者保密行政管理部门指定的承销单位销毁。机关、单位送销涉密机要文件，须分类封装、安全运送、并派专人现场监销。禁止将机要文件作为废品出售。

(3)机要文件销毁的登记、审批记录须长期保存备查。

(四)机要工作的信息化管理

随着信息化的发展，机要工作也日益呈现出信息化的特点，比如电子政务内网逐渐改变了传统的机要文件传递方式。因此，机要工作也必须与时俱进，加强信息化的管理工作：

(1)信息化手段的运用。为提高机要工作的效率，在机要工作中可以充分运用信息化的管理手段，比如在涉密计算机上建立涉密机要文件电子管理台账，在受控的计算机上建立非涉密机要文件的电子管理台账，便于文件日常查询、清理等工作。

(2)加强信息化设备管理。严格遵循信息系统、信息设备、存储设备的保密管理规定，认真执行“涉密不上网，上网不涉密”的要求，强化对机要工作中的信息系统、信息设备、存储设备、办公自动化等设备的保密管理，确保各类设备的管理符合保密要求。

（五）阅文室、机要室的保密管理

（1）应明确阅文室、机要室的负责人，并与单位责任人签订保密责任书，明确保密责任。

（2）阅文室要明确限定进入人员范围，特别加强工勤人员管理等。机要室还需对外来人员进出进行审批登记，建立 24 小时值班制度，有保卫人员值守等。

（3）阅文室、机要室应选择在相对坚固、独立、便于控制的区域和房间，均需配备“三铁”：铁门即防盗门、铁窗即防盗窗、铁柜即密码文件柜或密码保险柜。机要室还需配备手机柜，采取区域安全隔离措施等。

（4）阅文室和机要室均需配备视频监控系统。机要室还需要配备门禁系统、入侵报警装置、信号屏蔽等安全设施。

（5）阅文室可携带手机、电脑等无线通信设备进入，但严禁进行拍照、摄像、录音和进行视频通话等。机要室严禁安装、使用无绳电话和其他无线通信设备，严禁将与工作无关的具有存储或信息采集功能的电子设备或电磁介质带入，未经批准不得携带具有录音、录像、拍照、信息存储功能的设备。

三、实证参考

示例 5-6-1：机要文件登记表

单位（部门）：

接收时间	来件单位	文件名称	文件字号	文件编号	密级	保密期限	份数	页数	备注

示例 5-6-2：机要文件邮寄证明

保密委员会办公室：

兹有我单位________同志前来办理机要文件邮寄的手续，请予办理。文件共计________(大写)份。

特此证明

单位(盖章)：

日期：

示例 5-6-3：机要文件借阅/借用审批登记表

单位(部门)：

序号	文件名称	文件字号	文件编号	密级	借阅/借用事由	借阅人签字	批准人签字	经管人签字	借阅时间	归还时间	经管人签字	备注

示例 5-6-4：涉密文件销毁登记备案清单

单位(部门)：　　　　　　　　　　　　　　　　本次登销共____页，此为第____页

<table>
<tr><td rowspan="2">产生年度</td><td rowspan="2">涉密文件字号</td><td rowspan="2">涉密文件标题
(涉密刊物填写刊名和起止期号)</td><td rowspan="2">密级</td><td colspan="2">销毁份数
(大写)</td><td rowspan="2">文件使用、管理者移销签字</td></tr>
<tr><td>原件</td><td>复制件</td></tr>
<tr><td></td><td></td><td></td><td></td><td></td><td></td><td></td></tr>
<tr><td></td><td></td><td></td><td></td><td></td><td></td><td></td></tr>
<tr><td></td><td></td><td></td><td></td><td></td><td></td><td></td></tr>
<tr><td colspan="4">登记销毁单位审查、核实签字</td><td colspan="3">省销毁站收销签字</td></tr>
<tr><td colspan="4">监销人签字：

单位领导审核批准签字：
(单位盖章)
年　月　日</td><td colspan="3">销毁站收销人签字：
(单位盖章)
年　月　日</td></tr>
</table>

第七节　国家统一考试的保密管理

国家统一考试是国家选拔、认定各类人才的重要方式之一。实施国家统一考试，公平公正选拔各类人才，既能保障广大考生权益，又有助于维护政府公信力和社会和谐稳定。而国家统一考试涉及部门及人员多，涉密环节复杂，保密要求高，社会责任大。因此，加强国家统一考试保密管理工作十分重要。

一、国家统一考试及其保密管理概述

(一)国家统一考试及其保密管理的概念

国家统一考试是指由国家有关主管部门组织并在全国范围内统一实施的考试，如普通高等学校招生全国统一考试、研究生入学考试、国家公务员录用考试、各类执(职)业资格和专业技术人员资格考试等。

国家统一考试保密管理是指在国家统一考试的全过程中，主管部门按照相关保密法律法规，对考试的涉密载体、涉密人员、涉密场所、涉密会议、涉密事项等进行指导、监督和管理，以保障国家统一考试顺利实施的活动。

(二)国家统一考试保密管理的原则

根据《关于进一步加强国家统一考试保密管理工作的通知》要求，国家统一考试工作，按照“谁主管，谁负责”的原则，由组织考试的主管部门负责。组织考试的主管部门，应建立由一名主管领导任组长的考试保密工作领导小组，负责考试工作的保密管理。受委托组织考试的省、自治区、直辖市主管部门，应建立有同级保密工作部门参加的保密工作领导小组，具体负责考试试卷的印制、运送、保管等环节的保密管理工作。

(三)国家统一考试保密管理的特点

1. 过程环节多，运转周期长

国家统一考试涉及命题、印制、运送、分发和保管等诸多环节，不同的环节对相关考务工作人员、命题及试卷存放场所、设备等有不同的保密管理要求。同时，随着社会的发展，各种考试规模急剧扩大，考试种类和层次增

多，命题人员也随之增多，试卷印刷数量增大，印刷周期加长，完成任务持续时间较长。考试过程环节多的特点易导致试卷在存放、交接等方面出现疏漏；持续时间长且高强度的工作也易使考试保密管理人员因疲于应付而出现防范不严密乃至失误的情况，存在泄密风险。

2. 协同部门多，涉及人员广

国家统一考试全过程的诸多环节中，涉及部门多，涉及相关工作人员众多，增加了保密管理的复杂程度。另外，各种类别的统一考试其保密管理和考风考纪状况不同，认识和管理水平不平衡。各考点间工作力度不一，执行现有保密管理规定的力度也有差异。现实表明，各级考试管理机构、考务人员对普通高等学校招生全国统一考试、国家公务员录用考试、研究生入学考试等社会关注度高的考试更加重视，而对自学考试和在职人员申请学位等考试重视程度较低，管理力度相对较弱。

3. 受关注度高，社会影响大

国家统一考试泄密对社会造成的危害极大。一是造成恶劣的社会影响。国家统一考试牵涉千家万户，关系每个考生的个人发展权益和职业发展权益。二是造成恶劣的政治影响。国家统一考试泄密案件易被境外一些媒体和网络炒作并借机污蔑我国的考试制度，损害政府的形象。三是造成重大的经济损失。组织国家统一考试需要投入巨大的人力、物力、财力资源。如果因为泄密导致停考，则会给国家造成巨大的经济损失。

4. 涉及范围宽，管理难度高

在考生总量上升的同时，各类统一考试保密管理也有了新的变化。在时间上，从防范考生在考试现场舞弊转向重点防范不法分子于考前窃取试题、倒卖试题；在手段上，一些具备高科技特征的新型通信、科技工具被运用到窃密及舞弊行为中，严重破坏考试安全。这些变化使统一考试的保密范围扩宽，增加了保密防范和考场管理难度，保密工作的科技含量要求也相应提高。另外，由于网络传媒的迅猛发展，国家统一考试中一旦发生泄密情况，将会通过网络传媒等渠道传播得更快更广。

二、国家统一考试保密管理的内容

国家统一考试的保密管理涉及试卷流转的全过程，如图 5-3 所示。

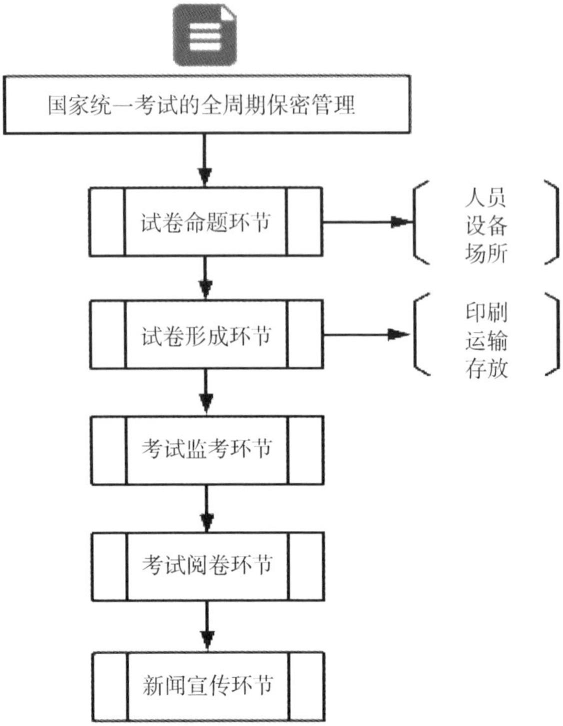

图 5-3　国家统一考试的全周期保密管理

(一)试卷命题环节的保密管理

命题是考试的首要环节，距离试题解密和考试结束时间较长，如果在这个环节发生泄密，则试题流传的时间最长，泄密的可能范围最大，随之造成的损失必然会最为严重。命题环节发生泄密的主要形式有：一是命题人员对外直接提供试题或参考答案，或对外提供抄录试卷的有关内容，或对外提供含有试题内容的辅导资料等；二是参与命题的工作人员利用参与监管工作的便利或组织命题工作之机，非法获取试卷并对外提供。

1. 命题相关人员

命题相关人员包括命题人员、试题录入人员、管理工作人员及保密工作人员。

命题人员如有直系亲属参加本年度该项目考试，应予以回避。命题人员身份对外保密。考试开考前，命题人员不得泄露与考试有关的内容，不得参与考前辅导和接待考生的咨询。未经同意，不得以命题专家身份出席任何会议或发表文章，不得以个人名义编写或审核与其命题相关项目的考试复习资料。命题人员不得在网络计算机上编辑试题，不得以任何方式保留试题副本。完成命题后应立即销毁草稿和与试题有关的草稿纸等材料，并删除电子文档，清空回收站以防泄题。

试题录入人员领取电脑、保密包等设备时应履行登记手续，使用后及时交回。未经有关负责人同意，不得将外来移动存储介质带入机房，不得将涉密载体带出机房，不得擅自打印或发排试题校样和清样。

命题管理工作人员应严格履行保密工作职责，未经上级批准，不得对外发布与当年考试有关的信息，不得接受媒体采访。如发现泄密事件及可能造成泄密事件的情况，应及时报告上一级领导。在离开本岗位时应严格履行交接手续，涉密材料要严格登记移交。

承办国家统一考试项目的命题单位应设置专门的保密员。保密员负责保存、管理命题相关的涉密材料，检查命题保密设施设备的安全状况，监督命题过程中保密管理的落实情况。保密员不得过问、阅览所保存的保密材料。

2. 命题设备

用于命题的相关设备主要有计算机、打印机、复印机和移动存储介质等。命题设备是涉密设备，应明确设备责任人，做到“谁使用，谁负责”；要做好命题设备的台账管理，总台账、分台账与实物相符合，做到“账账相符，账物相符”；涉密设备不得连接网络使用。命题完成后，在存储试题电子版及合成试卷时，要使用涉密设备、涉密移动存储介质，并按涉密载体的管理要求进行妥善保管。

3. 命题场所

命题场所包括命题人员进行现场命题的工作场所和题库机房。现场命题的工作场所和命题相关人员所居住房间的外线电话应一律拆除。命题工作组可保留具有录音功能的外线电话。所有参与命题的相关人员凭核发的证件出入现场命题工作场所，命题场所所属的服务机构不得为与会人员提供电话、传真、网络、邮政等通信服务。题库机房是编辑、存储试题和合成试卷、存储试卷的专用场所，应严格按照保密要害部位进行管理。

（二）试卷形成环节的保密管理

1. 试卷印刷环节

国家统一考试试卷必须在经国家、省级和市级保密部门审定批准的定点印刷厂印制，双方应当签订安全保密、印刷质量等方面的协议。考试机构应当在印卷工作开始之前将承印定点印刷厂的相关情况报相关部门备案。

考试机构应向定点印刷厂派驻入闱监印人员。入闱监印人员负责监督、检查定点印刷厂的安全保密执行情况，责成定点印刷厂及时整改不符合保密规定的操作环节，并将工作情况及时报派出教育考试机构。入闱监印人员与接触试卷及相关材料的定点印刷厂工作人员统称为入闱工作人员。入闱工作人员不得擅自出厂，不会客、不通信、不打电话、不串车间、不议论与试卷有关的问题；不得将无线电话机、对讲机、手机等通信工具以及带有摄像、录音功能的器材带入厂区。

印刷试卷的各生产工序之间必须履行严格的交接手续，考试机构、定点印刷厂必须有专门的交接记录单，由专人负责接收，做到“谁经手、谁签字、谁负责”。废页、残页必须经清点、登记后在入闱监印人员监督下当日销毁。封装后的试题应由两名试题专管人员保管，保密柜钥匙由两人分别持有。

2. 试卷运输环节

试卷运输过程中，考题所处的环境相对复杂，涉及单位和交接过程多，容易发生泄密问题。因此，试卷的运输工作不可大意。

运送试卷前应到有关部门办理车辆在运送途中的免检手续；以密封车运送，配备押运车辆。运送试卷时必须使用安全、牢固的包装用具。由考试机构负责人带队，有公安(或者武警)人员参加。运送试卷途中，现场押运人员不得少于两人，做到人不离卷，卷不离人；严禁搭乘与试卷运送无关的人员和物品；如押运途中必须停滞，停滞期间同时看护试卷人数不得少于两人。途中停滞原因要如实记入试卷保管日志。

各考点单位须指定专门接卷人员(两名或两名以上)按规定时间到达指定地点，凭领卷介绍信领取试卷，同时要加派保卫人员协助押运。接卷员接卷后，应当场逐包严格检查试卷外包装状况、核对清点无误后签字确认，完成试卷交接手续。

3. 试卷存放环节

国家统一考试前存放试题(包括副题)、参考答案和评分参考(指南)，以及考试结束后保管答卷的保密室应严格按照保密要害部位进行管理。各学科(项目)的试题及其他相关材料须存放和归档在不同保密柜内，保密柜钥匙及密码由负责人和保密员分别保管，两人同时在场方可开启。不得转交他人或相互替代保管钥匙或密码。工作人员进入保密室领取保密材料，须严格履行登记手续。未经主考以书面方式确认同意，任何人不得以任何理由开启封条进入保密室，不得以任何理由开启试卷密封包装。保密室使用期间的监控资料在考试结束后由教育考试机构至少保存半年。

(三)考试监考环节

监考员领取试卷后，应同时进入考场。试卷启封之前，任何人不得以任何理由启封试卷袋。考试正式开始前，应两人同时看管试卷。试卷启封前，应向全体考生展示试卷袋封条是否完整无损。监考期间，监考人员不得以任何理由将试卷带出考场；考试结束后，两名监考员必须按规定回收、整理试卷、答题卡和草稿纸，共同将试卷等相关材料封入试卷袋和对应考务袋，并立即办理交接手续。

(四)考试阅卷环节

阅卷工作应在集中场所进行，不允许非阅卷人员和无关人员进入阅卷现场；阅卷人员应关闭手机和一切通信工具直至阅卷结束，不得将试卷带出阅卷场所；严禁泄露未正式公布的考试相关信息，不得向外界透露统分进度和有关情况；要做好用于存储阅卷成绩数据的计算机房及计算机硬件设备的安全和维护工作，计算机密码应由专人负责掌管，工作人员除了应当遵守国家统一考试保密管理的规定外，还应当遵守办公自动化网络保密的管理规定。

(五)新闻宣传环节

考试机构在考试前后应当实行新闻发言人制度。新闻发言人员由考试机构指定专人担任。所有考试信息应当由新闻发言人向新闻媒体提供，其他任何个人或者部门都无权发布。任何新闻媒体不得以任何方式炒作关于考试中发生的有关事件。各考点在考前的宣传工作中，不得泄露涉及试卷印刷、运输、保存和评卷等具体内容。在考试期间，不得向任何媒体提供、发表考试试题、参考答案及评分参考(指南)；考试结束后，不得向任何媒体提供或者发表考试试题的评分细则。评卷工作结束之前，不得以任何方式公布考生成绩。

第六章　保密教育培训

保密教育培训是党和国家教育培训工作的一个重要组成部分，是保密工作的思想先导和重要内容。开展保密教育培训，是保密行政管理部门和各级党政军机关、涉密单位贯彻执行党和国家保密工作方针政策和法律法规、强化保密监督管理、推动保密事业科学发展的重要职责。通过有针对性的保密教育培训，可以使教育对象了解保密知识，增强保密意识，提高保密技术防护能力，确保国家秘密安全，切实维护国家安全和利益。

第一节　保密教育培训概述

一、保密教育培训的概念

保密教育培训，是指各级保密行政管理部门和机关、单位组织开展的，面向全体公民，以领导干部、涉密人员、公务员和保密干部为重点对象，以增强保密意识、传播保密理念、普及保密知识、提高保密技能、维护国家秘密安全为目的，以保密工作形势任务、保密法律法规、保密知识技能等为基本内容的教育培训活动。

二、保密教育培训的目的

保密教育培训要达到以下目的。

（一）了解保密法律法规

告知教育对象保密法律法规各条文的实际内涵，使其了解公民所应担负的法律责任和义务，做到依法办事，以相关保密法律法规约束和规范自身的行为，并充分运用保密法律武器同一切违反保密法律法规的行为做斗争，切实维护国家秘密安全。

(二)认清保密工作形势

保密形势教育使教育对象了解当前保密工作面临的严峻形势，充分认识到保密工作的复杂性和艰巨性，树立忧患意识，筑牢保密思想防线；通过失泄密案例警示教育，可以使教育对象直观地认识到失泄密事件的严重性和危害性，了解现实工作和生活中容易造成失泄密的原因和途径，并引以为戒，增强敌情观念和防范意识，做到及时消除隐患，堵塞漏洞。

(三)掌握保密知识和技能

保密工作具有一定的专业性、知识性、技术性。新形势下高科技窃密技术手段更加多样，保密知识的内容更加丰富，范围更加广泛。通过学习保密新知识、了解当今世界现代科技发展新趋势并掌握保密新技能，可以有效提高教育对象的保密防范能力和工作水平，使其自觉运用先进技术和设备做好保密工作，杜绝失泄密事件发生，确保国家秘密安全。

(四)强化保密意识

保密教育培训使教育对象正确理解保密工作的方针政策和国家有关保密工作的法律法规等知识，端正思想认识，强化责任意识，提高政治站位，牢固树立保密就是保国家安全、保个人前途、保家庭幸福的思想观念，提高保守国家秘密、维护国家安全和参与保密工作的自觉性和主动性。

三、保密教育培训的要求

保密教育培训工作是一项长期、艰巨、复杂的工作，要达到教育培训的目的，取得实际效果，必须按照保密教育培训的基本要求开展工作。

(一)坚持正确的政治方向

保密教育培训是党和国家教育培训工作的重要组成部分，其基本要求同党和国家教育培训工作基本要求一致。保密工作的性质和任务决定了保密工作是一项政治性、思想性很强的工作，必须坚持正确的方向。保密教育培训应坚持以党的基本路线、基本理论、基本方针为指导，以科学的理论武装人，以正确的舆论引导人，以高尚的情操塑造人，以优秀的作品鼓舞人，统一思想，始终把贯彻党的保密工作方针政策，落实保密法律法规作为重点，结合形势任务教育、爱国主义教育、国家安全教育，使教育对象牢固树立国家安全利益至上的观念，切实做好保密工作。

(二)坚持理论联系实际

作为马克思主义的一项基本原则，理论联系实际也是保密教育培训工作的优良传统。一是要联系教育对象在保密工作方面的思想实际。对符合保密工作指导思想和方针政策的正确认识，要充分肯定，进行广泛宣传，使之形成保密工作的主旋律；对糊涂思想、片面认识和错误观念，要认真分析其思想根源，指出其错误危害性，耐心做好思想政治工作，从而及时纠正错误的观念和言行。二是要紧密联系窃密与反窃密斗争的实际。窃密与反窃密斗争相对隐蔽，面临的形势严峻。要有针对性地开展保密教育培训，讲清新形势下保密工作所处的复杂环境和应对之策，增强教育对象维护国家安全和利益的自觉性，强化其做好保密工作的责任感、使命感。三是要紧密联系业务工作的实际。保密工作是全方位多层次的工作，渗透在各行各业、各个领域，同各项业务工作融为一体。保密教育培训要结合各项业务工作的特点和实际需求，有针对性地、采用不同方式、实施不同的保密教育培训内容，才能取得应有的效果。

（三）坚持分层分类施教、突出重点

《保密法》规定“一切国家机关、武装力量、政党、社会团体、企业事业单位和公民都有保守国家秘密的义务”，所以保密教育培训必须实现全员全覆盖，同时重点人员重点培训。机关、单位应建立教育培训的体制机制，根据机构责任制的确定，根据各自保密教育培训职责，分层开展保密教育培训，确保保密教育培训的全员全覆盖。

要根据不同类别、不同岗位的教育对象的实际情况和特殊需求，有针对性地组织开展保密教育培训活动。领导干部、涉密人员、公务员和保密干部在保密工作中发挥着重要作用，是保密教育培训的重点对象。在加强重点教育的同时，要兼顾普通工作人员的保密教育培训工作：对重点对象，要以党和国家保密工作方针政策、法律法规、防范知识技能和一个时期的保密工作中心任务为教育培训的重点内容；对一般对象，主要是增强国家安全保密观念，明确保密义务，了解保密工作形势和基本常识。针对不同时期、不同环境、不同对象等具体情况，在方式方法上也应有所区别和侧重，以增强保密教育培训的针对性、有效性。

（四）坚持常抓不懈

一方面，教育对象思想认识的提高和改变会受到各种外部因素和条件的影响，是一个循序渐进的长期过程。另一方面，当前保密工作面临的新情况和新问题层出不穷，保密技术防护手段和保密管理理念也在不断更新，需要经常开展各类保密教育培训，使教育对象及时学习并了解最新保密知识，掌握现代科技保密技术，提高解决新情况和新问题的能力。

四、保密教育培训的内容及方式

(一)保密教育培训的内容

保密教育培训的内容是由保密工作的形势和任务决定的。保密法律法规、保密工作形势、保密知识技能等是保密教育培训的基本内容。要根据具体对象、岗位要求、不同时机确定保密教育培训内容，切实做到因人施教、因岗施教、因时施教、因事施教，使保密教育培训与教育对象业务工作紧密结合。保密教育培训的内容归纳起来主要有以下几个方面，如图6-1。

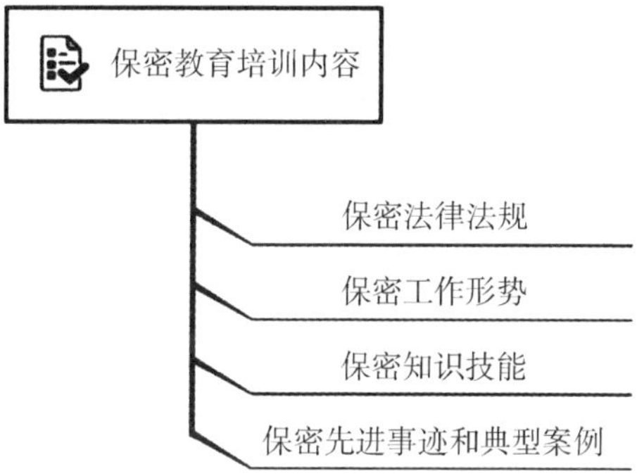

图6-1　保密教育培训内容

1. 保密法律法规

保密法律法规是保守国家秘密的行为准则，是做好保密工作的法律依据。宣传保密法律法规和规章制度，普及保密法律知识，是保密教育培训的一项重要内容，也是全国普法工作的重要组成部分。要着重做好修订后的《保密法》及其配套法规、规章的教育培训，使教育对象系统学习保密工作方针、定密制度、保密措施、监督管理、法律责任等内容，深刻领会《保密法》的修订背景、立法宗旨和基本原则，准确把握《保密法》的基本内涵和精神实质，了解应担负的法律责任和应履行的法律义务，自觉用保密法律法规来规范自己的行为。

2. 保密工作形势

当前，保密工作面临的挑战前所未有，任务异常艰巨。一方面，保密与窃密斗争存在于国际政治、经济、军事、科技、外交等各领域，是国际政治、军事势力斗争的体现，也是国际间经济和科技发展相互竞争的必然结果。另一方面，我国正处在改革发展的关键时期，国家的发展格局、安全格局和利益格局发生重大变化，安全需求不断增大。一些新的经济和社会组织进入涉密领域，涉密人员流动性增加、流向复杂，导致保密管理难度加大，存在失泄密隐患和漏洞。保密工作形势教育要结合爱国主义教育、国防教育、时事政策教育，使教育对象增强忧患意识和敌情观念，筑牢思想防线，消除失泄密隐患。

3. 保密知识技能

保密工作具有很强的专业性和技术性，要做好新形势下的保密工作，不仅要有较高的政治思想素质，还必须具备相应的知识技能。了解高科技窃密技术的发展前沿，熟练掌握保密新技术知识，运用先进技术和设备是领导干部、涉密人员完成本职工作的必备专业技能。保密教育培训要适应业务工作需要，结合不同领域和岗位特点，也要加强通信网络、计算机信息系统、现代办公自动化等保密技术防范技能培训，以适应现代信息技术发展要求，并随着保密工作形势发展变化而不断更新、不断丰富。

4. 保密先进事迹和典型案例

一方面，在保密工作中，涌现出众多为维护国家秘密安全不顾个人安危，甚至不惜牺牲生命的先进人物和锐意进取、努力开创保密工作新局面，推动保密事业科学发展的先进事迹。这些先进人物和事迹是保密教育培训的好教材。以先进事迹为内容进行保密教育培训，有助于教育对象以鲜活的先进人物和事迹为榜样，激发其保密工作热情，振奋精神，鼓舞斗志，增强事业心和责任感。

另一方面，在保密工作中，失泄密案例时有发生。通过违规、失泄密案例的教育，使教育对象直观地认识到泄露国家秘密、严重违规行为给国家、家庭和个人带来的危害，有助于增强其保密意识，提高防范能力。开展典型案例教育，一是要剖析案例，透过现象看本质，通过案情找根源，引导教育对象从案件中总结经验教训；二是要运用案例通报、专题教育片、警示教育展、影视作品等多种手段，增强警示教育的影响力和有效性。

（二）保密教育培训的主要方式

保密教育培训的基本方式就是为达到教育培训目的所采取的手段和途径。保密教育培训要取得实效，不仅要有针对性强的内容，还要借助有效的方式方法。保密教育培训内容、对象不同，决定了保密教育培训的方式方法的多样性。

机关、单位应当利用一切合适的机会和场合，采取多种方法开展保密教育培训活动。保密教育培训的常见方式主要包括理论类、实践类和在校教育三种，如图 6-2。

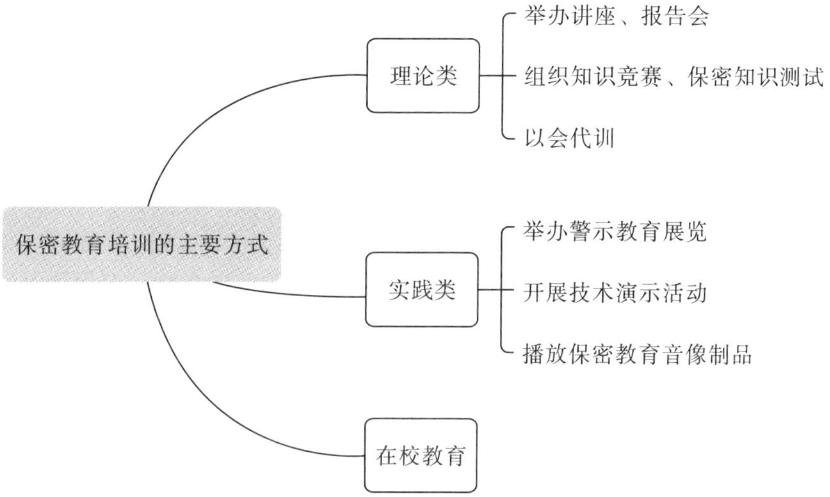

图 6-2　保密教育培训的主要方式

1. 理论类保密教育培训

理论类的保密教育培训方式有举办讲座、报告会；组织知识竞赛、保密知识测试；以会代训等。

(1)举办讲座、报告会。

讲座、报告会有专题性和综合性两种形式。专题性保密知识讲座、报告会主要针对某一方面的问题进行讲解或探讨，综合性保密知识讲座、报告会则是结合多方面的情况或问题进行综合讲解或探讨。讲座、报告会针对性强，而且灵活机动、易于组织，是机关、单位经常采用的保密教育培训方式。

(2)组织知识竞赛、保密知识测试。

通过有针对性的知识竞赛、保密知识测试活动，各机关、单位广泛动员、周密组织一定范围内的相关人员全员参与，有利于形成良性激励机制和良好保密氛围，积极引导教育对象主动学习掌握保密知识，从而激发其学习兴趣、提高学习成效，增强其保密意识，提高其防范能力。

(3)以会代训。

机关、单位择机通过召开工作会、研讨会、座谈会、报告会等各类会议，通报保密工作形势，部署保密工作任务，或就某些专题举办辅导报告、座谈讨论，交流工作情况，统一思想认识，是一种有效的保密教育培训方式。除了召开专门会议外，机关、单位在召开有关专业性会议时，也可以不失时机、见缝插针地结合业务工作，提出保密要求，进行保密教育培训。

2. 实践类保密教育培训

实践类的保密教育培训方式有举办警示教育展览；开展技术演示活动；播放保密教育片等。

(1)举办警示教育展览。

通过综合利用警示案例相关的图片、图表、文字、实物、多媒体及技术展演等多种展示手段，可以把丰富具体的教育培训内容生动形象地展示给教育对象。特别是把窃密技术手段和重大泄密案例展示出来，具有较强的冲击力和警示效果，可以使教育对象对发生失泄密的严重性和危害性有较为直观的认识，有利于增强其防范意识和能力，收到很好的教育效果。

(2)开展技术演示活动。

保密技术演示主要是通过讲解并演示关于网络、办公自动化、移动通信和窃听窃视等方面常见的信息化技术窃密手段、原理和泄密途径，帮助教育对象了解和掌握保密防范知识和技能。保密演示不仅针对性强，而且具有生动、直观、形象的特点，教育培训效果明显。开展保密技术演示活动，已经成为各机关、单位进行保密教育培训的重要方法和有效形式。

(3)播放保密教育音像制品。

运用音像制品进行保密教育培训，其特点是形象、直观，感染力强，能寓教于乐，是教育对象喜闻乐见的方式，教育效果显著。由金城出版社制作、发行的保密教育培训音像制品，包括保密影视教育片、泄密案例警示教育片、保密专题片、保密培训教学片等，内容丰富，品种多样，为各地、各机关、单位开展保密教育培训工作提供了便利，应当予以大力推广。

3. 在校教育

依托于学历教育的在校教育也是保密教育培训的一种重要方式。随着社会主义市场经济的深入发展和信息化建设的快速推进，当前保密工作的环境、对象和手段发生了深刻变化，保密工作的专业性、技术性特点愈加凸显。保密教育培训也需要从单纯的保密知识、技能培训向专业学历教育等方面拓展。在校教育尤其是国家保密学院将理论类和实践类保密教育培训方法有效结合，有助于培养系统掌握涉密信息管理、保密行政、保密法规、保密技术等专业知识的复合型人才。

第二节　保密教育培训的组织实施

教育培训的实施是按照教育培训的要求，实现培训目的的重要环节。各级各类保密教育培训主体都应该结合要求、联系实际作出统筹安排，有组织、有计划、有步骤、有针对性地开展保密教育培训活动，并使之系统化、制度化、规范化，确保保密教育活动的实效性。

一、建立培训机制

保密教育要实现全员全覆盖，必须发挥各级各类保密责任主体的作用，使各级各类保密责任主体都履行好各自教育培训的职责。因此，机关、单位根据责任主体的划分建立相应的保密教育培训的分层分级机制，就十分重要。如果机关、单位的责任主体划分为三级，则建立三级保密教育培训机制，如果是四级保密教育责任主体，则建立四级保密教育培训机制，如此类推。各级各类责任主体根据工作实际，创造性开展保密教育培训，既增加覆盖面，也突出差异性，还增强实效性。

二、制定年度保密教育培训计划

机关、单位应以“丰富内容、创新形式、突出重点、增强实效”为原则，制定出年度保密教育培训计划。制定年度保密教育培训计划时，应结合国家保密形势、上级保密工作要求以及机关、单位的年度中心工作计划内容，根据保密工作重点，多方听取意见和建议，了解保密教育培训对象的培训需求，从而确定年度保密教育培训计划的具体内容，并因时间、对象等客观情况不同而有所侧重。年度保密教育培训计划内容应涵盖培训类别、内容和形式不一的多项培训计划，并大致确定实施的时间、地点、培训主体及对象等。见《保密教育培训记录表》（实证参考示例 6-4-1）、《涉密人员保密教育培训情况记录表》（实证参考示例 6-4-2）、《年度保密教育培训计划示例1》(实证参考示例6-4-3)、《年度保密教育培训计划示例2》(实证参考示例6-4-4)。

三、实施单项保密教育培训活动

培训计划制定后，落实计划就是关键。机关、单位应根据提前制定好的年度保密教育培训计划，有组织有步骤地逐一落实单项培训计划。培训计划可以根据实际工作的需要进行微调。单项培训活动的组织实施流程一般包括拟定具体实施方案、做好实施准备、精细实施培训、跟踪实施收尾四个环节。见《保密教育培训组织实施流程图示例》(实证参考示例6-4-5)。

(一)拟定具体实施方案

单项保密教育培训的方案内容应包括培训目的、时间地点、培训对象、培训内容和形式、培训要求等。实施方案应简洁清晰、操作性强，便于参与培训组织的工作人员和所培训的对象准确理解实施方案内容并对照完成或参与培训活动。见《红色保密史系列教育活动方案示例》(实证参考示例6-4-6)。

(二)做好实施准备

主办培训的机关、单位工作人员应按照任务分工，做好以下几项准备工作：

一是准备工作力量。不同的单项保密教育培训活动其组织机构及实施人员任务也不同。机关、单位保密工作机构或人力资源部门举办的保密教育培训，一般培训覆盖面广，影响力大，保密知识普及率高。机关、单位相关归口管理部门或下级保密责任单位举办的保密教育培训，则通常侧重于某个专题或领域，培训覆盖面较小，但针对性更强。机关、单位保密工作机构主导举办的保密教育培训，各相关归口管理单位和二级保密责任单位应积极支持、配合参与；机关、单位相关归口管理部门或二级保密责任单位主导举办的保密教育培训，机关、单位保密行政管理部门应主动指导与协助。

在明确整体工作任务后，应成立单次活动的工作小组，确定工作人员，并对工作人员进行细致的职责分工。要细致到每一位工作人员所负责的任务以及要求完成时间，要求应清晰严格，一目了然。

二是资料准备。若单项保密教育培训需要发放多种不同培训资料的，还要明确不同对象应发放何种资料，准备培训资料的工作要更加精细化，例如：组织保密知识竞赛、保密知识测试类培训应准备试题试卷、参考答案及评分参考(指南)，有必要时还应制作相应的PPT播放材料，同时应联系好评委或评分专家，准备评奖所需物品、购买奖牌奖状等。举办警示教育展览应在确定展览主题后，多方搜集紧扣主题、与机关、单位工作业务紧密相关的典型警示教育案例，并根据场地的实际空间协调相应的展台展位、展板，同时准备一定数量、与之配套的展出作品(图表、文字、绘画、实物和多媒体音像制品等)。播放保密教育音像制品应多方搜集与机关、单位工作业务紧密相关的典型警示教育片，教育片时长则根据实际需要灵活掌握，但通常要做到每一次保密教育培训都能播放完整的保密教育音像制品。

三是邀请专家。如果是专家报告会或讲座，那么确定专家是头等大事。要考虑专家的业界影响力，更要考虑专家的讲课效果。要和专家作详尽的沟通，比如培训目的、培训人员、培训内容等，当然还有培训费用以及交通差旅等。开展技术演示活动应在确定技术演示主题后，联系并协调好技术演示者，也要提前沟通相关事宜，还包括如互动环节的设计等。

四是准备场地。根据参训范围和参训人数，挑选合适的培训场地并提前办理好征用(借用)手续。如培训内容涉密，则应选择具备保密条件的会议场所。

五是发放通知。通知内容应简明扼要，主要包括保密教育培训的举办时间、地点、主题和参加人员等。举办讲座、报告会类培训或者技术演练等通知，必须是在确定培训主题、联系和协调好讲座专家、报告主讲人后，才能发通知。

六是必要的办会审批。如果培训会议涉密，就必须办理涉密会议的申请审批程序，并制定详尽的保密方案。

(三)精细实施培训

1. 布置会场

布场工作主要包括相关培训资料和后勤保障物资的运达、活动场地桌椅的摆放、参会人员的座位安排、音响设备及PPT的调试播放等。

涉密培训需要加装必要的保密技术设备：禁止使用无线话筒、会场放置手机屏蔽仪，会场外放置手机屏蔽柜等；在活动场地入口处显著位置摆放保密提醒标志，禁止带入具有无线联网功能的计算机和智能终端(含笔记本电脑、平板电脑、手机等)设备，禁止无关人员进入会场等。

2. 现场工作

在保密教育培训活动当天，要细致进行会议签到、发放资料、引导入座、课件及音像控制、培训现场秩序维护等一系列工作，工作人员要分工协作，通力配合。举办讲座、报告会类培训过程中，还要密切关注讲座专家和报告主讲人的需要，做好PPT播放、话筒及音响控制、饮水等服务保障工作。

内容涉密的保密教育培训活动中如果需要使用录音、录像等电子设备、设施的，应进行安全保密检查，并由专人负责保密管理。未经批准禁止带入具有摄录功能的设备。活动中涉密载体的发放应当指定专人负责并进行签收登记。

(四)跟踪实施收尾

保密教育培训活动结束后，机关、单位要及时展开收尾工作。一是回收相关资料和设备并清点，核对无误后运回，如发现必须回收的资料和设备有缺失，应立即追回。组织知识竞赛、保密知识测试类培训除回收所有试题试卷及答卷外，还需组织改卷评分、评奖等工作；举办警示教育展览还需认真回收相关展板及展览作品，运回后妥善存放，以备循环利用。二是清理活动场地，做好场地的整理和恢复工作；三是及时填写活动记录表，将活动情况如参与人数、时长等详细记录留存；四是现场收集反馈意见，随机或有针对性地询问受训人员，了解其参加培训后的感想和建议，初步掌握此次培训的反馈和效果。另外，讲座、报告会类培训结束后还需做好讲座专家和报告会主讲人的后续服务工作，如返程的安排、讲课费的核发等。

内容涉密的保密教育培训活动结束后生成的录音带、录像带以及录音笔等，需要按活动的密级进行定密，并按涉密载体进行管理和使用。涉密载体的回收，应指定专人负责，并进行回收登记。

第三节　保密教育培训的效果评估

保密教育培训效果评估是在教育对象完成保密教育培训任务后，对培训计划是否完成或达到效果进行的评价、衡量。通常采用对培训对象学习、反应、结果等基本培训成果或效益的衡量来测定，内容一般包括培训目标达成情况、培训效果综合衡量、培训主体的工作绩效等方面。

一、保密教育培训效果评估的意义和作用

机关、单位及时对保密教育培训的效果进行评估很有必要。一是可以对

保密教育培训效果进行正确合理的判断，以便了解某一单项保密教育培训是否达到原定的目标和要求。二是可以帮助衡量培训对象保密能力的提高或行为表现的改变(如保密意识的增强、保密法律法规知识的掌握、保密业务技能的提升等)是否直接得益于保密教育培训本身。三是可以找出保密教育培训的不足，归纳出教训，便于改进今后的培训，同时能发现新的培训需要，从而为下一轮的培训提供数据参考。四是可以较客观的评价培训主体的工作(如培训时机是否合适、培训对象的选择是否精准、培训内容是否贴合实际需求、培训方式是否有创新等)并为机关、单位管理者进行决策提供所需的信息。

二、保密教育培训效果评估的方法

机关、单位要建立完善的保密教育培训效果评估制度，通过评估及时发现问题和不足，调整教育培训内容，改进教育培训方法，增强教育培训效果。一方面，要加强对保密教育培训主体的评估，从组织领导、培训实施、培训效果、经费投入等方面进行检查评估，坚持平时评估和年度评估相结合、定性评估与定量评估相结合；另一方面，要加强对保密教育培训对象的评估，细化评估项目、评估标准、评估分值、评估手段，把培训对象参加学习培训的有效时间、学习表现、学习效果作为保密教育培训效果评估的重要依据，把涉密人员保密教育培训评估与涉密岗位资格审查和持证上岗结合起来，实现教管结合，以教促管。对保密教育培训进行效果评估一般有以下几种方法，如图 6-3。

图 6-3　保密教育培训效果评估方法

(一)总结报告法

单项保密教育培训活动实施完成后，机关、单位对此次保密教育培训活动过程中的具体情况进行统计和梳理，通过听取保密教育培训活动不同对象的反馈意见，及时形成总结报告。总结报告的核心是肯定成绩，找出缺点。成绩有哪些，有多大，表现在哪些方面，是怎样取得的；缺点有多少，表现在哪些方面，是什么性质的，怎样产生的，都应在总结报告中详细罗列并加以分析。

年度内所有保密教育培训活动实施完成后，也应对一年来的保密教育培训工作进行回顾和分析，从中找出经验和教训，引出规律性认识，形成书面的总结报告以指导今后保密教育培训工作。年度保密教育培训总结以肯定成绩和经验为主，目的是找出机关、单位保密教育培训工作中存在的问题并加以分析改进，有利于机关、单位保密教育培训工作良性开展。

(二)问卷调查法

机关、单位通过向保密教育培训活动对象发放调查问卷，收集和了解他们对保密教育培训活动的满意度，并对教育培训效果的调查数据进行比较和分析，以评估保密教育培训的有效性和影响力，进而发现问题并提出改进意见。

调查问卷又称调查表或询问表，是以问题的形式系统地记载调查内容的一种印件。问卷可以是表格式、卡片式或簿记式。见实证参考《保密教育培训效果调查评估表示例》(示例 6-4-7)、《保密教育培训效果评估调查问卷示例》(示例 6-4-8)。设计问卷，是问卷调查的关键，问卷设计时应当遵循一定的原则和程序，并运用一定的技巧。调查问卷一是要有明确的主题。从实际出发拟题，问题目的明确，重点突出，没有可有可无的问题。二是要结构合理、逻辑性强。问题的排列应有一定的逻辑顺序，符合应答者的思维程序。一般是先易后难、先简后繁、先具体后抽象。三是要通俗易懂。问卷应使应答者一目了然，并愿意如实回答。问卷中语气要亲切，符合应答者的理解能力和认识能力，避免使用专业术语。对敏感性问题采取一定的技巧调查，使问卷具有合理性和可答性，避免主观性和暗示性，以免答案失真。四是要注意控制问卷的长度。回答问卷的时间一般应控制在 20 分钟左右，问卷中既不浪费一个问句，也不遗漏一个问句。五是要便于资料的校验、整理和统计。

问卷设计好以后，一般采用发放、邮寄、网上调查等方法进行调查。依靠机关、单位的保密行政管理机构逐级发放问卷的方法比较普遍和常用。大多数二级责任单位能积极合作，发放到位并及时反馈回收问卷，问答完成率高。如果调查问卷向下逐级发放不到位则会耽误整个调查研究的工作，机关、单位的保密行政管理机构应及时跟踪各二级责任单位发放及反馈回收调查问卷的情况。邮寄调查的优点是比较节省时间和经费，回答者可以在其方便的时候做问卷，研究的区域性可以更大一些，方便调查距离较远的受访者。但邮寄调查的方式缺乏弹性，无法追问不清楚的问题，而且回卷率比较低。因此，问卷寄出一段时间后，应写信追问或打电话反复催问以引起对方重视，从而提高回卷率。另外，还可通过网络，采用在线自助调研软件的方式进行问卷调查，既方便又快捷高效，网上调查已成为当今社会问卷调查的发展趋势。

（三）访谈法

访谈法又称晤谈法，是通过机关、单位相关保密工作者和培训对象面对面地交谈来了解培训对象的心理和行为的一种研究方法。这种方法能够简单而迅速地收集多方面的工作分析资料，具有较好的灵活性和适应性。因研究问题的性质、目的或对象的不同，访谈法具有不同的形式。访谈有正式的，也有非正式的；有逐一采访询问，即个别访谈，也可以开小型座谈会，进行团体访谈。

面对面访谈调查也存在一些不足之处，比如人力物力花费较大、访问耗时较长、保密性低等。相比较而言，电话访谈可以较好地避免这些问题。采用电话访谈法，调查时间和费用均较经济，电话访问在电话接通后马上可以直接访问，花费时间最少，在有限的时间内，能完成较多的访问，而且可快速回收样本。电话访谈法还可以访问到广泛的样本对象，对受访人员的影响较小，访问成功机会较大。因此，电话访谈也是机关、单位普遍采用的保密教育培训效果评估方法之一。机关、单位应根据实际情况，选择面对面访谈或电话访谈又或者二者相结合的方法，以最佳方案获得所需的调查结果。

（四）现场考试法

单项保密教育培训结束后，机关、单位应立即对培训对象进行现场考试或技能操作考核，评出具体分数。现场考试的答卷得分可以直观地体现出培训对象的学习吸收程度，技能操作考试得分能反映出培训对象对保密业务技能的掌握情况。将该项保密教育培训中所有培训对象的得分对照考试的难易程度加以统计分析，能够马上获知此次保密教育培训的效果。

第四节　实 证 参 考

示例 6-4-1：保密教育培训记录表

时 间		组织单位	
地 点		主讲人	
参加人员 范　围		学 时	
参加人数		形 式	
记录人			
教育培训主要内容			
负责人签字		时 间	

注：此表由保密教育培训组织单位留存备查。

示例 6-4-2：涉密人员保密教育培训情况记录表

单位：________　　　　　　　　　　　　　　　　　　　　年度：________

<table>
<tr><td colspan="5">基本情况：</td></tr>
<tr><td>姓　名</td><td></td><td>人员编号</td><td colspan="2"></td></tr>
<tr><td>工　号</td><td></td><td>联系方式</td><td colspan="2"></td></tr>
<tr><td colspan="5">教育培训情况：</td></tr>
<tr><td>培训时间</td><td>培训主要内容</td><td>学时</td><td>形式</td><td>地点</td></tr>
<tr><td></td><td></td><td></td><td></td><td></td></tr>
<tr><td></td><td></td><td></td><td></td><td></td></tr>
<tr><td></td><td></td><td></td><td></td><td></td></tr>
<tr><td></td><td></td><td></td><td></td><td></td></tr>
<tr><td></td><td></td><td></td><td></td><td></td></tr>
<tr><td></td><td></td><td></td><td></td><td></td></tr>
<tr><td></td><td></td><td></td><td></td><td></td></tr>
<tr><td>所在
单位
意见</td><td colspan="4">该人员年度参加保密教育培训累计达到____学时。

单位负责人签字(盖章)：
年　月　日</td></tr>
<tr><td>备注</td><td colspan="4"></td></tr>
</table>

注：此表一式三份，于每年末由涉密人员个人填写，单位确认盖章后分别交所在单位、人事部门和保密委员会办公室留存备案。

示例 6-4-3：年度保密教育培训计划示例 1

××单位 2020 年度保密教育培训计划

序号	培训时间	培训对象	内容	牵头单位	协助单位
1	2 月	保密委员会委员	保密教育实训平台专项培训	保密委员会办公室	
2	5 月	各二级单位保密工作责任人、保密工作负责人、保密员以及涉密人员	保密教育培训班	人事部门	保密委员会办公室
3	5 月	定密责任人	定密培训	保密委员会办公室	
4	9 月	新上岗职工	应知应会的保密知识	人事部门	保密委员会办公室
5	10 月	全体职工	保密教育宣传周(知识竞赛、宣传展板、宣传片、主题党会等)	保密委员会办公室	

示例 6-4-4：年度保密教育培训计划示例 2

序号	组织单位	培训名称	培训内容	培训目的	时间	学时	方式	授课教师	培训对象
1	人事处、保密委员会办公室、科技处	涉密科研项目保密管理知识	涉密科研项目保密管理办法	了解涉密科研项目保密管理办法和流程	3 月	3	讲座	科技处保密主管	涉密项目负责人及管理人员
2	人事处、保密委员会办公室	保密形势和案例警示教育	保密形势、反间防间、泄密案例教育	提高法制观念和保密意识，筑牢思想防线	4 月	3	讲座	邀请专家	全体涉密人员

续表

序号	组织单位	培训名称	培训内容	培训目的	时间	学时	方式	授课教师	培训对象
3	研究生院	研究生专项培训	相关规定、泄密案例、防范技术	加强涉密研究生保密意识、提高防范能力	9月	2	讲座	保密委员会办公室负责人	全体涉密研究生
4	信息办、保密委员会办公室	信息安全培训	泄密案例、保密管理要求及信息技术防范措施	强化信息安全意识，提高防范能力	11月	3	技术演示	信息安全专家	全体涉密人员

示例 6-4-5：保密教育培训组织实施流程图示例

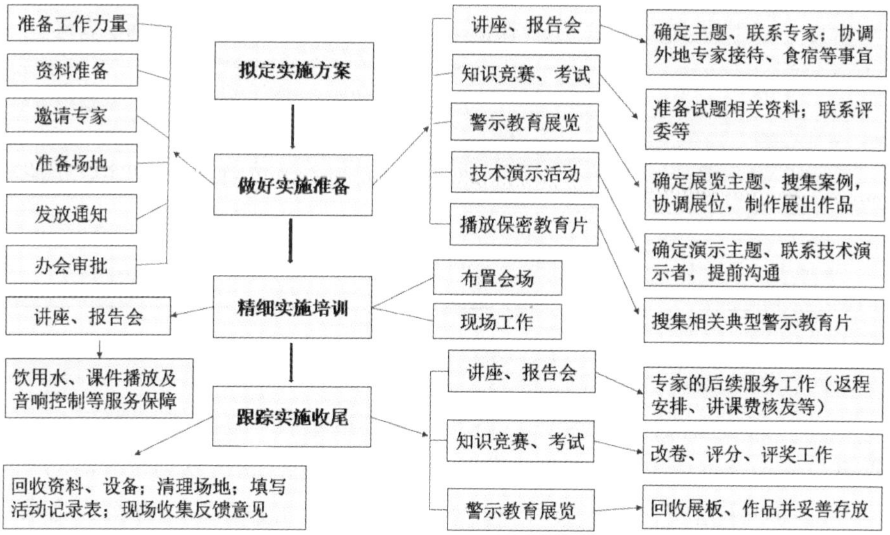

示例 6-4-6：红色保密史系列教育活动方案示例

××单位红色保密史系列教育活动方案

一、活动目标

围绕庆祝中国共产党成立 100 周年，结合党史学习教育活动，在单位范围开展保密宣传教育系列活动，学习和了解党的保密工作历史，继承和弘扬党的保密工作优良传统，提高广大员工的保密意识，为本单位发展营造良好的保密安全环境。

二、活动时间

2021 年 4 月至 7 月。

三、活动安排

活动时间	活动地点/路径	活动内容
4 月 15 日 8 时—5 月 15 日 24 时	“保密观”APP/微信公众号	保密知识竞赛
5 月	单位内部	红色保密史专题报告会
6 月	单位内部	红色保密史主题故事会
5—7 月	红色教育基地	保密干部实地重温 红色保密故事

四、活动要求

（一）高度重视，认真组织。各单位要高度重视，各级保密工作领导和保密员应担负责任，认真组织本单位员工参与红色保密史系列教育活动。

（二）注重落实，务求实效。各单位要认真落实各项活动方案，力求活动取得实效。

示例 6-4-7：保密教育培训效果调查评估表示例

姓名(自愿)： 单位名称：

课程名称： 授课老师：

培训日期： 培训地点：

评估指标	评估指标说明	请在对应的得分上打“✓”				
		很好	良好	好	一般	差
培训内容	内容设计满足课程目标	5	4	3	2	1
	知识点深度适中、易于理解	5	4	3	2	1
	内容切合实际、便于应用	5	4	3	2	1
	内容丰富、新颖	5	4	3	2	1
	课程时长合适	5	4	3	2	1
授课老师	具备培训内容领域的专业水平	5	4	3	2	1
	课程准备充分，PPT 课件制作有水准	5	4	3	2	1
	语言表达清晰，有个人精辟见解	5	4	3	2	1
	讲解有条理，善于举例分析	5	4	3	2	1
	课堂组织能力强，时间运用恰当，课堂氛围好	5	4	3	2	1
教材资料	书面资料有益(如无应用，不需填)	5	4	3	2	1
	音像资料很好(如无应用，不需填)	5	4	3	2	1
	培训时机的选择合理	5	4	3	2	1
其他安排	场地环境(空间、灯光、温度等)	5	4	3	2	1
	场地设备(桌椅舒适度、音响控制等)	5	4	3	2	1
	课前通知及时	5	4	3	2	1
	相关安排(签到、资料发放、座位引导等)妥当	5	4	3	2	1
培训收获	获得了适用的概念和知识	5	4	3	2	1
	获得了在工作上有效应用的技巧和技术	5	4	3	2	1
	促进审视自身及自己的工作，并加以改进	5	4	3	2	1
意见建议						

示例 6-4-8：保密教育培训效果评估调查问卷示例

欢迎参加本次保密教育培训评估！您的及时评估反馈和宝贵的意见建议，将帮助我们更科学、更有针对性地设计、改进保密教育培训工作，满足您的培训需求。请您认真填写问卷，并在您认可的选项上打“✓”，感谢合作！

一、对于培训课程的评估

Q1：您认为本次培训对您的工作是否有所帮助？

A. 帮助很大

B. 帮助较大

C. 帮助一般

D. 没有帮助

Q2：您认为本次培训是否解决了您工作上的实际需求？

A. 得到很好解决

B. 部分得到解决

C. 丝毫没有得到解决

Q3：通过参加此次培训，您觉得有哪些收益？（可多选）

A. 接触到了一些使用的新知识

B. 获得一些在工作上的技巧

C. 帮我印证了某些观点

D. 帮我改变了自身的工作态度

二、对于授课专家的评估

Q4：授课专家对培训目标内容的阐述效果（是否具体、明确和完整）如何？

A. 好

B. 良好

C. 一般

D. 较差

Q5：您对培训专家所采取的教学方式是否满意？

A. 很满意

B. 满意

C. 一般

D. 不满意

Q6：若不满意，您认为此次培训应采用何种教学方式？(可多选)

A. 普通讲座

B. 小组讨论

C. 讲师演示+学员实际操作

D. 提问+回答

三、对于培训组织的评估

Q7：您对本次培训组织安排情况整体印象如何？

A. 好

B. 良好

C. 一般

D. 较差

Q8：培训之前你得到通知的及时情况？

A. 及时

B. 不及时

Q9：您对本次培训的整体满意度如何？

A. 很满意

B. 满意

C. 一般

D. 不满意

Q10：本次培训课对您工作最有帮助的内容有哪些？

____

____

____

Q11：您对本次培训是否还有其他改进意见？

____

____

____

Q12：培训时间及地点

____

____

____

Q13：培训名称及授课专家姓名

____

____

____

Q14：您所在部门

____

____

____

Q15：您的姓名

____

____

____

第七章　保密检查及查处

第一节　保 密 检 查

一、保密检查概述

（一）保密检查的概念

本书所指的保密检查，是指保密工作机构依据《保密法》赋予的职责权限，按照特定工作程序，采用一定方法和手段，组织调查了解机关、单位贯彻落实党和国家保密工作方针政策和法律法规，检验、查看有关保密行为是否符合保密规定的一种行政监督或内部管理活动。保密检查是保密工作的重要组成部分。

保密检查是保密工作体系的重要内容。《保密法》第七条明确规定，“机关、单位要实行保密工作责任制，健全保密管理制度，完善保密防护措施，开展保密宣传教育，加强保密检查”。

（二）保密检查主体和对象

保密检查主体，即保密检查活动的组织者和实施者，是指具有法定检查职责权限，并对检查活动和行为独立承担后果的机关、单位。根据《保密法》相关规定，保密检查主体包括各级国家保密局，中央国家机关、地方涉及国家秘密的机关和单位。开展保密检查是一种组织行为，具体执行检查工作的人员只是保密检查的执行者，不能视为保密检查主体。

保密检查的对象具有广泛性。凡是承担保密义务、担负保密责任的机关、单位、机构和人员，都属于保密检查的对象。

（三）保密检查依据

保密检查是一项对检查对象产生一定影响的行政行为。实施保密检查，必须依据充足，符合法律法规规定。除了党和国家关于保密工作的方针政策、工作部署外，保密检查的依据主要有两大类，即保密行政法律法规和保密行政规范性文件。具体包括以下几类。

(1)保密法律。《保密法》是保密行政执法的基本依据。此外，其他相关法律中的有关条款，如行政监察法、行政处罚法、反间谍法、专利法、海关法等有关规定，都是开展保密检查的法律依据。

(2)保密行政法规和地方性保密法规。《保密法实施条例》是重要的保密行政法规。此外，其他行政法规，如国家及地方性法规中有关保密检查的规定，也是保密检查的法规依据。

(3)保密规章和国家保密标准。国家保密行政管理部门单独制定或会同有关中央国家机关制定的、在全国范围内适用的保密规章，如国家保密局印发的《保密技术检查工作暂行规则》《保密检查工作规定》《机关、单位保密自查自评工作规则》等，是规范保密检查工作的重要行政规章，是开展保密检查工作的直接依据。国家保密标准是保密规章的组成部分，也是保密检查的依据。

(4)保密行政规范性文件。保密行政规范性文件，是指国家行政机关在其法定权限内，根据工作需要制定的，有关保密方面的除保密行政法规和规章以外的具有普遍约束力的行为规范的各种文件，是保密检查的重要依据。如《涉密文件信息资料保密管理规定》《关于加强党政机关和涉密单位网络保密管理的规定》《关于进一步做好防范手机窃密泄密工作的通知》等。

(5)机关、单位保密制度、规范。机关、单位根据相关法律法规文件，结合自身实际工作，形成的具有公信力、一定约束力和可执行性的规章制度和行为规范等，是各机关、单位开展保密检查的直接依据。

(四)保密检查原则

开展保密检查工作，应当坚持依法履职、严格标准、突出重点、注重实效的原则。

(1)依法履职。开展保密检查是一项职权行为，实施检查行为的前提条件是法律和政策明确赋予检查主体这一职权，并要求检查主体严格按照法律、政策的规定开展检查活动。遵循依法履职原则，体现在四个方面：一是要严格按照保密法律法规规定的职责权限开展保密检查，既不能失职失责，也不能越权检查；二是保密检查的范围和内容要符合法律法规和政策规定；三是要严格依照法律规定的程序组织和开展检查工作，对检查中发现的违反保密规定的机关、单位及其设施、设备的处置，必须符合法律规定；四是对违规违纪责任人员的查处要符合法纪规定。

(2)严格标准。严格标准，是指在实施保密检查过程中必须全面把握和严格执行有关保密法律法规制度标准，主要包含三个方面内容：一是检查依据和标准要严格。对机关、单位保密工作各方面情况，要严格按照保密规定和检查标准进行评判。二是现场检查及提出的整改标准要规范严格。对检查中发现的问题，应当严格根据相关标准进行全面准确的分析鉴别，并提出整改要求，对存在的问题应当场指出、立即纠正，不迁就、不遮掩、不变通。三是问责标准要严格。对发生泄密问题和严重违规行为的，要依法依纪严肃处理，不能以批评教育代替党纪政纪处理，不能以经济处罚代替行政处分。

(3)突出重点。突出重点是保密工作的基本方针，也是保密检查必须遵循的原则。保密检查要关注保密工作所涉及的方方面面，尤其是机关、单位及其保密工作机构在组织保密自查时，应当力求全面，不留死角。保密行政管理部门组织的保密检查，则要集中力量，突出重点，解决突出问题。突出重点原则具体体现在四个方面：一是要把党和国家中心工作作为检查的重点；二是要把关系政治、经济、外交、国防等战略性、全局性的核心秘密作为检查重点；三是要把重点区域、重点领域、重点涉密机关、单位和涉密人员作为检查重点；四是要把发生重大泄密事件、案件以及容易发生泄密的部门、部位和薄弱环节作为重点。

(4)注重实效。保密检查必须注重实效，避免流于形式，确保检查取得实际效果。要通过保密检查达到以查促教、以查促防、以查促改、以查促管的效果，找出保密工作的薄弱环节和解决问题的有效途径和方法，堵塞漏洞，消除隐患，督促机关、单位贯彻落实党和国家保密工作方针政策和保密法律法规，完善保密制度，加强保密防范，提高保密管理能力和水平，确保国家秘密安全。

(五)保密检查的作用

保密检查目的在于发现问题，查找国家秘密安全隐患和泄密漏洞，及时解决问题、堵塞漏洞、消除隐患，发挥以查促教、以查促改、以查促防、以查促管作用。

(1)以查促教。保密检查是保密教育的特殊形式，边检查边教育是保密宣传行之有效的工作方法。在保密检查中，针对机关、单位及其工作人员存在的问题，结合检查的具体项目和内容，宣传党的保密工作方针政策和重要部署，讲解保密法律法规，示范保密技术设施、设备的具体操作，介绍保密知识和技术规范，同时，通报保密检查情况，查处严重违规和泄密问题，追究相关责任人，促使检查对象提高思想认识，增强保密责任意识、风险意识和忧患意识。

(2)以查促改。开展保密检查是及时了解机关、单位落实保密法规制度情况，发现泄密隐患和各种违规行为的有效方法。在检查过程中，对存在问题的机关、单位明确提出整改要求，限期整改；对问题突出的，视情进行复查；对发生泄密和存在严重违规问题的，依法依纪对责任人员进行处理。通过以上整改手段，促使机关、单位及时采取措施，改进保密管理方式和强化技术防护措施，提高保密防护水平，防止失泄密事件发生。

(3)以查促防。通过开展保密检查，了解机关、单位保密防范工作中存在的问题，提出改进意见和措施，督促各项保密规定、标准、措施落实，促进机关、单位提高保密防范工作能力和水平，完善人防、物防、技防综合防护体系，确保国家秘密安全。

(4)以查促管。保密检查的最终目的是促进机关、单位加强保密管理，消除泄密隐患和堵塞泄密漏洞，切实维护国家秘密安全。通过开展保密检查，发现保密管理存在的薄弱环节和主要问题，指导帮助机关、单位完善保密管理制度措施，建立保密管理长效机制，提高保密管理整体水平。

(六)保密检查的内容

一般来说，保密检查的内容应当包括以下几个方面：

(1)保密工作责任制落实情况；

(2)保密制度建设情况；

(3)保密宣传、教育、培训情况；

(4)涉密人员管理情况；

(5)国家秘密确定、变更和解除情况；

(6)国家秘密载体管理情况；

(7)信息系统和信息设备保密管理情况；

(8)互联网使用保密管理情况；

(9)保密技术防护设施、设备配备使用情况；

(10)涉密场所及保密要害部门、部位保密管理情况；

(11)涉密会议、活动管理情况；

(12)涉密货物、工程、服务采购等项目管理情况；

(13)信息公开保密审查情况；

(14)保密检查工作开展情况；

(15)违反保密法律法规行为查处情况；

(16)保密组织机构设置和人员配备情况；

(17)保密法律法规规定的其他检查内容。

(七)保密检查的形式

保密监督检查的形式根据不同的分类方式可分为以下形式。一般有全面保密检查、专项保密检查、突击性的保密检查、人工检查、技术性的保密检查、定期监督检查和日常监督检查、上级检查、联合检查、现场检查、远程检查等形式，如表 7-1。

表 7-1 保密检查形式分类表

划分方式	类型		
检查的内容侧重点	全面检查	专项检查	
检查的时间和频次	突击性的检查	定期监督检查	日常监督检查
采用的检查手段	人工检查	技术检查	
检查的主体不同	上级抽查	单独检查	联合检查
检查的物理距离	现场检查	远程检查	

(1)从检查的内容侧重点来划分，可分为全面检查和专项检查。

全面保密检查，全面检查也称综合性检查。其特点：一是检查内容在两项以上，如对保密工作整体情况的检查，就包括保密工作责任制落实情况、保密制度建设情况、定密工作情况、保密宣传教育和培训情况、涉密载体管理情况、涉密网络管理情况、涉密人员管理情况等；二是检查对象面广，如组织全国范围的检查；三是使用的手段较多，如行政手段、技术手段的综合运用；四是动用的力量较多、规模较大，可能需联合相关专业部门对目标对象进行全方位的检查。

专项保密检查，针对特定的工作对象或者特定的保密事项，进行有针对性的某一项或者几项保密内容的专门性保密检查，如涉密人员管理专项保密检查、国防科技专项保密检查或者涉密信息设备常规检查等。

(2)根据检查的时间和频次来划分，可分为突击性的检查、定期监督检查和日常监督检查。

突击性的保密检查，根据特殊原因或者工作部署安排，事先不与目标对象打招呼通知，随机性的对目标对象进行检查。

定期监督检查，根据相关要求或制度规定，采取规律性的定期例行检查的形式。

日常监督检查，针对日常管理中，相对随机性的保密监督检查形式。

(3)根据采用的检查手段不同，可划分为人工检查和技术性的保密检查。

人工检查，即不需要采取技术手段，由检查人员通过查阅资料、听取汇报、询问工作人员等方式进行的检查。如对定密的检查、对保密制度建设情况的检查、对涉密人员管理情况的检查等。

技术性的保密检查，采用一定的技术手段，由专业的技术人员，针对技术含量比较高的保密领域或对象进行专门的检查，如针对信息设备的检查、反监听反探测反辐射的检查等。

(4)根据检查的主体不同可分为：上级抽查、单独检查和联合检查。

上级抽查，即保密行政管理部门或主管部门，根据有关工作安排，对机关、单位进行的保密检查，或对某方面保密工作进行的抽样检查。抽查常常安排在各机关、单位自查之后，目的是验证评估各机关、单位自查情况。

单独检查，即指一个部门或机构单独进行的检查。如保密工作机构单独组织的常规性保密检查、信息归口部门组织的信息设备保密检查等。

联合检查，即由多个机关、单位共同组织和参与、相互配合的保密检查。如保密行政管理部门会同教育、人事等主管部门联合组织开展的全国统一考试保密检查；保密行政管理部门会同公安、工商等主管部门联合开展的旧货市场清理检查等。

(5)根据检查的物理距离不同，可划分为现场检查和远程检查。

现场检查，即检查人员到达受检单位或检查现场进行的保密检查。一般来说，保密检查大多是现场检查。如针对定密工作、保密制度建设、涉密人员管理等组织的检查。军工保密资格认定工作现场审查，就是现场检查。

远程检查，即检查人员不到受检单位现场，而是在其工作场所，利用网络技术监管平台或其他技术手段，通过远程方式进行的检查。如对互联网门户网站信息进行的保密检查、利用检查工具网络客户端对非涉密计算机进行远程检查。

二、保密检查的组织实施

保密检查主体组织开展保密检查，要根据检查的类别开展相应的组织实施工作。

(一)保密检查具体程序

保密检查程序，是指为确保保密检查顺利进行，达到检查的目的和要求，事先进行的时间先后安排及依次进行的工作步骤和方法。制定科学的检查程序，是确保检查工作有序开展并确保高质量完成的重要保障。保密检查作为一项严肃的行政执法活动，必须严格按照规定的程序进行。保密检查程序一般应在检查工作方案中明确，根据目标任务不同，检查程序也有所区别(见图 7-1)。

图 7-1　保密检查程序

1. 保密检查的准备工作

决定开展保密检查，事先应当进行周密的准备。不同目的的检查，其准备工作的内容和要求也有所不同。就通常情况而言，保密检查的准备工作主要包括以下几项。

(1)作出检查决策，即决定开展保密检查活动。决策通常由实施保密检查的机关、单位领导班子作出。决策依据通常是落实上级机关、单位关于开展检查的工作部署；对预先布置的工作进展进行中期督导或在后期对工作落实情况进行核查、验证；为作出某项重大决策或制定政策措施提供依据等(见实证参考示例 7-4-1)。

(2)制定检查工作方案，即对保密检查工作作出全面部署安排。方案的内容包括以下几点(见实证参考示例 7-4-2)。

①确定检查主题，如，年度工作检查考核、定密工作检查、保密工作责任制落实情况检查等。

②明确检查范围，即确定检查对象的范围，一般根据实际工作确定。

③规定具体检查内容，一般根据检查目的确定，主要包括：保密工作责任制落实情况；保密制度建设情况；保密宣传、教育、培训情况；涉密人员管理情况；国家秘密确定、变更和解除情况；国家秘密载体管理情况；信息系统和信息设备保密管理情况；互联网使用保密管理情况；保密技术防护设施、设备配备使用情况；涉密场所及保密要害部门、部位保密管理情况；涉

密会议、活动管理情况；涉密货物、工程、服务采购等项目管理情况；信息公开保密审查情况；保密检查工作开展情况；违反保密法律法规行为查处情况；保密组织机构设置和人员配备情况；保密法律法规规定的其他检查内容。

④列出检查目录，一般是将检查内容进行细化，详细分列检查具体项目，形成具有可操作性的检查标准，并根据检查目录制作检查登记表(见实证参考示例 7-4-3、7-4-4)。

⑤明确检查形式，根据检查的实际需要，采取自查、抽查、专项检查(见实证参考示例 7-4-5)、全面检查等形式进行。

⑥时间安排，即规定检查工作的起止时间，以及各个时间段的具体任务。

⑦检查程序，一般包括听取情况汇报、选择具体检查对象、现场检查、反馈意见、提出整改要求等环节。

⑧检查人员，明确检查工作负责人，如指定组长、联络员等，明确职责和分工。

⑨检查装备，需要使用技术检查设备的，应当经国家保密行政管理部门测评和审批，符合国家保密规定和标准。

⑩组织领导，较大规模的检查，一般要成立检查工作领导机构，具体负责检查联络协调、违规问题核查、后勤保障等工作。

⑪纪律要求和注意事项，如检查中必须遵守的政治纪律、组织纪律、保密纪律、廉政纪律。

(3)准备相关材料、工具、设备，如草拟检查工作通知，准备相关文件，制定操作规程、注意事项和纪律要求、检查登记表册等，准备检查工具等。

(4)下发通知及活动联络工作等。

一般情况下，保密检查实施机关和部门应当在检查活动实施前，书面通知受检单位。检查通知应当提前下发，综合性的、规模较大的保密检查，应给受检单位必要的准备时间。特殊情况下可临时通知，也可根据保密检查的特殊需要不予通知，进行突击检查。通知一般采用书面形式，内容包括：受检单位名称或受检单位范围、检查的组织机关、检查依据、检查内容、检查时间、检查方式、检查人员及相关工作要求等。

(5)进行组织动员和人员培训，明确检查任务、工作要求、培训检查方法和工作规程。

组织较大规模或专业性较强的保密检查，根据需要，可开展必要的动员工作。通常情况，要对参与检查工作的人员组织专门培训，由检查工作的组织方组织开展关于检查任务、检查内容、检查程序、工作规程、方式方法、检查技术、纪律要求等方面的系统讲解。

2. 现场保密检查

现场保密检查一般依照下列程序进行：

(1)听取受检机关、单位有关保密工作情况介绍；

(2)根据检查目录和工作要求选定具体检查对象；

(3)对检查对象进行检查。查阅有关保密工作材料、记录等资料，向有关人员了解相关情况；使用技术手段对信息设备、存储介质进行检查(见实证参考示例 7-4-6、7-4-7)；

(4)指出并纠正检查中发现的问题；

(5)汇总检查情况，填写检查情况登记表；

(6)向受检机关、单位通报检查意见，对检查中发现的问题提出整改要求，下达书面的整改通知。整改通知须经收监方负责人签字确认。

3. 形成检查报告

检查结束后，检查组织方整理现场检查的原始记录材料，形成书面检查报告。报告内容应包括检查的基本情况、已下达的整改意见和要求、典型做法和先进经验等。

4. 督促整改

受检机关、单位和个人应当按照检查组织方提出的整改要求，制定整改措施，按期整改落实；对违反保密法律法规的行为，应当依纪依法予以处理，并向检查组织方书面报告有关情况。检查组织方应当对受检机关、单位和个人的整改工作进行督促和指导。对检查中发现存在严重泄密隐患或者发生泄密案件的受检机关、单位和个人，检查组织方应当适时组织复查，检查整改落实情况。检查组织方在给予受检机关、单位和个人的整改期限之后，应及时在合适的时间对受检机关、单位和个人进行回头检查，查看整改落实情况，以进一步采取措施。

5. 立卷归档

保密检查结束后，应当及时整理有关工作材料，立卷归档。

(二)保密检查结果运用

1. 即时应用

对于检查中发现的违法违规行为要进行相应的责任追究。对违反保密法律法规人员，可酌情采取相应的处理。对一般违规违法的，可以进行约谈、通报、政纪党纪处理等。对涉嫌犯罪的，移送司法机关处理。

2. 后续应用

纳入风险评估。机关、单位应结合检查结果，针对发现的问题，存在的泄密隐患，认真研究，查找深层次的原因，进行风险研判，评估风险危害，制定相应的风险防范措施，消除泄密隐患，堵塞安全漏洞。

纳入工作考核。保密检查结果可纳入工作考评和考核内容。对检查结果为符合要求、成绩突出的机关、单位和个人，应当给予表扬和奖励。对检查结果不符合要求的，可以给予相应的处理。

3. 长期应用

要充分发挥保密检查的警示作用。深刻剖析检查中发生问题的原因，总结经验教训，将保密检查案例作为典型负面教材，纳入全员警示教育培训，促使大家常敲警钟、保持清醒，提高保密意识。

三、保密自查自评

保密自查自评，是指党政机关和涉及国家秘密的企业事业单位，对本机关、本单位保守、保护国家秘密(含工作秘密)的情况，自行开展保密检查并依照一定的标准对保密工作情况进行自我评价。机关、单位积极开展保密自查自评是依法履行保密责任、加强保密管理的重要措施，对于巩固保密工作基础、筑牢保密防线、推进保密工作长效机制建设意义重大。

(一)保密自查自评工作原则

机关、单位开展保密自查自评工作，应当坚持“立足防范，突出重点，严格标准，形成制度”原则，做到强化保密主体责任，及时消除泄密隐患，建立保密工作长效机制，确保国家秘密安全。贯彻这一原则要求，应当把保密自查自评的工作重点和着力点放在保密防范上，严密防范外部窃密活动和内部泄密隐患，确保国家秘密安全。要严格按照规定的内容、方法、程序和标准开展自查自评工作，不走形式，不走过场。要健全完善保密自查机制，定期开展保密自查自评工作，推进保密工作长效机制建设。

(二)保密自查自评工作要求

机关、单位保密自查自评工作应当每年至少开展1次，并将有关情况列入年度保密工作情况内容，报同级保密行政管理部门。

要将保密自查自评结果纳入年度考评和考核内容，机关、单位应当每年年底前集中组织开展1次保密自查自评工作，并建立自查自评报告制度，便于同级保密行政管理部门掌握有关情况，加强工作指导和监督。

（三）保密自查自评工作内容

机关、单位保密自查内容与保密行政管理部门组织的保密检查内容基本相同，主要包括 14 个方面：

保密工作领导责任制落实情况，保密制度建设情况，保密宣传教育培训情况，涉密人员管理情况，国家秘密确定、变更和解除情况，国家秘密载体管理情况，信息系统和信息设备保密管理情况，涉密场所及保密要害部门、部位管理情况，涉密会议、活动和货物、工程、服务采购等项目管理情况，涉外工作保密管理情况，宣传报道和信息公开保密审查情况，违反保密法律法规行为查处情况，保密组织机构设置、人员配备及经费保障情况，保密工作记录和材料。

（四）保密自查自评标准

机关、单位保密自评实行 100 分评分制，考评结果分为符合要求、基本符合要求、不符合要求三个等次。机关、单位应当根据工作中实际涉及的项目，确定本机关、本单位及内设机构的实有项目，并按照自查内容进行自查，根据自查情况进行打分并计算分值。总分达到总分值 90%（含）以上的为符合要求，80%（含）至 89% 的为基本符合要求，80% 以下的为不符合要求。

（五）保密自查自评结果运用

机关、单位应将内设机构及所属单位自查自评结果纳入年度考评和考核内容。对自评结果为符合要求、成绩突出的内设机构及所属单位，机关、单位应当给予表扬和奖励。各内设机构及所属单位也可推荐保密工作突出的个人给予表扬或奖励。对自评结果不符合要求的，应当取消当年评先和奖励资格。

（六）保密自查自评工作监督检查

保密部门应将机关、单位保密自查自评工作情况列入保密检查内容，定期组织抽查。既可以结合其他专项检查一并抽查，也可以单独组织专项检查。对积极开展工作、成绩突出的机关、单位予以表扬，并将其作为保密工作综合考核评价和评优评先的必要条件；对工作中严重违反有关规定的，追究机关、单位相关责任人员责任。对工作不落实、未按要求开展自查自评的机关、单位，保密部门应当视情予以通报。

第二节　保 密 查 处

一、保密查处概述

(一)保密查处的相关概念

1. 保密违法案件查处的概念

(1)保密违法案件。保密违法案件并不是严格的法律术语，而是保密行政管理部门从保密监督管理业务工作角度提出的一个概念，一般是指违反保密法律法规，致使国家秘密泄露或存在泄密隐患，依照有关规定由保密行政管理部门组织或指导有关机关、单位查处的行政案件。

典型的严重违规、违法行为主要有：

①非法获取、持有国家秘密载体的；

②买卖、转送或者私自销毁国家秘密载体的；

③通过普通邮政、快递等无保密措施的渠道传递国家秘密载体的；

④邮寄、托运国家秘密载体出境，或者未经有关主管部门批准，携带、传递国家秘密载体出境的；

⑤非法复制、记录、存储国家秘密的；

⑥在私人交往和通信中涉及国家秘密的；

⑦在互联网及其他公共信息网络或者未采取保密措施的有线和无线通信中传递国家秘密的；

⑧将涉密计算机、涉密存储设备接入互联网及其他公共信息网络的；

⑨在未采取防护措施的情况下，在涉密信息系统与互联网及其他公共信息网络之间进行信息交换的；

⑩使用非涉密计算机、非涉密存储设备存储、处理国家秘密信息的；

⑪擅自卸载、修改涉密信息系统的安全技术程序、管理程序的；

⑫将未经安全技术处理的退出使用的涉密计算机、涉密存储设备赠送、出售、丢弃或者改作其他用途的；

⑬对应当定密的事项不定密，或者对不应当定密的事项定密，造成严重后果的。

(2)泄密案件，是指违反保密法律法规，使国家秘密被不应知悉者知悉，或者超出限定的接触范围，且不能证明未被不应知悉者知悉的案件：

①属于国家秘密的文件资料或者其他物品下落不明的，自发现之日起，

绝密级 10 日内，机密级、秘密级 60 日内查无下落的；

②未采取符合国家保密规定或者标准的保密措施，在互联网及其他公共信息网络、有线和无线通信中传递国家秘密的；

③使用连接互联网或者其他公共信息网络的计算机、移动存储介质等信息设备存储、处理国家秘密，且该信息设备被远程控制的。

(3)违规案件

违规案件，是指具有违反保密法律、法规、规章的行为，尚不能确定国家秘密是否泄露，但存在泄密隐患的案件。

《泄密案件查处办法》施行后，保密行政管理部门常用的概念主要有“泄密案件”“违规案件”及“保密违法案件”，这几个概念的关系可以用数学公式表达，即：“泄密案件”+“违规案件”=“保密违法案件”(如图 7-2 所示)。

图 7-2 违规案件概念公式

2. 保密违法案件查处的概念

保密违法案件查处，是指保密行政管理部门或有关机关、单位在保密行政管理部门的组织、督促、指导下依法对发生的保密违法案件进行调查核实，组织进行密级鉴定和危害评估，对涉及的责任人员进行处理，对发现的泄密隐患和漏洞采取有针对性的整改补救措施的执法活动。

根据保密违法行为造成的不同后果，保密违法案件查处分为两类：一类是泄密案件查处，即对涉嫌国家秘密泄露的保密违法行为的查处；另一类是违规案件查处，即对尚不能确定国家秘密是否泄露，但存在泄密隐患及违反保密法律法规事实的行为的查处。

(二)保密查处的法律依据

保密查处的法律法规依据包括：一是《保密法》《保密法实施条例》及相关保密法律法规，这是查处保密违法案件最直接、最具体的法律依据，明确了保密违法行为的具体内容；二是《泄密案件查处办法》(以下简称《办法》)等相关法律法规，确定了保密违法行为查处的有关程序、方法和要求。同时，在《办法》第六十一条中规定了，除泄露国家秘密之外的保密违法行为，可以参照《办法》的规定执行。也就是说，无论是泄密案件还是其他保密违法案件，保密行政管理部门均可以按照《办法》的规定开展查处工作。

(三)保密查处的主体

一类是保密行政管理部门，另一类是机关、单位。也就是说保密行政管理部门和机关、单位都可以依法对泄密案件进行查处。

《保密法实施条例》第三十五条明确规定，“保密行政管理部门对公民举报、机关和单位报告、保密检查发现、有关部门移送的涉嫌泄露国家秘密的线索和案件，应当依法及时调查或者组织、督促有关机关、单位调查处理。调查工作结束后，认为有违反保密法律法规的事实，需要追究责任的，保密行政管理部门可以向有关机关、单位提出处理建议。有关机关、单位应当及时将处理结果书面告知同级保密行政管理部门”。根据《保密法》及其实施条例的相关规定，机关、单位具有查处涉嫌泄密案件的法定权限。机关、单位可以作为调查处理泄密案件的主体，但其查处工作应当符合《办法》要求，并接受保密行政管理部门的指导和监督。中央和国家机关认为本系统发生的泄密案件具有特殊性，不适宜由地方保密行政管理部门查处的，应由中央和国家机关向国家保密行政管理部门提出，并书面说明理由，最后由国家保密行政管理部门决定。

(四)保密查处工作内容

泄密案件查处工作主要包括：

(1)查明所泄露的国家秘密事项的内容与密级；

(2)查明案件事实、主要情节和有关责任人员；

(3)要求有关机关、单位采取必要的补救措施；

(4)根据有关法律、法规和规章等对责任人员提出处理建议，并督促机关、单位作出处理；

(5)针对案件暴露出的问题，督促机关、单位加强和改进保密工作。

违规案件查处工作主要包括：

(1)查明违规案件的内容和事实、主要情节和有关责任人员；

(2)要求有关机关、单位或其内设机构采取必要的补救措施；

(3)根据有关法律、法规和规章等对责任人员提出处理建议；

(4)针对案件暴露出的问题，督促有关机关、单位或其内设机构加强和改进保密工作；

(5)及时将案件调查处理情况形成总结材料或将查处情况报告保密行政

管理部门。

二、泄密案件查处程序

泄密案件保密查处的程序主要包括受理、初查与立案、调查与处理、结案等环节。

(一)受理

受理工作是泄密案件正式查处前的一个必经程序。案件线索的受理“应当依法及时受理”，保密行政管理部门对案件线索的接受与否没有自由裁量权。

(1)受理的线索来源，包括公民举报、机关和单位报告、保密检查发现、有关部门移送等4种来源。

(2)受理之后的处理：①对于确认已经泄密或者可能泄密的，保密行政管理部门应当进入初查程序以决定是否作为泄密案件立案。②对于经核实确实存在违反保密法律法规行为，但情节轻微，没有造成危害后果的，可以责成有关机关、单位对责任人员进行批评教育。③对于没有泄密事实或者案件线索无法核实的情形，保密行政管理部门不予处理。

(3)受理的工作要求：①保密义务。保密行政管理部门受理涉嫌泄露国家秘密的案件线索举报，举报人不愿意公开个人或者单位信息的，应当在受理登记时注明，并为其保密。②登记保管义务。保密行政管理部门应当对举报人提供的有关证据材料、物品等进行登记，出具接收清单，并妥善保管；必要时，可以拍照、录音或者录像。③及时采取措施。保密行政管理部门受理涉嫌泄露国家秘密的案件线索，发现需要采取补救措施的，应当立即责令有关机关、单位和人员停止违法行为，采取有效措施，防止泄密范围扩大。主要可采取的措施包括：防止知悉范围外人员二次泄密、提请有关部门协助查找失控的国家秘密载体和密品、必要的边控措施、收缴非法获取、持有的国家秘密载体和删除互联网及其他公共信息网络泄密信息等。④及时办理。保密行政管理部门对4种来源的案件线索不论是否属于自己的管辖范围，都应当一律接收并及时办理。

(二)初查与立案

初查，是指保密行政管理部门对已经受理了的涉嫌泄露国家秘密的案件线索进行初步调查，了解泄密事实是否切实存在。初查的主要任务是为了解有关案件线索是否存在，为立案与否提供依据。立案，是指确有泄露国家秘密事实，尚未达到刑事立案标准，且受理案件线索的保密行政管理部门具有管辖权的，应予以立案查处。机关、单位工作人员涉嫌《保密法》第四十八条规定的其他违法行为，保密行政管理部门可以参照本办法调查或者组织、督促机关、单位调查处理。

(1)初查内容：①案件线索涉及人员的主体身份及基本情况；②案件线索所反映的问题是否属实，是否造成国家秘密泄露，是否达到刑事立案标准。③线索本身存在不全、不清或有误等情形，需要相关单位或个人进行补正。

(2)初查目的：对案件线索进行分流处理，符合特定条件和标准，并具管辖权的线索予以立案、调查和处理。对不予立案的线索区分具体情形作出移送、移交或存档备查等处理。

(3)案件线索处理：保密行政管理部门根据初查结果对案件线索分别作出移送、立案、系统内移交、系统外移交、督促指导、补充处理、不予处理7种处理。

①移送。有泄密事实且已经达到刑事立案标准的，应按照刑事诉讼法的相关规定移送国家安全机关、监察机关、公安机关、军队保卫部门等作为刑事案件进行侦查，保密行政管理部门不立案。

②立案。经初查，确有泄露国家秘密事实，尚未达到刑事立案标准，且受理案件线索的保密行政管理部门具有管辖权的，应予以立案。

③系统内移交。确有泄露国家秘密事实，尚未达到刑事立案标准，但受理案件线索的保密行政管理部门不具有管辖权的，应移交具有管辖权的保密行政管理部门处理，符合条件的由后者予以立案。

④系统外移交。没有泄密事实，也不存在违反《保密法》第四十八条规定的行为，但存在其他涉嫌违法或违纪事实的，移交有关职能部门处理，保密行政管理部门不立案。

⑤督促指导。未造成国家秘密泄露，但存在违反保密法律法规事实的，应当督促、指导有关机关、单位进行调查处理，必要时保密行政管理部门可以直接调查。

⑥补充处理。确有泄密事实，但案件线索内容不全或有误，保密行政管理部门通知线索移送部门或举报人、报告人补充；经补充仍不具备查处条件的，暂不予以立案，有关材料存档备查。一旦获得新的线索使得查处条件具备的，保密行政管理部门应予以立案。

⑦不予处理。反映情况失实，不予处理，必要时可以向有关机关、单位和当事人说明情况。

(四)调查和取证

案件调查应重点完成三方面的工作，即查明泄密或违规过程和事实，进行密级鉴定和危害评估，采取补救措施。保密行政管理部门在案件调查中，应当成立调查组，进行调查或者指导、督促有关机关、单位进行调查。对于重大、复杂案件，保密行政管理部门可以组织相关部门成立专案组，开展案件调查。

1. 调查的内容

①案件当事人的基本情况。②案件当事人是否实施违反保密法律法规行为。③实施违反保密法律法规行为的时间、地点、手段、后果以及其他情节。④有无法定从重、从轻、减轻或者免予处理的情形。⑤与案件有关的其他事实。

2. 调查的步骤

①查明泄密过程和事实。②进行密级鉴定和危害评估。③采取补救措施。

3. 调查的手段

①询问谈话。②查阅、复制涉案材料。③现场对场所、物品检查。④登记保存。⑤技术核查取证。

4. 调查取证

调查取证是指具有调查权的组织或者个人为了查明事实，向有关单位、个人进行调查、搜集证据的过程，一切可以用于证明案件事实的材料，都是证据。《办法》规定的泄密案件证据类型主要包括：物证、书证、证人证言、案件当事人陈述、视听资料、电子数据、保密检查、勘验笔录，技术核查报告、密级鉴定书等。

5. 进行密级鉴定和危害评估

《保密法》第四十六条规定："办理涉嫌泄露国家秘密案件的机关，需要对有关事项是否属于国家秘密以及属于何种密级进行鉴定的，由国家保密行政管理部门或者省、自治区、直辖市保密行政管理部门鉴定。"因此，密级鉴定是查处保密违法案件的重要程序，也是保密行政管理部门一项重要的法定职权。

6. 采取补救措施

当泄密案件发生时，机关、单位和个人在及时报告的同时，应采取补救措施，这是开展保密查处、减轻保密违法行为造成损害的重要前置环节。在经查明发现国家秘密已经泄露时，为避免或减轻泄密危害后果，机关、单位要采取果断措施进行补救。

7. 撤销案件

保密行政管理部门在案件调查过程中、案件终结前，发现不存在违法保密法律法规事实，或者不需要追究法律责任的，应当及时终止调查，撤销案件。

(五)处理

泄密案件的处理主要包括人员处理和单位保密整改两个方面。

1. 责任人员处理：刑事追责、行政处理

①一是对经调查认为涉嫌犯罪的，应当移送有关机关追究刑事责任。二是对经调查认为尚未构成犯罪，需要追究责任的，应当向有关机关、单位提出人员处理建议。②对不依法给予处分的处理。《保密法》第四十七条明确，“机关、单位对违反保密规定的人员不依法给予处分的，保密行政管理部门应当建议纠正，对拒不纠正的，提请上一级机关或者监察机关对该机关、单位负有责任的领导人员和直接责任人员依法予以处理”。③处分建议标准。存在违反《保密法》有关规定的行为，不论是否产生泄密实际后果，都应当依法追究责任。保密行政管理部门认定情节时，应当综合考虑涉及的国家秘密数量、危害后果及相关人员主观过错等因素，依据处分建议办法的规定，提出合法合理的处理建议。

2. 单位整改

①责令停止使用。发现机关、单位处理涉密信息的设施、设备、场所不符合国家保密标准，技术防护没有达到保密要求，存在明显的泄密隐患和漏洞，继续使用将导致国家秘密继续失控或者泄露的，保密行政管理部门应当要求其立即停止使用。②限期完成整改。发现机关、单位制度建设不完善，涉密人员、涉密载体和涉密信息系统保密管理不严格，人防、物防、技防措施不到位，可能使国家秘密接触、知悉范围扩大或者失去控制的，保密行政管理部门应当要求其采取纠正、补救措施。③督促整改落实。机关、单位应当在规定时限内将整改情况书面报送保密行政管理部门，保密行政管理部门可以对其整改情况进行复查，并可依据领导干部保密工作责任制的有关规定，视情况约谈涉案单位负责人。

(六)结案

结案是案件查处的最后一个环节，保密行政管理部门对已经落实整改措施、有关责任人受到处理的，或者涉嫌构成犯罪移送检察机关、公安机关或者国家安全机关的，应依法结束案件调查，按照有关规定建立案件档案。保密行政管理部门案件查办结束后，应当写出书面查处情况报告，报上级部门或主管负责同志审批。

保密行政管理部门可以根据需要，在一定范围内案件情况进行通报，充分发挥案件警示教育作用。

三、违规案件查处程序

违规案件的查处程序主要包括立案、调查取证、处理和责任追究、及时报告。

（一）立案

违规案件查处主体对群众举报、内设机构报告、保密检查发现、有关部门移送的违规案件线索，进行初步调查处理，了解案件的事实后，属于违规案件查处范畴的，进行立案调查。

（二）调查取证

调查取证是指保密行政管理部门或机关、单位为了查明事实，向有关单位、个人进行调查、搜集证据的过程，一切可以用于证明案件事实的材料，都是证据。机关、单位在发现出现保密违法违规行为后，应该及时组织专门力量对违法违规案件进行调查取证。在深入调查过程中如发现涉嫌泄露国家秘密的情况，应及时报告同级保密行政管理部门按泄密案件进行查处。

1. 调查内容

①案件当事人的基本情况。②案件当事人是否实施违反保密法律法规行为。③实施违反保密法律法规行为的时间、地点、手段、后果以及其他情节。④有无法定从重、从轻、减轻或者免予处理的情形。⑤与案件有关的其他事实。

2. 危害评估

调查取证结果比较完备后，要及时形成调查情况报告，对违法违规的事实进行论证，对行为引起的后果进行专业的评估，涉及无法判定的国家秘密内容的，提请相关部门进行密级鉴定，根据评估的结果采取相应的后续处理。

（三）处理和责任追究

违规案件的处理主要包括人员处理和单位整改。

1. 责任人员处理

存在违反保密法律法规的行为，不论是否产生泄密实际后果，都应当依法依规追究相关人员的责任：

①对经调查认为涉嫌泄密，应当按泄密案件处理；涉嫌违纪的，应当移送有关机关给予纪律处分；对经调查认为尚未构成犯罪，需要追究责任的，应当提出人员处理建议。

②认定情节时，应当综合考虑涉及的国家秘密数量、危害后果及相关人员主观过错等因素，依据处分建议办法的规定，提出合法合理的处理建议。

2. 单位整改

①责令停止使用。发现内设机构处理涉密信息的设施、设备、场所不符合国家保密标准，技术防护没有达到保密要求，存在明显的泄密隐患和漏洞，继续使用将导致国家秘密继续失控或者泄露的，机关、单位应当要求其立即停止使用。

②限期完成整改。发现内设机构制度建设不完善，涉密人员、涉密载体和涉密信息系统保密管理不严格，人防、物防、技防措施不到位，可能使国家秘密接触、知悉范围扩大或者失去控制的，机构应当要求其采取纠正、补救措施。

③督促整改落实。整改情况书面报送机关、单位或保密行政管理部门，机关、单位或保密行政管理部门可以对其整改情况进行复查，并可依据领导干部保密工作责任制的有关规定，视情况约谈涉案单位负责人。

(四)及时报告

机关、单位在违规案件查处结束后，要及时总结，并将案件情况整理成完整的档案留存，及时向保密行政管理部门报告案件整体情况及处理结果。

(五)补救措施

当违规案件发生时，在及时报告的同时，应采取应急补救措施；查明存在违规事实和泄密隐患的，为避免或减轻危害后果，机构要进一步采取果断措施进行补救。

第三节　保密风险评估

一、保密风险评估的重要性

保密风险评估是保密工作的重要组成部分。保密风险评估要坚持实事求是的原则，深入调查研究，全面掌握保密风险因素及其影响，进而科学分析机关、单位保密工作面临的形势、存在的问题，在此基础上提出切实可行的关于风险防范控制措施的建议方案。

保密风险一词包括了两个方面的内涵。其一，风险意味着会对机关、单位正常的工作带来不良影响；其二，这种影响的出现与否是一种不确定性随机现象，它可用概率表示出现的可能程度，但不能对出现与否做出确定性判断。从而可知，风险因素、风险事故和影响密切相关，它们构成了机关、单位保密风险存在与否的基本条件。

简单概括而言：风险因素引起风险事故，风险事故导致对机关、单位的不良影响。

面对日益严峻的保密形势，保密风险的控制更为困难。保密部门要建立良好的保密秩序，有效遏制泄密问题的发生；要建立长效机制，有章可循，真查实改。领导要带头做好保密工作，齐抓共管、综合治理，要适应新要求、采取新措施，充分认识到新形势下做好保密工作的重要性和紧迫性，进一步做好各项保密工作。

二、保密风险评估的内容

机关、单位进行保密风险评估必须完善以下几个方面的内容：

(1)制定科学地、行之有效的保密风险评估制度或办法。

(2)明确保密风险评估的领导机构和工作机构，落实评估工作责任划分。

(3)保密风险评估工作机构要编制风险评估计划，制定详细的、可操作性强的评估方案，定期进行或根据重大事项、事故等特殊情况组织开展评估工作，进行风险辨识、风险评价定级，确认评估结果，形成《保密风险评估报告》。

(4)规范保密风险评估程序，严格按照程序和既定的方案组织单位各相关部门开展业务范围内的梳理和查找风险点，认真研判，科学地分析，形成风险防控措施。

(5)将反馈的保密防控措施融入管理制度和工作流程，完善监督检查机制，通过日常监督，定期自查等方法，对保密风险进行有效的防范堵漏，杜绝泄密隐患。

三、保密风险评估组织机构

(1)单位法定代表人对本单位保密风险工作负全面领导责任。

(2)单位成立保密委员会，法定代表人任保密委员会主任，单位其他负责人及各部门行政正职任保密委员会成员。保密委员会下设办公室，按照标准规定配备专职保密干部，各部门配备兼职保密员，组织开展内部保密风险评估。

(3)职责划分。

第一，机关、单位保密委员会是保密风险评估的决策机构，其保密风险评估职责包括：

①负责制定或审批保密风险评估的目标、原则、政策工作计划等；

②负责审批保密风险评估制度、组织、流程；

③负责研究并审批保密风险的内部控制方案和措施；

④对保密风险评估落实情况进行考核。

第二，保密工作机构(保密委员会办公室)：

①负责机关、单位保密风险评估的日常管理；

②组织开展保密风险评估，形成《保密风险评估报告》，报送保密委员会审定；

③负责开展保密隐患的识别和评估；发现严重隐患及时报送保密委员会；

④负责监督指导保密隐患的整改，以及对保密风险及隐患整改后效果的监视；

⑤指导机关、单位各部门开展保密风险辨识、评估和管理工作；

⑥建立机关、单位保密风险管理和内部控制体系并持续改进；

⑦组织保密风险管理与内部控制成熟度评价，督促相关部门开展缺陷改进工作。

第三，机关、单位内部各部门：

①按风险评估要求开展业务涉及的保密风险辨识、检查、评估、预报活动；

②制定保密风险内部控制方案；

③负责保密风险措施、政策、制度在本部门的贯彻落实；

④开展本部门业务保密风险管理与内部控制成熟度自评以及缺陷改进工作。

四、保密风险评估的具体实施

机关、单位要做好保密风险评估，应该建立科学的保密风险评估体系，建立相关制度办法，落实责任，切实加强管理，定期开展保密风险评估工作，认真梳理保密业务工作，开展保密风险辨识，查找风险点，制定相应的控制措施，降低保密风险，杜绝泄密隐患。

1. 前期准备工作

制定详细的工作计划、评估方案和详细的工作内容，确定评估的范围和时间等，组织相关部门认真梳理，仔细查找，尽可能完全的找出单位总体情况和业务工作中的保密风险点并研究出行之有效的风险管控措施。

2. 梳理业务工作，开展保密风险辨识，查找风险点

各部门应围绕自身业务实际，分别开展保密风险辨识工作，形成本级保密风险管理数据库，作为开展风险辨识工作的基础。

保密工作机构在部门保密风险管理数据库基础上，组织相关部门进行风险辨识，补充和完善项目风险数据库。

风险识别应按照全员、全过程、全方位管控的要求对所有业务活动进行分析，识别存在或潜在的保密风险。识别的范围应包括人、机、密、法、环、组等六个方面。

(1)人：涉密人员风险。主要包括保密责任意识不强，涉密人员麻痹大意或盲目自信过失泄密风险；缺乏保密知识技能过失泄密风险；涉密人员被收买、策反故意泄密风险；由于对现实不满报复故意泄密风险；七类人员保密管理措施不到位形成泄密隐患风险等。

(2)机：信息系统、信息设备、涉密设备设施风险。主要包括涉密计算机连接互联网及公共信息网络风险；连接互联网(含家用)计算机存储和处理涉密信息风险；非涉密计算机存储和处理涉密信息风险；涉密计算机与非涉密计算机之间交叉使用移动存储介质风险；涉密便携式计算机外带被盗或丢失风险；未经技术处理将退网使用计算机赠送、出售或改作他用风险；普通传真机传真涉密信息泄密风险；手机使用泄密风险；涉密研制设备设施的使用、维修、维护、运输、报废等过程管理不善引起的泄密风险等。

(3)密：国家秘密(含密品、密件)风险。主要包括定密不准、有密不定或高密低定而扩大知悉范围的泄密风险；涉密载体制作、收发、传递、保管、维修、报废、销毁等管理不当而造成泄密风险；涉密载体当做废品变卖出售泄密风险；非法复制涉密载体泄密风险；私自留存涉密载体泄密风险；通过普通邮政、快递传递涉密载体泄密风险，携带涉密载体出境泄密风险等。

(4)法：管理制度、流程与方法风险，含保密规章制度、流程和操作方法。工作流程不合理、保密职责履行不到位而造成的泄密风险；以及涉密会议、协作配套、外场试验、新闻宣传、外事外交、涉密咨询服务等重要涉密活动、过程控制管理制度不合理造成国家秘密知悉范围扩大的泄密风险。

(5)环：涉密工作环境风险。主要包括因周边环境、物理边界、涉密场所、保密要害部门部位等物理环境造成的泄密风险，以及内部政治环境、管理环境、文化环境等社会环境对国家秘密造成的泄密风险。

(6)组：组织管理工作风险。主要包括组织者(单位领导)未对保密工作提出明确要求的，未将保密管理纳入单位管理体系的，未将保密责任纳入绩效考核的，未对保密工作责任制落实情况进行监督考核的；未及时研究解决保密工作重大问题的，未按要求在人力、财力、物力上为保密工作提供条件保障的；未根据业务工作实际明确定密、涉密人员、信息化、新闻宣传、外事等归口管理部门的，或未明确归口管理部门职责的，或归口管理部门未履行职责的；保密委员会组成不合理或履责不够，保密机构设置不合理或履行职责不够，保密工作人员配备不够或履责不够。

3. 风险评价

(1)LEC评价法。

LEC评价法是对具有潜在保密风险的作业活动中的风险源进行定性与定量相结合的评价方法。该方法采用与系统风险率相关的三个方面指标值之积来评价系统中保密风险大小。这三个方面分别是：

L——发生失泄密事件的可能性大小；

E——暴露于危险环境的频繁程度；

C——发生失泄密事件所产生的后果大小(包括危害幅度和影响范围)。

风险值 $D=L\times E\times C$。D值越大，说明该事项的保密风险性越大，需要增加安全保密防范措施，或改变发生的可能性，或减少人员执行该操作的频繁程度，或降低减轻损失，直至调整到允许范围(风险阈值)内。

(2)量化分值标准。

对这三个方面分别进行客观的科学计算，得到准确的数据，是相当繁琐的过程。为了简化评价过程，采取半定量计值法，即根据以往的经验和估计，分别对这三个方面划分不同的等级，并人为赋值。

(3)风险分析评价定级。

根据公式：风险值 $D=L\times E\times C$，就可以计算作业的保密风险程度，并判断评价保密风险的大小。其中的关键还是如何确定各个分值，以及对乘积值的分析、评价和利用。

表 7-2 保密风险结果分析

D 值	危害程度	风险级别	风险处置措施
>320	风险极大，不能继续作业，立即整改	一级	立即停止，停产整改
160～320	高危风险，需要全面加强保密控制措施	二级	立即停止，全面整改
70～160	显著风险，需要举一反三采取控制措施	三级	必须处置，部门整改
20～70	一般风险，需要采取针对性控制措施	四级	应该处置，针对性整改
<20	稍有风险，可以接受	五级	不必处置，日常监控

保密风险 LEC 评价法对风险等级的划分，一定程度上凭经验判断，需要各部门的参与，各领域专业人员的共同完成评价和定级，以消除抽样误差。

(4)风险评审。

部门保密业务风险评审由部门组织进行。部门(项目)风险评估在岗位保密风险评估的基础上进行，岗位风险评估在(具体业务)作业风险评估的基础上进行。对辨识、分析、定级后的业务风险源进行排序，对风险级别较高的业务风险提交保密工作机构进行专门评估。保密工作机构组织对风险级别较高的业务风险进行整理和分析，提出评估意见，给出针对性的控制措施和建议，提交保密委员会审核批准后和实施。一般风险的评审工作由各部门组织实施。

4. 保密风险管理策略

(1)风险管理策略类别。

风险管理策略主要包括风险规避、风险控制、风险转移和风险承担四类：

①风险规避，即中止或避免引发风险的所有行动。

②风险转移，即开展管理环节控制和涉密场所环境整治，使保密管理过程清楚，追溯性强，责任清楚，环节受控，闭环管理，将保密风险与泄密隐患转移。

③风险控制，即采取更专业化的队伍、更专业化的技术、更专业化的手段开展保密预防和控制，降低保密风险发生的可能性。

④风险承担，即当风险发生的概率较低、而影响程度在可承受范围内或者其控制成本过高时，即通过健全和完善保密规章制度、加强监督检查，改善和控制保密风险。

(2)风险管理策略。

①当保密风险的风险水平都在最低级风险承受度以下时，可对其采取风险控制、风险承担的应对策略。

②当保密风险的风险水平超过次低级承受度时，原则上应对该风险进行转移，并采取强制控制措施。

③当保密风险的风险水平超过次高级承受度时，原则上应对该风险进行规避，并采取强制控制规避措施。

④对于风险水平超过最高级承受度时、出于政策性考虑或其他特殊原因确需开展的各类涉密活动，保密工作机构应在充分揭示风险的基础上，向单位保密委员会做出特别说明，由单位保密委员会审议，提交法定代表人决策，停工、停产整改。

5. 制定风险内部控制方案，提出具体防控措施

各部门应结合部门实际，基于对各项业务、各个岗位保密风险评估的结果，参照风险管理策略，制定部门业务保密风险内部控制方案。

(1)人员风险：具有改善风险或者风险降低的特征。会同归口部门加强人员上岗、转岗、离岗、重要活动、出国境行前教育和引导，通过加强保密教育与培训，提高保密意识和保密技能，消除人的不安全因素与行为。

(2)信息设备风险：具有风险降低或风险保留的特征。应用新技术或实施技术改造，强化信息安全保密管理，加强信息安全防范措施，降低或者保留安全保密风险和泄密隐患。

(3)涉密载体风险：具有消除或降低风险的特征。注重涉密载体各环节管理可以规避或者转移安全风险与隐患。

(4)管理方法风险：具有风险规避、转移或改善的特征。一是健全和完善组织管理制度和业务管理流程；二是贯彻落实各项制度；三是提高制度执行力，加强监督检查，及时发现隐患与风险，并进行控制和处置；四是加大考核奖惩，严格责任落实。

(5)环境风险：通过加强涉密场所的人防、技防、物防建设，涉密业务区域与非涉密业务区域隔离，整治周边环境，规避或转移不可控状态，营造良好的保密文化环境。

(6)组织风险：具有风险转移或风险控制的特征。法定代表人应明确领导职责分工和部门职责分工，及时研究解决保密工作重大问题，为保密工作提供人力、财力、物力等条件保障，监督保密工作责任制的落实。归口部门应当结合各自业务工作实际，归口负责业务工作范围内的保密管理工作。保密委员会应当实行例会制度，对保密工作进行研究、部署和总结，重要问题应当及时研究解决。

6. 风险跟踪和监控

单位应建立保密风险信息交换机制，保密部门应定期对涉密部门、涉密项目、涉密业务的风险进行跟踪和监控。

应基于当前内外部环境的变化，辨识随着形势变化出现的新风险，并参照风险评估标准，对人员泄密风险、计算机信息系统及通信办公自动化设备泄密风险、载体泄密风险、保密规章制度泄密风险的变化情况进行再评估。如上述风险发生重大异常，保密工作机构应予以预警并调查具体原因，提出风险内部控制方案。保密工作机构应定期根据监控结果编制《保密风险监控报告》，向保密委员会报告。

7. 形成风险评估报告

将保密风险评估的整体情况，以书面报告的形式呈现，将查找的风险点以及采取的风险控制措施融入日常的业务工作和制度，修订和完善相应的制度，改进相应的工作流程等，纳入监督检查的常态化管理中，促进单位保密管理能力和水平的提升。

第四节　实 证 参 考

示例 7-4-1：2021 年度保密检查安排表

检查时间	检查类别	检查、服务内容	牵头单位	协助单位
3 月	涉密单位自查与检查	1. 涉密计算机、非涉密计算机、涉密载体使用管理情况； 2. 涉密人员、涉密科研项目保密管理情况； 3. 场所环境保密安全管理情况； 4. 相关台账管理情况； 5. 工勤服务人员保密管理情况（要害部门部位）； 6. 机要工作制度建立情况； 7. 机要文件保密安全管理情况； 8. 机要室保密安全管理情况； 9. 机要电报使用和管理情况； 10. 电子政务内网终端等机要设备运行和管理情况； 11. 日常保密管理情况； 12. 保密自查开展情况。	各涉密单位、保密委员会办公室	信息化归口管理部门

续表

检查时间	检查类别	检查、服务内容	牵头单位	协助单位
5月	涉密科研项目保密安全检查及涉密单位第二季度自查	涉密科研项目申报、立项、研发和结题归档全过程保密管理情况。	各涉密单位、涉密科研项目归口管理部门	保密委员会办公室、信息化归口管理部门
6月	整改回看	上半年检查整改落实情况	保密委员会办公室	涉密科研项目归口管理部门、信息化归口管理部门
9月	保密自查自评及督查	1. 保密工作领导责任制落实情况； 2. 二级保密制度建设情况； 3. 保密宣传教育培训情况； 4. 涉密人员管理情况； 5. 国家秘密定密管理情况； 6. 国家秘密载体(涉密文件)管理情况； 7. 工作秘密管理情况； 8. 信息设备保密管理情况； 9. 涉密场所及保密要害部门、部位管理情况； 10. 涉密采购保密管理情况； 11. 涉密会议管理情况； 12. 涉外活动管理情况； 13. 涉密科研项目管理情况； 14. 宣传报道和信息公开保密审查情况； 15. 违反保密法律法规行为查处情况； 16. 保密组织机构设置、人员配备及经费保障情况； 17. 保密工作记录和材料； 18. 保密自查开展情况。	各涉密单位、保密委员会办公室	信息化归口管理部门

续表

检查时间	检查类别	检查、服务内容	牵头单位	协助单位
11月、12月	全单位保密自查与检查	1. 保密责任书签订和保密责任制落实情况； 2. 二级保密制度建设情况； 3. 保密工作计划和布置情况； 4. 保密工作负责人、保密员是否齐全； 5. 国家秘密确定、变更和解除情况； 6. 工作秘密管理情况； 7. 非涉密网络保密安全管理情况(含门户网站、办公自动化系统OA、政务微博、微信公众号、政务邮箱保密安全情况)； 8. 涉密科研项目保密管理情况； 9. 涉密人员管理情况； 10. 计算机及涉密载体使用管理情况； 11. 相关台账管理情况； 12. 保密档案归档情况； 13. 保密宣传教育和保密自查开展情况。	保密委员会办公室	相关归口管理部门
全年不定期	高知人员保密技术服务(一对一服务)	1. 涉密计算机、非涉密计算机、涉密载体的保密安全知识服务； 2. 办公室自动化设备使用的保密知识服务； 3. 保密技术服务。	保密委员会办公室	信息化归口管理部门
全年不定期	信息设备常规检查	涉密信息设备和存储设备、非涉密计算机使用管理情况。	信息化归口管理部门	保密委员会办公室
全年不定期	各单位常规保密管理“双随机”抽查	1. 涉密人员、涉密计算机、非涉密计算机、涉密载体等使用管理情况； 2. 日常保密管理情况。	保密委员会办公室	信息化归口管理部门

示例 7-4-2：保密大检查工作方案

为保护国家秘密安全，切实做好我单位保密工作，杜绝失泄密事件的发生，根据单位《保密工作要点》和相关保密规定的要求，经研究，本单位拟对保密工作进行全面检查，现制订如下检查工作方案，请遵照执行。

1. 检查范围

各二级单位、直属单位。

2. 检查内容

保密工作责任制落实情况；保密制度建设情况；保密宣传、教育、培训情况；涉密人员(研究生)管理情况；国家秘密确定、变更和解除情况；国家秘密载体管理情况；信息系统和信息设备保密管理情况；互联网使用保密管理情况；保密技术防护设施、设备配备使用情况；涉密场所及保密要害部门、部位保密管理情况；涉密科研项目管理情况；涉密会议、活动管理情况；新闻宣传、信息公开保密审查情况；保密工作开展情况；保密组织机构设置和人员配备情况。

详细检查内容见附件《保密安全检查项目表》。

3. 检查形式

保密大检查采取全面检查，自查和抽查的形式。

4. 时间安排

自查阶段：11 月 5—11 日。

检查阶段：11 月 12—16 日。

反馈和整改：

现场反馈，受检之日起一个月内完成整改。

5. 检查程序

①听取情报汇报。

②现场选择具体检查对象。

③现场查阅档案资料、询问交流、技术检查。

④现场反馈意见并提出整改要求。

6. 检查组成员

组长：保密委员会办公室负责人。

副组长：人事归口管理部门负责人、信息化归口管理部门负责人、涉密科研项目归口管理部门负责人、新闻宣传及信息公开归口管理部门负责人。

成员：各组长单位相关工作人员。

具体职责分工

保密委员会办公室：沟通联络、协调、保障。保密工作责任制落实情况；保密制度建设情况；保密宣传、教育、培训情况；国家秘密确定、变更和解除情况；涉密场所及保密要害部门部位保密管理情况；涉密会议、活动管理情况；保密工作开展情况；保密组织机构设置和人员配备情况。

人事归口管理部门：涉密人员管理情况。

信息化归口管理部门：信息系统和信息设备保密管理情况；互联网使用保密管理情况；保密技术防护设施、设备配备使用情况。

涉密科研项目归口管理部门：涉密科研项目管理情况。

新闻宣传、信息公开归口管理部门：新闻宣传、信息公开保密审查情况。

7. 工作要求

①强化责任。全体工作人员要切实增强政治意识、大局意识、责任意识，以高度负责的精神，高标准、高质量地做好此次保密检查工作。

②规范细致。对照检查内容和标准，严格按照检查规范，确保不漏一人、一机、一盘、一网，特别是重点涉密岗位，必须进行彻底排查。纸质涉密文件的全过程管理检查要细致全面；连接互联网的办公计算机、移动存储介质里禁止存储涉密电子文档，个人持有的涉密电子文档要进行彻底清理；信息化归口管理部门将对办公计算机、移动存储介质和办公网络的使用管理情况进行检查，并建立办公计算机、移动存储介质使用台账，严禁用个人移动存储介质处理公文。

③务求实效。按照以查促防、以查促管、以查促改的原则，对检查中发现的问题要立即纠正、认真整改；对存在严重问题的单位，将进行督促整改和复查；对于查出严重违规和涉嫌泄密的问题，将视情况进行处理，确保保密要求落到实处。

保密委员会办公室
××××年11月1日

示例7-4-3：保密安全检查项目表

单位名称：　　　　　　　　　　　　　　　　　　　　　　　　年　月　日

序号	检查项目	检查内容	检查情况
1	研究和部署保密工作的情况	1. 是否制定年度保密工作计划；	是□否□
		2. 年度内主要领导是否听取保密工作情况汇报并研究解决相关问题。	是□否□
2	保密工作责任制落实情况	1. 是否与单位签订年度保密责任书；	是□否□
		2. 与下属机构、项目组是否层层签订保密责任书；	是□否□
		3. 各级保密责任人是否层层签订《保密责任书》；	是□否□
		4. 保密工作负责人和保密员配备是否齐全。	是□否□
3	保密制度建设情况	1. 保密制度是否健全、规范；	是□否□
		2. 保密制度是否结合业务工作实际和特点，具有可操作性。	是□否□
4	保密工作档案管理情况	1. 保密工作开展情况是否有文字记载；	是□否□
		2. 相关材料是否完整、详实，并进行分类归档；	是□否□
		3. 各类保密台账是否完整、准确(不含单列项)。	是□否□
5	保密宣传教育培训情况	1. 是否开展了年度保密宣传教育工作；	是□否□
		2. 是否及时传达学习单位和上级保密工作指示、文件、法规制度；	是□否□
		3. 年度内是否对本单位涉密人员进行保密知识技能培训；	是□否□
		4. 是否按要求派人参加学校组织的保密培训。	是□否□
6	定密管理情况	1. 定密程序是否符合保密要求；	是□否□
		2. 密级、保密期限和知悉范围确定是否准确；	是□否□
		3. 是否根据工作实际开展了变更密级和解密工作。	是□否□

续表

序号	检查项目	检查内容	检查情况
7	文件管理情况	1. 管理中央文件和其他涉密文件是否符合保密规定。	是□否□
8	涉密人员管理情况	1. 涉密人员台账是否完整、准确；	是□否□不涉及□
		2. 涉密人员因私出国(境)证件是否按照学校要求实现集中管理；	是□否□不涉及□
		3. 涉密人员出国(境)是否履行保密审查审批；	是□否□不涉及□
		4. 涉密人员脱密期管理是否严格执行相关规定；	是□否□不涉及□
		5. 涉密人员离岗是否履行涉密载体移交手续，并有移交清单。	是□否□不涉及□
9	涉密载体管理情况	1. 台账是否完整，账物是否相符；	是□否□不涉及□
		2. 涉密载体是否正确标注密级和保密期限；	是□否□不涉及□
		3. 涉密载体制作、收发、传递、借阅、使用、保存和复制是否符合保密规定；	是□否□不涉及□
		4. 记录涉密事项是否使用专用保密本；	是□否□不涉及□
		5. 涉密载体销毁是否符合保密管理规定。	是□否□不涉及□
10	涉密信息设备和存储设备管理情况	1. 台账是否完整，账物是否相符；	是□否□不涉及□
		2. 是否张贴有标识，标识信息是否准确；	是□否□不涉及□
		3. 是否存在违规连接互联网等公共信息网络现象；	是□否□不涉及□
		4. 软硬件变更、维修和报废是否经过审查审批；	是□否□不涉及□
		5. 涉密计算机信息导入、导出是否履行审批并登记在案；	是□否□不涉及□

续表

序号	检查项目	检查内容	检查情况
		6. 保管是否符合要求，外出携带是否履行审查审批；	是□否□不涉及□
		7. 安全产品与无线通信功能防护是否符合保密要求；	是□否□不涉及□
		8. 是否违规使用非涉密移动存储介质。	是□否□不涉及□
11	非涉密计算机管理情况	1. 非涉密计算机台账是否完整，账物是否相符；	是□否□
		2. 非涉密服务器、计算机和非涉密应用系统是否存储、处理过涉密信息；	是□否□
		3. 是否违规使用涉密移动存储介质。	是□否□
12	信息发布、信息公开及宣传报道管理情况	1. 是否建立信息发布保密审查制度；	是□否□
		2. 对外提供材料、新闻报道、举办展览、信息公开及在门户网站上发布信息等是否建立台账；	是□否□
		3. 对外提供材料、新闻报道、举办展览、信息公开及在门户网站上发布信息等，是否履行了保密审查审批手续；	是□否□
		4. 发表著作和论文是否履行保密审查审批。	是□否□不涉及□
13	涉外管理情况	1. 对外交流、合作和谈判是否制定保密方案、明确保密事项并采取相应保密措施和保密提醒；	是□否□不涉及□
		2. 接待境外人员是否进行审批并进行身份确认登记、明确活动范围；	是□否□不涉及□
		3. 对外交流内容、谈判口径、提供文件资料和物品是否进行保密审查审批。	是□否□不涉及□

续表

序号	检查项目	检查内容	检查情况
14	涉密会议管理情况	1. 涉密会议是否准确确定密级，在符合保密条件的场所内召开；	是□否□不涉及□
		2. 重要涉密会议是否制定保密方案并采取有效保密防护措施；	是□否□不涉及□
		3. 涉密会议人员、载体管理是否符合保密规定。	是□否□不涉及□
检查情况及存在的问题			
检查人(签字)		受检单位(签字)	

示例 7-4-4：涉密部门保密工作(□检查/□自查)情况登记表

单位：________检查时间：________年____月____日

项目	检查内容	检查结果
保密责任	1. 是否与单位签订年度保密责任书；	是□否□
	2. 与下属机构、项目组是否层层签订保密责任书；	是□否□
	3. 各级保密责任人是否层层签订《保密责任书》；	是□否□
	4. 保密员和涉密计算机管理员是否配备齐全。	是□否□
涉密人员管理	1. 涉密人员是否确定准确、台账是否完整；	是□否□ 不涉及□
	2. 涉密人员因私出国(境)证件是否实现集中管理；	是□否□ 不涉及□
	3. 涉密人员出国(境)是否履行保密审查审批；	是□否□ 不涉及□
	4. 涉密人员脱密管理是否严格执行相关规定。	是□否□ 不涉及□

项目	检查内容	检查结果
非涉密计算机	1. 是否存储、处理涉密信息； 备注：	是□否□
	2. 是否交叉使用涉密存储介质和设备。	是□否□ 不涉及□
涉密载体管理情况	1. 台账是否完整，账物是否相符；	是□否□
	2. 涉密载体是否正确标注密级和保密期限；	是□否□ 不涉及□
	3. 涉密载体制作、收发、传递、借阅、使用、保存和复制是否符合保密规定；	是□否□ 不涉及□
	4. 记录涉密事项是否使用专用保密本；	是□否□ 不涉及□
	5. 涉密载体销毁是否符合保密管理规定。	是□否□ 不涉及□

续表

项目	检查内容	检查结果	项目	检查内容	检查结果
涉密信息设备和存储设备管理	1. 台账是否完整，账物是否相符；	是□否□ 不涉及□	要害部门部位管理	1. 物理防护是否符合保密管理规定；	是□否□ 不涉及□
	2. 是否张贴有标识，标识信息是否准确；	是□否□ 不涉及□		2. 是否采取人口控制、人侵报警、视频监控等技防措施并运行正常；	是□否□ 不涉及□
	3. 是否存在违规连接互联网等公共信息网络现象；	是□否□ 不涉及□		3. 对进人的工勤人员是否采取保密管理措施；	是□否□ 不涉及□
	4. 软硬件变更、外出携带、维修和报废是否经过审查审批；	是□否□ 不涉及□		4. 人口处是否配备手机柜；	是□否□ 不涉及□
	5. 涉密计算机信息导人、导出是否履行审批并登记在案；	是□否□ 不涉及□		5. 工程建设是否符合保密要求并履行保密审批。	是□否□ 不涉及□
	6. 保管是否符合要求，外出携带是否履行审查审批；	是□否□ 不涉及□			
	7. 安全产品与无线通信功能防护是否符合保密要求。	是□否□ 不涉及□			

续表

项目	检查内容	检查结果	项目	检查内容	检查结果
定密管理	1. 定密程序是否符合保密要求；	是□否□ 不涉及□	涉外管理	1. 对外交流、合作和谈判是否制定保密方案、明确保密事项并采取相应保密措施和保密提醒；	是□否□ 不涉及□
	2. 密级、保密期限和知悉范围确定是否准确；	是□否□ 不涉及□		2. 接待境外人员是否进行审批并进行身份确认登记、明确活动范围；	是□否□ 不涉及□
	3. 是否根据工作实际开展了变更密级和解密工作。	是□否□ 不涉及□		3. 对外交流内容、谈判口径、提供文件资料和物品是否进行保密审查审批。	是□否□ 不涉及□
宣传报道管理	1. 宣传报道、举办展览是否履行保密审查审批；	是□否□ 不涉及□	涉密会议管理	1. 涉密会议是否准确确定密级，在符合保密条件的场所内召开；	是□否□ 不涉及□
	2. 发表著作和论文是否履行保密审查审批；	是□否□ 不涉及□		2. 重要涉密会议是否制定保密方案并采取有效保密防护措施；	是□否□ 不涉及□
	3. 接受新闻媒体采访是否履行审查审批。	是□否□ 不涉及□		3. 涉密会议人员、载体管理是否符合保密规定。	是□否□ 不涉及□
检查情况及存在问题	检查人（签字）： 年 月 日		整改情况	检查人（签字）： 年 月 日	

续表

项目	检查内容	检查结果	项目	检查内容	检查结果
复查情况	检查人（签字）： 年 月 日		备注	检查人（签字）： 年 月 日	

注：检查结果分为：是、否、不涉及。

示例 7-4-5：涉密项目(□检查/□自查)表

<table>
<tr><td colspan="6">所在单位：</td><td colspan="4">检查时间：20 年 月 日 □上午 □下午</td></tr>
<tr><td colspan="2">项目基本信息</td><td colspan="3">密级：□机密□秘密□内部</td><td colspan="3">起止时间：20 年 月 日至20 年 月 日</td><td rowspan="2">项目负责人签名</td><td rowspan="2"></td></tr>
<tr><td colspan="6">项目名称(全称)：</td><td colspan="2">状态：□在研 □结题 □延期</td></tr>
<tr><td colspan="6">项目合同甲方：</td><td colspan="4">项目类型：</td></tr>
<tr><td rowspan="8">项目人员相关信息</td><td>姓名</td><td>涉密等级及办理时间</td><td>职称</td><td>国籍</td><td>境外绿卡</td><td>境外学习工作时间</td><td>持有因私护照国别</td><td>保密培训学时</td><td>签订保密责任书</td></tr>
<tr><td></td><td>/</td><td></td><td></td><td></td><td></td><td></td><td>年 h/ 年 h/ 年 h</td><td>□是 □否</td></tr>
<tr><td></td><td>/</td><td></td><td></td><td></td><td></td><td></td><td>年 h/ 年 h/ 年 h</td><td>□是 □否</td></tr>
<tr><td></td><td>/</td><td></td><td></td><td></td><td></td><td></td><td>年 h/ 年 h/ 年 h</td><td>□是 □否</td></tr>
<tr><td></td><td>/</td><td></td><td></td><td></td><td></td><td></td><td>年 h/ 年 h/ 年 h</td><td>□是 □否</td></tr>
<tr><td></td><td>/</td><td></td><td></td><td></td><td></td><td></td><td>年 h/ 年 h/ 年 h</td><td>□是 □否</td></tr>
<tr><td></td><td>/</td><td></td><td></td><td></td><td></td><td></td><td>年 h/ 年 h/ 年 h</td><td>□是 □否</td></tr>
<tr><td></td><td>/</td><td></td><td></td><td></td><td></td><td></td><td>年 h/ 年 h/ 年 h</td><td>□是 □否</td></tr>
</table>

续表

<table>
<tr><td rowspan="9">人员科研设施情况</td><td rowspan="2">姓名</td><td colspan="2">台式计算机</td><td colspan="2">便携式计算机</td><td colspan="2">移动存储设备</td><td rowspan="2">研究地点</td><td rowspan="2">文档编制地点</td><td rowspan="2">文档输出地点</td></tr>
<tr><td>基本信息</td><td>硬盘序列号</td><td>基本信息</td><td>硬盘序列号</td><td>基本信息</td><td>序列号</td></tr>
<tr><td></td><td>/ 台</td><td></td><td>/ 台</td><td></td><td>/ 台</td><td></td><td></td><td></td><td></td></tr>
<tr><td></td><td>/ 台</td><td></td><td>/ 台</td><td></td><td>/ 台</td><td></td><td></td><td></td><td></td></tr>
<tr><td></td><td>/ 台</td><td></td><td>/ 台</td><td></td><td>/ 台</td><td></td><td></td><td></td><td></td></tr>
<tr><td></td><td>/ 台</td><td></td><td>/ 台</td><td></td><td>/ 台</td><td></td><td></td><td></td><td></td></tr>
<tr><td></td><td>/ 台</td><td></td><td>/ 台</td><td></td><td>/ 台</td><td></td><td></td><td></td><td></td></tr>
<tr><td></td><td>/ 台</td><td></td><td>/ 台</td><td></td><td>/ 台</td><td></td><td></td><td></td><td></td></tr>
<tr><td></td><td>/ 台</td><td></td><td>/ 台</td><td></td><td>/ 台</td><td></td><td></td><td></td><td></td></tr>
</table>

<table>
<tr><td rowspan="2">涉密项目过程管理情况</td><td>检查内容</td><td>不符具体情况</td><td rowspan="2">涉密项目过程管理情况</td><td>检查内容</td><td>不符具体情况</td></tr>
<tr><td>1. 非密人员查阅涉密项目指南是否签订保密承诺书 是□否□
2. 项目定密是否有审查和备案 是□否□
3. 涉密人员是否进行保密审批并签订保密承诺书 是□否□
4. 涉密科研场所和设备是否符合保密管理要求 是□否□
5. 涉密文件、资料的收发、复制、保存是否有审批和登记手续 是□否□</td><td></td><td>17. 涉密笔记本电脑（非工作状态）是否存储有涉密信息 是□否□
18. 涉密笔记本电脑借出、归还是否审批及登记，台账是否齐全 是□否□</td><td></td></tr>
</table>

续表

	6. 项目组指定是否有保密员和涉密计算机管理人员　是□否□ 7. 涉密人员是否定期进行保密自查（每年至少4次）　是□否□ 8. 经费上账时，涉密项目名称和经费来源是否进行脱密处理　是□否□ 9. 涉密科研项目申报立项、研究过程、结题归档等各个环节中涉密载体台账齐全　是□否□ 10. 涉密载体销毁是否符合保密管理要求　是□否□ 11. 涉密会议是否符合保密管理要求、相关记录齐全　是□否□ 12. 外场试验是否符合保密管理要求、相关记录齐全　是□否□ 13. 协作配套是否符合保密管理要求、相关记录齐全　是□否□ 14. 涉密信息设备和存储设备是否进行了保密审查审批　是□否□ 15. 涉密计算机是否存有上网和交叉使用记录　是□否□ 16. 非涉密计算机是否存储、处理和传输过涉密信息　是□否□		结题归档管理情况	1. 相关涉密材料输出是否进行了登记　是□否□ 2. 外发是否经过审批并填写外发单　是□否□ 3. 发表论文、申请专利、报奖等是否有相应的审批程序　是□否□ 4. 根据验收和归档要求形成项目保密档案，是否移交涉密科研项目归口管理部门　是□否□ 5. 不再使用的涉密信息设备和存储设备审批后是否送所在单位或信息化归口管理部门销毁或登记封存　是□否□	
			脱密管理情况	1. 是否不再承担涉密项目的涉密人员及时办理脱密手续　是□否□ 2. 是否进行了脱密期管理　是□否□	
			其他：		

注：1. 项目类型填写装发、军委科技委、军兵种的项目类型、科技/工程计划名称、企业合作。

2. 境外学习工作时间，超过15天以上填写；台式、便携计算机及移动存储设备填写1密（秘密级）或1机（机密级）/1非（非密）台。

3. 本表所有信息须建立完整台账，填写相对应的表格。

示例7-4-6：涉密计算机(含笔记本电脑)检查情况登记表

单位名称： 年 月 日

序号	检查项目	检查情况
1	基本信息	1. 责任人：
		2. 保密编号：
		3. 硬盘序列号：
		4. 涉密等级：
		5. 存放场所：
		6. 所属项目组：
2	检查内容	1. 密级标志是否符合保密管理要求 是□否□ 2. 是否违规连接过国际互联网或其他公共信息网络 是□否□ 3. 是否未经审批对计算机进行格式化或重装操作系统 是□否□ 4. 是否未经审批删除计算机的移动存储介质及外部设备等日志记录 是□否□ 5. 机箱拆卸、软硬件安装和卸载是否符合保密管理规定 是□否□ 6. 存储和处理的涉密信息密级是否超出涉密等级 是□否□ 7. 安全保密产品是否正确配置和正常运行 是□否□ 8. 是否有效实现访问控制策略，控制涉密信息知悉范围 是□否□ 9. 操作系统病毒和恶意代码样本库是否及时更新 是□否□ 10. 密码设置和更换是否符合保密管理要求 是□否□ 11. 信息输入输出是否做到相对集中、有效控制 是□否□ 12. 无线功能模块是否拆除 是□否□ 13. 是否使用无线键盘、鼠标等具有无线功能的外部设备 是□否□

续表

<table>
<tr><th>序号</th><th>检查项目</th><th colspan="2">检 查 情 况</th></tr>
<tr><td>3</td><td>存在的问题</td><td colspan="2"></td></tr>
<tr><td>检查人（签字）</td><td></td><td>责任人（签字）</td><td></td></tr>
</table>

示例 7-4-7：非涉密计算机（含笔记本电脑）检查情况登记表

单位名称：　　　　　　　　　　　　　　　　　　年　月　日

<table>
<tr><th>序号</th><th>检查项目</th><th colspan="2">检 查 情 况</th><th>备注</th></tr>
<tr><td rowspan="3">1</td><td rowspan="3">基本信息</td><td colspan="2">1. 责任人：</td><td rowspan="3"></td></tr>
<tr><td colspan="2">2. 设备编号：</td></tr>
<tr><td colspan="2">3. 硬盘序列号：</td></tr>
<tr><td>2</td><td>基本要求</td><td colspan="2">1. 是否存储有、处理和传输过涉密信息
是□否□
2. 是否连接过涉密信息设备、涉密存储设备
是□否□
详细情况：</td><td></td></tr>
<tr><td>3</td><td>安全防护措施</td><td colspan="2">1. 是否安装有杀毒软件和防火墙等防护软件
是□否□
2. 病毒和恶意代码样本库是否更新及时
是□否□
详细情况：</td><td></td></tr>
<tr><td>4</td><td>使用情况</td><td colspan="2">1. 是否感染木马或病毒
是□否□
详细情况：</td><td></td></tr>
<tr><td colspan="2">检查人（签字）</td><td></td><td>责任人（签字）</td><td></td></tr>
</table>

第八章 保密技术及信息化工作

保密技术是保密工作的强力支撑，是推动保密工作转型升级的重要力量。运用现代技术加强保密防范，深化保密技术的研究与应用，运用信息化手段加强保密工作的数据管理，对于做好保密工作具有十分重要的战略意义。

第一节 保 密 技 术

一、保密技术概述

(一)保密技术的意义及作用

1. 保密技术的意义

(1)保密技术是推动保密工作更好地维护国家安全和利益的必然选择。

一是应对信息化网络化的挑战。随着大数据、云计算、物联网、三网融合、移动互联等技术的发展，传统的网络防护边界正在消失，网络与信息安全在大数据时代面临新的问题、新的挑战，形势非常严峻。信息时代，必然需要大力发展保密技术来更好地应对新的形势和挑战。

二是防泄密反窃密斗争的需要。当前，日趋激烈的窃密与反窃密斗争呈现很强的技术对抗性特点，泄密渠道增多，窃密手段更加隐蔽。用保密技术武装保密工作也是在保密技术与窃密技术的对抗中取得主动权，赢得保密与窃密斗争胜利的必要条件。

三是维护国家安全和利益的重要支撑和基础保障。科学技术的发展及其在各个领域的广泛应用，特别是在科学技术迅速进入党政机关、要害部门部位的办公系统以后，迫使保密管理工作必须更多地采用保密技术手段，保障国家秘密的安全。

(2)保密技术是保密工作体系的重要组成部分。

保密相关法律法规明确规定，保密技术是保密工作体系的重要组成，强调要加强保密技术防护、强化保密技术的宣传和培训、开展保密技术检查，对提高和改进保密技术的单位或者个人给予奖励。《保密法》第七条规定："机关、单位要实行保密工作责任制、健全保密管理制度，完善保密防护措施，开展保密宣传教育，加强保密检查。""完善保密防护措施"，即为完善保密技术对保密工作的支撑。保密技术作为保密工作体系的重要内容表现在：首先，维护国家秘密安全，防止国家秘密泄露，必须依靠保密技术保护；其次，泄密隐患的发现和防范也离不开保密技术，保密技术可直接形成保守国家秘密的能力；最后，保密技术可以引领保密工作方式的转型升级，推动实现保密工作的跨越式发展。

(3)保密技术是当前做好保密工作的核心要素。

随着信息技术的发展，特别是互联网的技术发展大大地促进了信息化的进程。电话普及率越来越高，计算机、传真机、复印机等信息设备已进入办公系统，广泛应用于国家秘密信息的处理。但是信息设备在工作时会发出很强的电磁辐射，把有用的信号带入空中，又由于微波通信、卫星通信的发展，许多信息又进入空中传递，如不采取必要的技术措施，就很容易造成泄密。

(4)保密技术是反窃密斗争的重要手段。

窃密与反窃密斗争是一种不以人们意志为转移的客观存在的社会现象。随着科技的发展，特别是通信技术和网络技术的发展，人们利用无线电和网络传递各种信息，空中和网络中充满了各种各样反映人类活动真实情况的电信号。空间和网络的开放性导致国外敌对势力也可以更轻易地采取技术手段来获取我国的涉密信息。面对严峻的形势，我们必须发展和应用保密技术，提高防范能力，确保国家秘密安全。

2. 保密技术的作用

保密技术在保密工作的作用越来越凸显，主要体现在监管作用、防护作用、发现作用等方面。

(1)保密技术的监管作用。

保密技术是发挥保密监管作用的重要手段，通过采取一系列保密技术手段，可以有效发挥监管的作用，消除泄密隐患、威慑侥幸心理和发现案件线索等。

①通过监管发现安全保密漏洞和隐患，及时采取有效处置措施，堵塞漏洞、消除隐患，防止发生失泄密事件，消除泄密隐患。

②保密技术监管设施部署后，对涉密单位和人员能够形成一种无声的威慑，可达到强化保密意识、减少违规行为的目的，威慑侥幸心理。

③通过监管发现窃密泄密行为，记录相关证据，可及时为依法开展窃密泄密案件查处工作提供依据，发现案件线索。

(2)保密技术的防护作用。

在保密工作中，主要通过涉密载体保密技术和涉密信息保密技术对国家秘密信息进行保护，防止失泄密事件发生。

采用涉密载体保密技术，对有形的国家秘密信息载体(即实物)实施保护，使之不被窃取、丢失。采用信息保密技术主要是对无形的国家秘密信息实施保护，使之不被非法入侵、外传、窃听、干扰、破坏、拷贝。

(3)保密技术的发现作用。

在国家秘密传输过程中，运用泄密发现技术，可以检查、测试国家秘密是否发生泄露，并找出泄露的原因和渠道。通过技术手段检查、测试验证国家秘密是否泄露和能否被窃取，并查明原因和漏洞。同时，发现作用还体现在保密检查过程中违规行为和泄密行为的发现，能够提高保密检查的精准性和有效性。

(二)保密技术的国家标准

国家保密标准由国家保密局发布，强制执行，在涉密信息的产生、处理、传输、存储和载体销毁的全过程中都应严格执行。国家保密标准适用于指导全国各行各业、各个单位国家秘密的保护工作，具有全国性指导作用，是国家信息安全标准的重要组成部分。国家保密标准的制定过程：国家保密局下达课题，以国家保密科学技术研究所为主承担，与相关单位合作，请有关专家参与讨论，重要标准发各省、各部门征求意见，国家保密局组织专家进行评审后，由国家保密局发布实施。国家信息安全标准体系和国家保密标准体系如图 8-1、图 8-2。

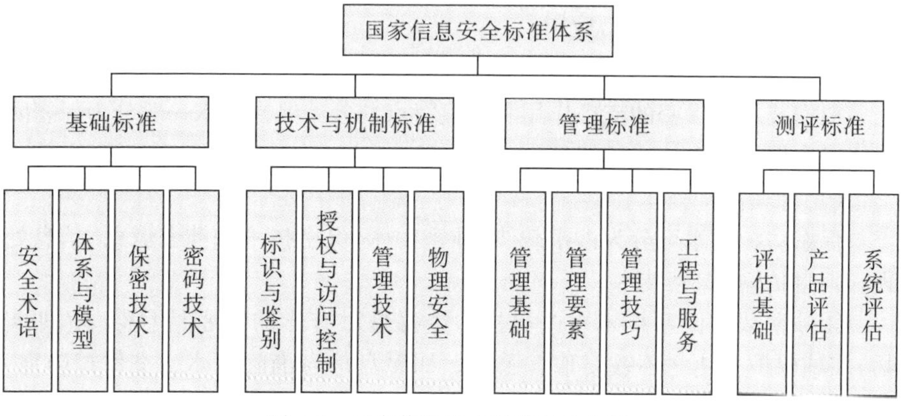

图 8-1　国家信息安全标准体系框架

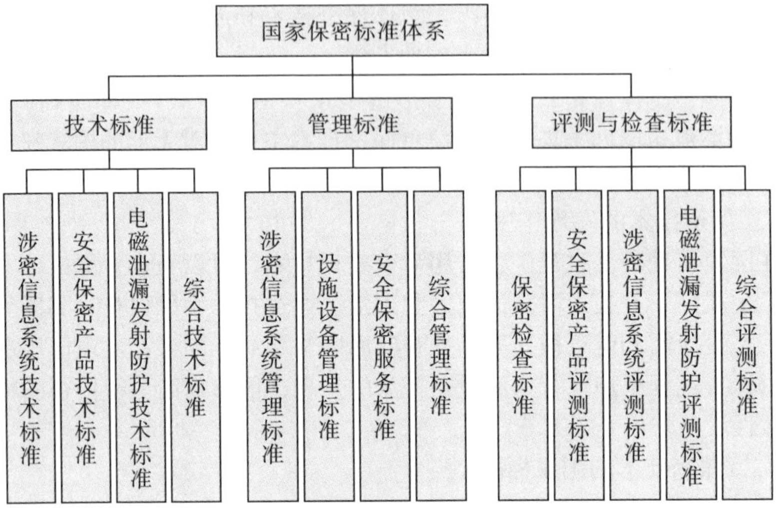

图 8-2　国家保密标准体系框架

(三)保密技术的基本概念

保密技术，是指保护国家秘密信息安全，防止国家秘密失窃和泄露的所有相关保障技术。保密技术的重要性日益凸显，保密工作方式向技防转型升级已成为当前保密工作的重要趋势。

二、保密技术的应用与发展

(一)保密技术分类与应用

1. 按保密技术的作用和功能划分

根据技术对保密的支撑作用和功能特点划分，保密技术一般分为保密防护技术和保密检查技术。

(1)保密防护技术。

保密防护技术可分为涉密载体(涉密物体)保密技术和涉密信息(信息处理和信息传输)保密技术。

①涉密载体保密技术。这类技术主要是对有形的涉密信息载体(即实物)实施保护，使之不被窃取、丢失。如磁盘信息消除技术，文件箱防窃、防丢报警技术，室内防盗报警技术，防复印复制技术，油印蜡纸字迹去除技术，文件粉碎机，密码锁、指纹锁、眼底锁等。载有国家秘密信息的文件资

料和物品的印制、生产、传输、使用、保管、销毁等各个环节都可应用这类保密技术。

②涉密信息保密技术。这类技术主要是对涉密信息的处理过程和传输过程实施保护，使之不被窃取或破坏。对信息进行处理主要有两种技术：一种是计算机软硬件的加密和保护技术，如计算机口令字验证、数据库存取控制技术、审计跟踪技术、密码技术、防病毒技术等；另一种是计算机网络保密技术，主要指用于防止内部网国家秘密信息非法外传的保密网关、安全路由器、防火墙等。对信息传输也有两种技术：一种是对信息传输信道采取措施，如专网通信技术、跳频通信技术(扩展频谱通信技术)、光纤通信技术、辐射屏蔽和干扰技术等，以增加窃听的难度；另一种是对传递的信息使用密码技术进行加密，使窃听者即使截获信息也无法知悉其真实内容。常用的加密设备有电话保密机、传真保密机、IP 密码机、线路密码机、电子邮件密码系统等。

(2)保密检查技术。

保密检查技术即在国家秘密传输过程中，检查、测试国家秘密是否发生泄露，并找出泄露的原因和渠道的技术。这类技术不同于保密防范技术，不具有直接保密的功能。它是通过技术手段检查、测试验证国家秘密是否泄露和能否被窃取，并查明原因和漏洞。如移动通信泄密检查技术，计算机网络系统信息传输检查技术、电子邮件监视技术，各类计算机、通信、会议音响设备寄生振荡电磁泄漏辐射检测技术，屏蔽效果测试技术，磁介质消磁效果验证技术，解密技术等。这类技术实际上是将检查和验证技术手段用于保密目的，为前三类保密防范技术的应用、改进、开发和发展提供依据。从这个意义上讲，保密检查技术既是保密防范技术的重要补充，又是保密检查的重要手段。

2. 按保密技术的应用对象划分

根据应用对象进一步细分，划分为网络保密技术、通信保密技术、物理安全保密技术、TEMPEST、保密检测技术，如图 8-3。

(1)网络保密技术和通信保密技术都以密码技术、信息隐藏技术作为基础技术，同时网络保密技术还包括身份认证、访问控制、监控审计、边界防护和主机安全等技术。通信保密技术可以划分为有线通信保密技术和无线通信保密技术。

①密码技术。密码技术，对信息进行加密、分析、识别和确认以及对密钥进行管理的技术。密码技术及其研究和应用领域是不断发展的。密码最初

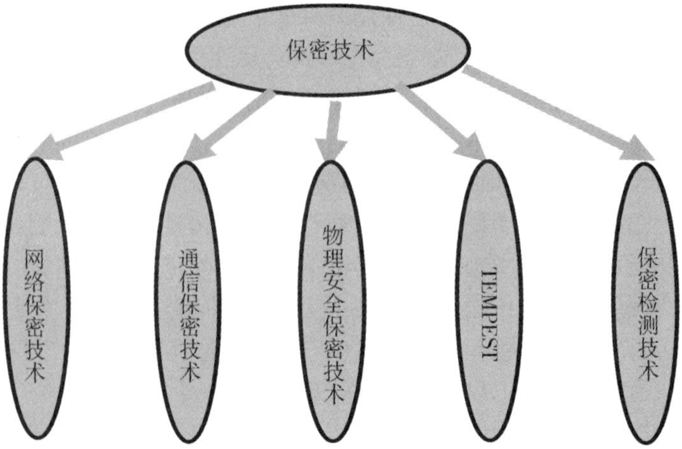

图 8-3　按应用对象划分的保密技术

只用来保护信息，或者通过破译密码获取情报。1412 年，波斯人 G. S. 卡勒卡尚迪提出利用语言特征和字母频率破译密码。1883 年，法籍荷兰人 A. 克尔克霍夫斯提出了密码分析的基本假设：假设密码分析者拥有密码算法及其实现的全部详细资料，算法的安全性完全寓于密钥之中。两次世界大战期间，许多国家设立了密码破译机构，密表、密本和有限多表代替等密码的破译趋于成熟，基本上实现了多表代替型机械密码的破译。1949 年，美国人 C. E. 香农运用熵和多余度对密码分析的一般方法作了理论阐述，并提出唯一解码量的概念。20 世纪 60 年代计算机通信网的发展使人类逐渐步入信息社会，信息的安全与保护为密码技术的应用提供了十分广阔的空间，为防止对手对系统进行主动攻击，需要对消息源、消息内容等进行识别和确认，认证技术得以迅速发展。信息技术的应用和发展，极大地拓展了密码技术的研究和应用领域，密码技术将不断获得新的发展。

密码技术典型应用在各个场合的密码验证环节，如计算机口令、各系统的登录口令等。在涉密信息系统，政务内网的数据加密环节也必须用到加密技术，可以说密码技术是保密技术的基础。

②信息隐藏技术。信息隐藏是把一个有意义的国家秘密信息如软件序列号、秘文或版权信息通过某种嵌入算法隐藏到载体信息中从而得到隐秘载体的过程。它主要是研究如何将某一国家秘密信息秘密隐藏于另一公开信息中，然后通过公开信息的传输来传递国家秘密信息的方法。通常载体可以是文字、图像、声音和视频等，而嵌入算法也主要利用多媒体信息的时间或空

间冗余性和人对信息变化的掩蔽效应。信息隐藏后，非法使用者无法确认该载体中是否隐藏其他信息，也难于提取或去除所隐藏的国家秘密信息。隐秘载体通过信道到达接收方后，接收方通过检测器利用密钥从中恢复或检测出隐藏的国家秘密信息。

信息隐藏的思想来源于古代的隐写术，历史上广为流传的“剃头刺字”的故事就是信息隐藏技术的应用。大约在公元前440年，Histaicus为了通知他的朋友一同反抗米堤亚人和波斯人，将一个仆人的头发剃光后在头皮上刺上了信息，等那仆人的头发长出来后再将他送到朋友那里，以此实现他们之间的秘密通信。16、17世纪还出现了许多关于隐秘术的著作，其中利用信息编码的方法实现信息隐藏较为普遍。历史上信息隐藏的例子还有很多。Wilkins采用隐形墨水在特定字母上制作非常小的斑点来隐藏信息。“二战”期间，德国人发明了微缩胶片，他们把胶片制作成句点大小的微粒来隐藏信息，放大后的胶片仍能有很好的清晰度。如今，大量的多媒体信息在网络中方便、快捷的传输，方便了人们的通信和交流，但是这些新技术在给人们带来方便的同时也产生了严重的安全问题。为了解决这些问题，引入了加密技术，但是加密技术是将明文加密成一堆乱码，这样就容易激发拦截者破解机密文件的动机及欲望。为此，人们又引入了信息隐藏技术，即将国家秘密信息隐藏在不易被人怀疑的普通文件中，使国家秘密信息不易被别有用心的人发现，从而加强了信息在网络上传输的安全性。

在信息保密传输中，加密技术同样是在密钥控制下把明文转换为密文，然后传送到公开信道，攻击者截获一堆乱码，由于没有密钥而不能进行正确的解密，只有借助已有的密码分析方法进行破译。与之不一样的是，信息隐藏技术则更进了一步，在用来保密通信时，信息隐藏主要通过伪装掩码存在信息，其中信息隐藏在秘密信息中的是可以泄露攻击者难以理解的秘密信息的存在。

加密技术与信息隐藏技术二者在保护措施上存在明显的区别，加密技术是借助密钥将信息变换为密文，由公开信道将密文传给接收者。在保护信息使用时，无密钥的不合法用户不能解密，也就不能正确地使用信息，即加密技术借助密钥管控信息的使用权，但信息不隐藏，它充当信息加密的补充方法，主要并非为了限制对信息的访问，而是保证不会改变或删除宿主信息里藏起来的秘密信息，进而在必要时给出有效的证明信息。

③身份认证。身份认证是计算机确认操作者身份的技术手段。技术上一般采用某种操作者不可被仿冒的特征来识别操作者的身份，比如密码。密码

方式的身份认证是建立在密码只有操作者本人知道的前提下。身份认证就是把操作者的某个用于识别的特征(也称识别因子)与操作者建立唯一对应关系。

身份认证的安全问题主要是识别特征被仿冒。因此安全系统一般采用多重特征进行身份认证，防止攻击者仿冒合法操作者的特征侵入系统。

常用身份认证方式：密码认证方式、IC 卡认证方式、智能 Key 认证方式、生物识别认证方式。

④访问控制。访问控制是在保障授权用户能获取所需资源的同时拒绝非授权用户的安全机制。网络的访问控制技术是通过对访问的申请、批准和撤销的全过程进行有效的控制，从而确保只有合法用户的合法访问才能给予批准，而且相应的访问只能执行授权的操作。

访问控制是计算机网络系统安全防范和保护的重要手段，是保证网络安全最重要的核心策略之一，也是计算机网络安全理论基础重要组成部分。

⑤边界防护。我们可以把网络看作一个独立的对象通过自身的属性维持内部业务的运转。他的安全威胁来自内部与边界两个方面，内部是指网络的合法用户在使用网络资源的时候发生的不合规的行为、误操作、恶意破坏等行为也包括系统自身的健康如软、硬件的稳定性带来的系统中断。边界是指网络与外界互通引起的安全问题有入侵、病毒与攻击。

作为网络边界的安全建设，采用如下思路：控制入侵者的必然通道设置不同层面的安全关卡，建立容易控制的“贸易”缓冲区，在区域内架设安全监控体系，对于进入网络的每个人进行跟踪审计其行为等。从网络的诞生就产生了网络的互联。从没有什么安全功能的早期路由器，到防火墙的出现，网络边界一直是攻防对抗的前沿阵地。边界防护技术也在不断对抗中逐渐成熟，主要包含以下技术：防火墙技术、多重安全网关技术、网闸技术、数据交换网技术。

⑥网络攻击技术。网络攻击(CyberAttacks，也称赛博攻击)是指针对计算机信息系统、基础设施、计算机网络或个人计算机设备的，任何类型的进攻动作。对于计算机和计算机网络来说，破坏、揭露、修改、使软件或服务失去功能、在没有得到授权的情况下偷取或访问任何一计算机的数据，都会被视为于计算机和计算机网络中的攻击。

⑦通信安全保密技术。保密通信是指采取了保密措施的通信。除采用暗号、隐语、密码等保密措施外，现代保密通信主要采用信道保密和信息保密。信道保密是采用使窃密者不易截收到信息的通信信道，如采用专用的线

路、瞬间通信和无线电扩频通信等。信息保密是对传输的信息用约定的代码密码等方法加以隐蔽再传送出去。随着电子技术的发展，已采用保密机进行保密。其特点是对传输的信息在发送端进行变换加密处理，接收端按相反过程还原信息，使窃密者即使收到信号，也不明白信号所代表的内容。

信道保密技术，对信息传输信道采取措施，如专网通信技术、跳频通信技术(扩展频谱通信技术)、光纤通信技术、辐射屏蔽和干扰技术等，反窃听技术(电话分析仪、200/300 微处理机、电话窃听报警器、线锁 CCR-3 反窃听器、防电话窃听装置)，以增加窃听的难度。

信息保密技术，对传递的信息使用密码技术进行加密，使窃听者即使截获信息也无法知悉其真实内容，主要有模拟置乱技术(模拟话音信号包含频率、时间和振幅等三大基本要素，模拟置乱针对这三大要素进行某些人为的处理和变动，包括频域置乱、幅域置乱、时域置乱、组合置乱、变换域置乱)、数字话音保密技术。数字保密系统包括话音编、解码器和数字调制、解调器以及信道编、译码器。其工作原理是将模拟语音信号经过话音编码器(模数编码器)进行数字编码成为数字信号，再通过加密器变成数字加密话音信号，经信道编码器进行纠错，再经数字调制器将数字信号转变成适合于发送端信道传输的模拟信号。在接收端再由解调器还原成数字信号，再经信道译码器、解密器、数模恢复话音信号。其中加密器采用了序列密码技术和分组加密技术。数字话音保密技术由于输出的加密信号具有伪随机的特性，因此对于窃听者来讲只是一片噪音，可懂度为零。其主要包含两个方面：完整性保护技术和信息加密密码技术(传统经典加密技术、量子通信保密技术、混沌保密通信技术)。

典型应用就是涉密公文传输系统，从信息的加密保护到信息的传输，都利用了前述技术。

(2)物理安全技术包括防复印技术、防窃照技术、防窃听技术、涉密载体信息消除技术、涉密物品管控技术等。

①防窃听技术。光纤窃听技术，光缆通信是依靠光缆内部的光信号进行通信的，由于没有电磁辐射，要在外部进行窃听，技术上十分困难，但如果在光缆上接入分路器将光信号引出并进行窃听，在技术上是可以实现的。因此，光缆通信同样存在泄密的可能。

②场所窃听技术，包含有线窃听器、无线窃听器、红外窃听器、激光窃听器和声音的直接窃听(空气声泄露、振动声泄露)；场所窃听检查技术，金属探测器进行专用窃密线路检查，采用线路反窃听器进行常规线路检查，

全波段接收机、场强计、T 波探测等进行无线窃听器的检查，检测激光发射器的激光光束，使用红外线窃听器监测器进行红外窃听器检查，建立屏蔽室。

③固定位置窃照技术。

④防复印技术，防复印纸张、防复印涂层。

⑤磁介质信息可靠消除技术，物理粉碎、强磁场消磁、热消除技术、写覆盖技术等。

⑥涉密物品管控技术，人工方式、条码技术、RFID 技术，门禁控制技术、涉密物品定位技术等。

(3)TEMPEST 技术(计算机信息泄露安全防护技术)可以划分为 TEMPEST 防护技术和 TEMPEST 检测技术两大类。

电磁泄漏发射，是指使用的信息设备在运行过程中通常会伴随携带信息的电磁信号。电磁泄漏发射信号既可能是基带信号，也可能是调制信号，还可能是载波、时钟信号。电磁泄漏发射方式既可能是通过信号线、电源线传播的线路传导泄漏发射，也可能是通过空间传播的电磁辐射泄漏发射。这些电磁信号如果被专用接收装置接收，经过信号提取处理，可以还原涉密信息，导致信息泄露。信息设备的电磁泄漏发射会带来严重的泄密隐患。例如，早期的计算机显示器辐射较强，使用普通电视机稍作改装后，即能从几百米外接收显示计算机屏幕的内容。后来的计算机液晶显示器辐射虽然大大减弱，但风险依然存在。采用专门的高性能接收还原设备，仍然可以通过电源线传导和显示器辐射两种方式从较远距离外接收还原显示器内容，对于显示的涉密信息安全构成极大威胁。为堵塞这一泄密渠道，必须加强涉密信息设备的电磁泄漏发射防护。

为加强电磁泄漏发射防护，国家保密行政管理部门出台了涵盖相关产品、现场测试及防护要求等的电磁泄漏发射防护标准，建立了电磁泄漏发射防护体系。实际工作中可以根据不同情况，选用不同的电磁泄漏发射防护方式。对于涉密设备分散、涉密程度高的场所，可采用低泄射计算机。对于涉密设备集中、涉密程度高的涉密计算机房或者绝密级网络的中心机房等，可采用建设电磁屏蔽室、配置电磁屏蔽机柜的方式进行防护。处理机密级及以下低密级信息的设备，可采用配备视频干扰器的方式进行防护。

(4)保密检测技术包括对计算机及其网络、办公自动化设备以及涉密场所的保密检查技术、网络攻击技术、泄密取证技术等。

保密检查技术，即在国家秘密传输过程中，检查、测试国家秘密是否发生泄露，并找出泄露的原因和渠道的技术。这类技术不同于保密防范技术，不具有直接保密的功能。它是通过技术手段检查、测试验证国家秘密是否泄露和能否被窃取，并查明原因和漏洞。如移动通信泄密检查技术，计算机网络系统信息传输检查技术，电子邮件监视技术，各类计算机、通信、会议音响设备寄生振荡电磁泄漏辐射检测技术，屏蔽效果测试技术，磁介质消磁效果验证技术，解密技术等。这类技术实际上是将窃密技术手段用于保密目的，为前三类保密防范技术的应用、改进、开发和发展提供依据。从这个意义上讲，保密检查技术既是保密防范技术的重要补充，又是保密检查的重要手段。

保密检查技术主要包括涉密计算机及网络检查技术、非涉密计算机及其网络检查技术、互联网及其其他公共信息网络检查技术、移动存储介质检查技术、通信和办公自动化设备检查技术、涉密场所环境检查技术等。

(二)保密技术的发展

1. “互联网+”时代保密技术发展面临的新形势和新挑战

随着科学技术的迅猛发展，世界各国都把高新尖端科学技术作为获取涉密信息和保守国家秘密信息的重要手段，保守、保护国家秘密的方式也由主要依靠人力管理逐步向人力与技术相结合的方式转变。特别是在当今信息化条件下，科学技术已成为保密工作不可或缺的利器，只有在充分发挥传统保密工作优势的同时，大力发展保密科学技术，才能为确保国家秘密安全和有序利用提供强有力的支撑和保障。

(1)“互联网+”的新时代已经到来。

英国牛津大学互联网研究所教授卢恰诺·佛洛里迪在纪录片《互联网时代》中提道：我们确实已经进入了一个史无前例的阶段，我们从以物质为基础的社会、以黄金为基础的社会进入了一个以信息为基础的社会。

英国计算机科学家丹尼尔·希利斯在纪录片《互联网时代》中提道：我们的父辈生活在世界不同的地区，意味着生活在非常不同的世界里，但我们的孩子却生活在同一个世界里，不管他们生活在世界的哪一个角落，因为互联网把他们都连接在一起，大家都生活在同一个信息空间。所以，我们当然会改变人类文化。

(2)“互联网+”时代的特点。

第一，地球村从概念变为了现实。第二，网络空间成为国家新的疆域。

第三，网络安全的战略地位在全球形成普遍共识。

(3)“互联网+”时代的发展趋势。

①全球进入移动互联网全面爆发期，“无处不终端、处处皆计算”的时代正在到来。

②大数据已经上升为国家战略。

2016 年美国发布《联邦大数据研发战略计划》，形成涵盖技术研发、数据可信度、基础设施、数据开放与共享、隐私安全与伦理、人才培养以及多主体协同等七个维度的系统的顶层设计，打造面向未来的大数据创新生态。特朗普就任美国总统后，对大数据应用及其产业发展持续关注，并督促相关部门实施大数据重大项目，构建并开放高质量数据库，强化 5G、物联网和高速宽带互联网等大数据基础设施，促进数字贸易和跨境数据流动等。2018 年 4 月底英国专门发布《工业战略：人工智能》报告，立足引领全球人工智能和大数据发展。

党的十八届五中全会提出，实施国家大数据战略。国务院通过的《关于促进大数据发展的行动纲要》，为未来中国的大数据发展指明了方向。

我国制定国家大数据战略的主要内容包括：构建大数据研究平台及国家顶层规划，整合创新资源，实施“专项计划”，突破关键技术；构建大数据良性生态环境，制定支持政策，形成行业联盟，制定行业标准；构建大数据产业链，促进创新链与产业链的有效嫁接。

大数据安全保密方面的风险：大数据成为网络攻击的显著目标；大数据威胁现有的存储和安防措施；大数据加大信息泄露风险；大数据技术可被应用到攻击手段中。

③信息化的发展向人工智能化阶段迈进。

人工智能为 21 世纪科技领域最为前沿的技术之一，该领域的研究包括机器人、语言识别、图像识别、自然语言处理和专家系统等。人工智能研究的主要目标是使机器能够胜任一些通常需要人类智能才能完成的复杂工作。

(4)“互联网+”时代保密技术发展的新挑战。

①颠覆生存时间和空间概念，冲击着传统保密理念。

传统的以封闭式遮蔽和隔离式阻断为基础的信息保密理念和技术受到了前所未有的冲击，我们习惯上熟悉的所有的物理屏障都不能遮挡外部的视线。

互联网给了我们巨大的自由，同时，由于数字技术的进步，万事万物都能够被追踪，经过追踪，信息和行为将显露无遗。

②“互联网+”时代美国占据网络空间的霸主地位，其对我国的网络窃密活动更加疯狂，表现在以下三个方面：

第一，美国掌握着全球互联网的命脉。第二，美国掌握着全球互联网的基本资源。第三，美国掌握着全球互联网的话语权。

③美国主导的西方盟友已完成对我国的网络制衡。

1993 年，克林顿政府首次提出建立“国家信息基础设施”，1998 年颁布了 63 号总统令，首次提出“信息安全”概念。这个时期美国处于网络防御期。2003 年，美国发布第一份专门针对网络空间国家安全的战略报告《网络空间安全国家战略》，美国的网络安全进入了攻防验证期。时至今日，美国的网络空间发展战略已基本形成，并建立了“国家任务队”“作战任务队”和“网络保护部队”，承担全球网络攻击任务。美、日、韩、澳建立了网络站同盟，实现了全球网络攻击的力量布局。

④窃听窃密技术越来越先进，风险不断加剧。

窃听技术的发展趋势。互联网时代的到来，窃听与反窃听的博弈已经进入白热化。窃听手段正在从专业化转变为平民化，各种窃听工具五花八门，种类繁多，体积微小，伪装性强，能隐藏在任何物体内。

智能手机窃密新趋势。“互联网+”时代手机作为通信终端、控制终端和存储终端的功能日益强大，流经手机的信息量爆炸式增长，手机面临的安全威胁和泄密隐患呈现出全维化、复杂化、产业化的演变趋势，渗透攻击影响力和破坏力显著增强，手机安全保密形势更加严峻。

智能手机集成多条数据交互通道，背负着移动通信安全、网络安全、操作系统安全等多重的安全责任，传统计算机网络的安全保密风险在手机上可以说全部存在，且风险更多、危害更大。

手机窃密技术不断涌现，手机窃密手段花样翻新，新的窃密形式层出不穷，如 2012 年日本研究者利用屏幕点触输入过程中颜色、显示变化，接收变化中产生的电磁泄露信号，还原了输入信息。

大数据、云计算安全问题加大手机泄密风险，手机终端在承载网络服务、实时处理信息过程中需要大数据、云计算的支撑，而手机大数据、云计算的应用在认证授权、传输加密、云端数据保护等方面技术不够成熟，手段不能满足保密需求。

2. 保密防护技术的发展

信息技术的应用和发展，极大地拓展了密码技术的研究和应用领域，密码技术将不断获得新的发展。信息加密密码技术不断发展，从传统经典加密技术到量子保密通信技术、混沌保密通信技术，技术不断成熟，在密码通信领域，更高效更安全的手段将会不断涌现。

(1)量子通信保密技术。

光量子通信主要基于量子纠缠态的理论，使用量子隐形传态(传输)的方式实现信息传递。光量子通信的过程如下：事先构建一对具有纠缠态的粒子，将两个粒子分别放在通信双方，将具有未知量子态的粒子与发送方的粒子进行联合测量(一种操作)，则接收方的粒子瞬间发生坍塌(变化)，坍塌(变化)为某种状态，这个状态与发送方的粒子坍塌(变化)后的状态是对称的，然后将联合测量的信息通过经典信道传送给接收方，接收方根据接收到的信息对坍塌的粒子进行幺正变换(相当于逆转变换)，即可得到与发送方完全相同的未知量子态。

经典通信较光量子通信相比，其安全性和高效性都无法与之相提并论。安全性方面，量子通信绝不会“泄密”，其一体现在量子加密的密钥是随机的，即使被窃取者截获，也无法得到正确的密钥，因此无法破解信息；其二，分别在通信双方手中具有纠缠态的 2 个粒子，其中一个粒子的量子态发生变化，另外一方的量子态就会立刻随之变化，并且根据量子理论，宏观的任何观察和干扰，都会立刻改变量子态，引起其坍塌，因此窃取者由于干扰而得到的信息已经破坏，并非原有信息。高效性方面，被传输的未知量子态在被测量之前会处于纠缠态，即同时代表多个状态，例如一个量子态可以同时表示 0 和 1 两个数字，7 个这样的量子态就可以同时表示 128 个状态或 128 个数字：0~127。光量子通信的这样一次传输，就相当于经典通信方式速率的 128 倍。可以想象如果传输带宽是 64 位或者更高，那么效率之差将是惊人的。

(2)混沌保密通信技术。

混沌保密通信技术，20 世纪 80 年代 Fujisaka 和 Yamada 等对混沌同步的理论研究和 20 世纪 90 年代 Pecora 和 Carroll 对混沌同步的实验研究引起了人们的广泛重视，开始了混沌同步与控制在保密通信中应用的新阶段。由于混沌信号具有非周期、连续宽频带、类噪声和长期不可预测等特点，所以特别适用于保密通信、扩频通信等领域。在混沌应用研究中，混沌保密通信研究得最多，竞争也最为激烈，它已经成为保密通信的一个新的发展方向。一些发达国家的科研和军事部门投入了大量人力物力开展混沌在保密通信中应用的理论和实验研究。如美国麻省理工学院、马里兰大学、华盛顿大学、伯克利加州大学、香港城市大学混沌控制和同步研究中心等都在研制新的混沌系统和有效的混沌信号处理技术。美国陆军和海军实验室也积极参与竞争，并投入了大量研究经费，以期望研制出高度保密的混沌通信系统，来满足现代化战争对军事通信的要求。

利用混沌的三大特点可以把基于混沌的通信分为三大类：①基于混沌的非周期宽带连续频谱特性的扩谱通信；②基于混沌复杂性的保密通信；③基于混沌信号不相关的多用户通信。利用混沌进行保密通信主要有四种方式：①混沌掩盖（ChaosMasking）；②混沌键控（ChaosShiftKeying）；③混沌调制；④混沌扩频。它们都是以混沌同步为基础的。混沌掩盖的基本原理是把要传输的信息与混沌伪噪声加性调制，达到对信息进行隐藏的目的，属于模拟通信。

从混沌通信技术的“代”角度看，从 1992 年至今，混沌保密通信经历了四代。混沌掩盖和混沌键控属于第一代混沌保密通信技术，安全性能非常低，实用性大打折扣；混沌调制属于第二代混沌保密通信技术，尽管第二代系统的安全性能比第一代高，但是仍然达不到满意的程度；混沌加密技术属于第三代混沌保密通信，该类方法将混沌和密码学的优点结合起来，具有非常高的安全性能。基于脉冲同步的混沌通信则属于第四代混沌保密通信。前三代系统的一个共同的基础是混沌同步。混沌同步的主要问题：同步信号和有用信号的带宽相当，导致带宽利用率很低。第四代的混沌脉冲同步法对这个问题加以改进，与前三代同步信号需要的带宽相比，效率提高许多。脉冲方法比前三代方法在参数失配方面具有更好的鲁棒性，保密度也比前三代系统高得多。

（3）涉密电子文件标签和水印管理系统。

随着信息化程度的不断提高，涉密电子文件日益成为各种信息系统和战斗力生成的“血脉”。与纸质文件相比，电子文件具有易复制、易拷贝、易打印、易传输等特性，且缺乏有效的监管手段。为此，借鉴传统纸质文件保密管理的有效做法，引入第三方监管的理念，运用电子标签和数字水印技术，开发涉密电子文件标签和水印管理系统，用技术手段固化相关保密法规制度，填补监管手段的空白。

涉密电子文件标签和水印管理系统着眼于滞留在个人手中、散存于各类终端和载体中、流转于网络中的涉密电子文件，通过为每一份电子文件注入唯一的、不可分离的电子标签，自动记录其产生、使用、复制、拷贝、传输、打印、存档、销毁等关键信息，实现对存储介质“域”的管控向单个电子文件精确管控的转变。“通过对每份电子文件的密级、使用范围、打印许可等权限设置，主动约束各种违规违纪行为，通过检查工具实时监督审计各种操作行为，实现涉密电子文件全生命周期的可控、可查、可溯、可审。”

(4) RFID 涉密载体管理系统。

对涉密载体实施有效管理是加强保密安全防范的重点之一。当前，对涉密载体的管理大多采用人工的方式，过程繁琐、效率较低，无法做到 24 小时全天候监控，且对涉密载体的遗失发现不及时、查找困难，存在涉密载体管理时间和空间上的盲区。另一方面，涉密 U 盘、涉密移动硬盘、涉密笔记本电脑等载体体积小、易于携带、记载的涉密信息量大，一旦遗失后果难以估量，必须通过技术手段加强涉密载体的有效管控。

近些年，随着无线射频识别技术(RFID)的快速发展，RFID 技术大量应用于物流追踪、仓储管理、智能考勤等方面。RFID 技术以其响应速度快、识别距离远、低成本和非接触等特性易于实现物体的定位和智能化管理。当前，利用 RFID 技术实现涉密载体的有效管控成为保密领域的研究热点。

3. 泄密发现技术的发展

(1)手机探测技术。当今信息时代，手机作为通信终端、控制终端和存储终端的功能日益强大，流经手机的信息量爆炸式增长，手机面临的安全威胁和泄密隐患呈现出全维化、复杂化、产业化的演变趋势，渗透攻击影响力和破坏力显著增强，手机安全保密形势更加严峻。手机泄密发现技术的发展显得尤为重要。

①节点探测技术。非线性技术是通过设备的发射端向目标区域或目标物体发出 S 波段的高频基波，由接收端捕获来自目标物体所产生的二次谐波和三次谐波，运用人工智能领域中的模糊识别算法和自学习算法对谐波信号进行分析和处理后给出基波发射前后的谐波变化规律，从而能够有效识别出带有非线性电器元件的电子设备。这种技术可以有效对带有节点特征的电子产

品进行探测。但是同样也存在误报问题，比如手表链、钥匙串等具备节点特性的物品也会误报。并且截至目前非线性探测对人体的辐射问题还没有得到有效的解决。

②大数据技术。根据手机、相机、平板等物品的身份特征进行多方位采集和综合分析，利用涡流效应和电磁感应原理，获取被检测金属物品的材质形态信息，再通过场强变换技术获取被检测金属物品的立体形状信息，最后对比产品数据库，计算出被检测物品的材质和形状，从而实现将违禁品与日常用品分离。这种技术相对较于节点探测技术具有更加全面的分析处理能力和安全性，可以完全满足现实安检场景中的要求，可以真正做到探测手机不漏报，排除手表、皮带扣、钥匙扣、发卡、金属纽扣等物品不误报。

(2)保密检查技术。传统保密检查技术还主要停留在基于文字的检查阶段。对于其他形式的信息还未有很好的保密检查手段，结合计算机信息学科的技术，发展基于图像、语音、视频等形式信息的检查技术手段也十分必要。相关领域目前已有相关比较成熟的基于地图信息的检测手段，在相关领域的技术实现以及实际应用还有待进一步发展。同时，目前信息设备发展更新也十分迅速，针对手机或其他专业设备中所储存的信息的发现技术和手段还有待进一步发展。

(3)防伪基站窃密。“伪基站”即假基站设备，是一种高科技仪器，一般由主机和笔记本电脑组成；通过短信群发器、短信发信机等相关设备能够搜取以其为中心、一定半径范围内的手机卡信息，通过伪装成运营商的基站，任意冒用他人手机号码强行向用户手机发送诈骗、钓鱼广告等短信息。一些不法分子可能会在涉密单位相对集中的区域，利用伪基站对周边手机信号进行接收，然后冒充运营商，给手机用户发送诈骗短信，引其上钩。早在十几年前，美国国家安全局就已经在“无边界线人计划”等窃听的项目中，使用名为“脏盒”的伪基站，模拟手机基站的信号，暗中接入手机并盗取数据。

为了防止伪基站攻击，需要系统支持终端对网络的鉴权以及空口信令完整性保护功能。然而，GSM 系统在设计时就不支持上述两种功能，因此无法简单地通过系统配置或者升级的方式解决，所以必须逐步废弃 GSM 系统 SIM 卡、终端、接入网、核心网设备的使用。取而代之的是 USM 卡，3G/LTE 系统终、接入网、核心网设备，实现网络与终端间的双向鉴权并实现信令消息的完整性保护。

(4)物联网保密技术。随着网络技术的迅速发展和广泛应用，物联网的概念进入人们的视野。物联网用途广泛，遍及智能交通、环境保护、政府工作、公共安全、工业监测、老人护理、个人健康等多个领域。物联网在带给人类便利的同时，也在信息安全方面存在一定的局限性。

目前，物联网技术越来越多地受到了人们的关注。物联网的本质是通过能够获取物体信息的传感器件进行信息采集，通过泛在网进行信息传输及交换，通过信息处理系统进行信息加工及决策。因此说构造物联网的三要素是传感器件、泛在网络和信息处理设施。

正如任何一个新的信息系统的出现都会伴生着信息安全问题一样，物联网也不可避免地伴生着物联网安全问题；同样，与任何一个信息系统所存在的安全问题均有着自身的安全和对他方的安全的两面性一样，物联网也存在着自身的安全和对他方的安全问题。其自身的安全是指物联网是否会因被攻击而不可信，其重点表现在如果物联网出现了被攻击、数据被篡改等，并致使其出现了与所期望的功能不一致的情况，或者不再发挥应有的功能，那么依赖于物联网的控制结果将会出现灾难性的问题，如工厂停产或出现错误的操控结果。这一点通常称为物联网的安全问题。而对他方的安全则涉及的是通过物联网来获取、处理、传输的用户的隐私数据，如果物联网没有防范措施则会导致用户隐私的泄漏。这一点通常称为物联网的隐私保护问题。因此，人们习惯于说物联网的安全与隐私保护问题是最让人困惑的物联网安全问题。

物联网保密关键技术主要体现在安全路由协议、密钥管理机制和决策与控制安全三个方面。

第二节　保密信息化工作

一、保密信息化概述

1. 保密信息化的概念

随着信息技术对保密工作影响的不断深入，信息化建设的整体设计和高效利用成了提高保密管理工作的重要手段。信息化提出于 20 世纪 60 年代，作为一个动词被普遍认可，信息化是一个过程，结合保密工作，“保密信息化”指在统一规划和组织下，运用现代信息技术、广泛利用信息资源，建立保密信息体系的过程。信息化建设是生产与管理转型升级的必然需求，能够有效地改善保密工作中出现的效率低下、管理臃肿、竞争力下降等问题。如辅助保密管理的保密综合管理系统、保密教育培训系统等，都是保密信息化的一种体现。

2. 保密信息化的特点

（1）集成信息化手段，实现电子化。保密信息化管理，摒弃传统的纸质存储和处理信息的方式，将信息转化为计算机能识别数字信息，实现保密信息数据的电子化。

（2）数据的相互关联和及时更新，实现高效性。信息化基础是前述的电子化，通过系统的设计，一方面可以有效地及时处理电子化信息，高效地进行更新或是查询等操作，另一方面可以有效地将孤立的信息元素关联在一起，实现要素关联。

（3）优化审批程序，实现流程化。将信息处理的每个过程顺序进行梳理和定义，明确每个过程的输入和输出，实现标准的规范流程。

（4）按规则自主运行，实现自动化和智能化。在信息处理的过程中，很少或者不需要人工干预，信息系统自动完成信息处理。信息系统可以独立自主，提供个性化的信息处理，为分析和决策提供支持。

3. 保密信息化的作用

（1）实现保密工作数据关联、统计分析和辅助决策。

构建有效的保密信息化管理平台，建设保密管理信息系统，实现各类保密审查审批事项、各类保密工作数据的电子化定期汇总、集中管理、实时查询和关联管理。在信息数据电子化的基础上，便于保密管理动态信息的统计，对保密管理数据进行整理、分析和挖掘，如对历次保密检查发现问题的整理分析，能够为单位进一步加强保密管理工作提供决策支持；通过信息化管理平台实时掌握最新的真实情况，可以第一时间发现风险并采取应急措施，预测风险，做到“风险可控”。

（2）提高保密管理的精准性、实时性和高效性。

保密信息化管理，实现保密业务全过程、全领域、全方位地实时监控、动态管理，促进保密精细化管理，提高保密管理的精准度；信息化管理系统，尤其是基于网络的信息化应用，可以实时进行数据更新、维护、统计、开展业务等，充分发挥实时性；信息化采取规范流程，自动化处理，摒弃了传统手工处理、线下处理，发挥电子信息处理的优势，具有显著的高效特性。

（3）降低保密管理的成本。

实现保密信息化管理，可极大地提高效率，同等的工作量，可以减少人员投入，有效节约人力、物力成本。同时，信息化处理可以加快处理速度，简化管理流程，节约时间成本，降低保密管理的成本。

(4)提高保密管理的水平。

保密信息化管理，不仅为保密工作高效化、常态化、日常化管理的长效机制提供有力保障，更有助于形成规范、科学、有效的保密管理新体系。通过信息化保密管理，不仅细化保密管理、强化保密管控、简化审批流程，实现保密工作的长效机制，更有助于形成规范、科学、有效的保密管理新体系。

二、保密信息化的类别

目前，按信息化技术的功能来说，大致可以归为管理和业务两类。

1. 辅助用于保密管理的系统和技术

这类系统主要是构建信息化的管理平台，用于辅助保密管理，为保密管理提供流程电子化、统计、分析和决策支持等。如保密综合管理系统，可实现各类保密审查审批事项、各类保密工作数据的电子化定期汇总、集中管理、实时查询和关联管理。特别是保密工作的动态管理方面，便于工作人员全面、实时地掌握保密工作情况，实现信息与资源有效共享、相互间的数据交换对接。最终形成保密工作量化和精细化管理，以及纵横结合的保密业务立体网络化管理。

2. 辅助用于保密业务的系统和技术

为满足不同的保密业务应用需求，依据业务特点建立业务系统，如保密在线教育培训系统，是利用互联网和手机终端提供保密知识培训和考试的在线教育平台，不受时间和空间限制，可以随时随地开展保密教育培训和考试，在单位或家里利用手机即可进行学习。还如涉密科研项目申报系统、涉密电子公文传输系统等，均是针对保密业务工作而开发、建立的辅助系统、用以实现特殊的业务用途或者提高工作效率。

三、保密信息化管理技术的发展

目前，保密信息化系统应用水平还处在只是把业务搬到网上的阶段。保密信息系统的应用表层化、缺乏具有辅助作用的工具、某些业务的处理游离于信息系统之外、系统数据未能挖掘、系统的前瞻性预测分析功能和决策参考功能缺失的现状使得保密信息化的效益体现得不明显。系统集成度不高，信息处理效率低下，各系统间信息交换、共享资源不畅等，都会导致保密管理无法实现保密业务全过程、全领域、全方位地实时监控、动态管理。需要进一步将保密管理与信息化有机融合，在保密管理领域搭建一套科学化、规范化、信息化的保密管理平台，确保保密管理体系的有效运行。

第九章　武器装备科研生产保密资格认定工作

为应对新形势下保密工作面临的严峻形势和武器装备科研生产领域日益复杂激烈的挑战，满足武器装备保密管理的实际需求，切实加强国防科技工业保密工作，党中央对武器装备科研生产单位实施保密资格审查认定制度。本章节将对保密资格的概况及保密资格标准、保密资格申请、保密资格审查认定等展开阐述。

第一节　武器装备科研生产单位保密资格与资格认定工作概述

一、武器装备科研生产单位保密资格概述

武器装备科研生产单位保密资格(以下简称保密资格)是承担武器装备科研生产单位必须取得的保密资格，是企业事业单位承担涉密武器装备科研生产任务的前提条件。承担或拟承担涉密武器装备科研生产任务的企业事业单位应当根据所承担或拟承担的武器装备科研生产项目或者产品的最高涉密等级，依法申请相应等级的保密资格，按照依法程序经保密资格认定后，取得相应等级的保密资格。

保密资格具有等级区分。保密资格等级是国家按照所承担或拟承担涉密武器装备科研生产任务的密级，对企业事业单位应当具备的保密管理能力要求的划分。武器装备科研生产单位的保密资格可分为一级、二级两个等级。不同保密资格等级单位承担不同秘密级别的科研生产任务，具体来说：一级保密资格单位可以承担绝密级、机密级、秘密级科研生产任务；二级保密资格单位可以承担机密级、秘密级科研生产任务。显而易见，所承担或拟承担涉密武器装备科研生产任务的密级越高，对企事业单位保密管理能力的要求也越高。

取得保密资格对涉密武器装备科研生产企事业单位具有重要意义。依据《保密法》第二十八条、《保密法实施条例》第三十四条、《行政许可法》有关规定以及《中共中央保密委员会关于加强国防科技工业保密管理工作的意见》《国务院办公厅关于公开国务院各部门行政审批事项等相关工作的通知》等有关法律法规要求，保密资格认定制度具有普遍的法律约束力，具体来说：取得保密资格的单位，列入《武器装备科研生产单位保密资格名录》(以下简称名录)。军队系统装备部门的涉密武器装备科研生产项目，应当在列入名录的具有相应保密资格的单位中招标订货。承包单位分包涉密武器装备科研生产项目的，应当从列入名录的具有相应保密资格的单位中选择。即凡没有依法取得相应等级保密资格的企业事业单位，不具备参加涉密武器装备科研生产任务采购供货和招投标资格条件。

二、武器装备科研生产单位保密资格认定工作概述

随着保密形势的不断变化，我国保密资格认定制度也几度更新，经历了一个初建、发展过程。

2001 年 9 月，中共中央办公厅转发了《中共中央保密委员会关于加强国防科技工业保密管理工作的意见》(以下简称《意见》)。《意见》明确提出加强国防科技工业保密工作的措施，明确了国家保密局、原国防科学技术工业委员会、原总装备部在国防科技工业保密工作中的职责，并作出在武器装备科研生产单位实行保密资格审查认证制度的决定。

根据《意见》要求，国家保密局、原国防科学技术工业委员会、原总装备部制定了《武器装备科研生产单位保密资格审查认证管理办法》(国保发〔2002〕4 号)及一级、二级、三级《武器装备科研生产单位保密资格标准》和《武器装备科研生产单位保密资格评分标准》。

2002 年，为充分贯彻落实《意见》的具体要求，国家成立了国防武器装备科研生产单位保密资格审查认证委员会和省、自治区、直辖市武器装备科研生产单位保密资格审查认证委员会，并分别下设办公室，负责组织实施军工保密资格审查认证工作及日常管理工作。军工保密资格审查认证工作启动以后，在国家保密局、原国防科学技术工业委员会、原总装备部的组织领导下，国家和省、自治区、直辖市军工保密资格审查认证机构各司其职，对军工企业、事业单位、高等学校、非公有制企业开展保密资格审查认证工作。

2008 年，国家保密局、国家国防科技工业局、原总装备部对《武器装备科研生产单位保密资格审查认证管理办法》(国保发〔2002〕4 号)及其相关配

套标准、评分标准进行了全面修订，颁布实施了《武器装备科研生产单位保密资格审查认证管理办法》(国保发〔2008〕8 号)及其相关配套标准、评分标准。本次保密资格认定制度的发展很好地适应了国防科技工业调整改革的变化，并极大程度地结合新颁布实施的保密法律法规。

2016 年，国家保密局会同国家国防科技工业局、中央军委装备发展部，修订印发了《武器装备科研生产单位保密资格认定办法》(国保发〔2016〕15 号，以下简称《认定办法》)及一级、二级、三级《武器装备科研生产单位保密资格标准》(国保发〔2016〕43 号，以下简称《资格标准》)和一级、二级、三级《武器装备科研生产单位保密资格评分标准》(以下简称《评分标准》)。修订后的《认定办法》《资格标准》和《评分标准》坚持与党和国家的保密工作方针政策和法律法规标准保持一致，严格落实党中央、国务院行政审批制度改革要求，合理借鉴了国内外的先进经验，坚持“业务工作谁主管，保密工作谁负责”的指导思想，进一步强化归口管理，使得保密资格认定工作更加科学规范、合理可行、易于操作。

2021 年，取消三级保密资格。2021 年 6 月 3 日，国务院发布《关于深化“证照分离”改革进一步激发市场主体发展活力的通知》，其中，附件《中央层面设定的涉企经营许可事项改革清单(2021 年全国版)》指出，将武器装备科研生产单位保密资格由三级调整为两级，取消三级资格，相应调整二级资格的许可条件。

第二节 武器装备科研生产单位保密资格标准体系

一、保密资格标准体系构成

《资格标准》是依据党和国家有关保密工作方针政策、法律和法规制定的，是对保密法律法规要求的具体细化，是军工保密资格审查认定的基本依据，也是衡量军工单位保密工作水平的具体指标。

经过多年的实践积累和经验总结，2016 年最新修订完善的《资格标准》基本体现了“便于操作、科学可行、合理归纳、形成体系”的精益管理思想，《资格标准》分为一级、二级、三级，包括适用范围、实施要求和具体标准。其中，具体标准包括保密责任、归口管理、保密组织机构、保密制度、保密管理、监督与保障等六个方面要求，每一方面又细化为若干条具体的考核标准及相应的落实要求。这套标准是一个完善的指挥和导向系统，能够指导武器装备科研生产单位有针对性地开展保密管理工作，为保密资格审查认定工作提供可操作性依据，如图 9-1。

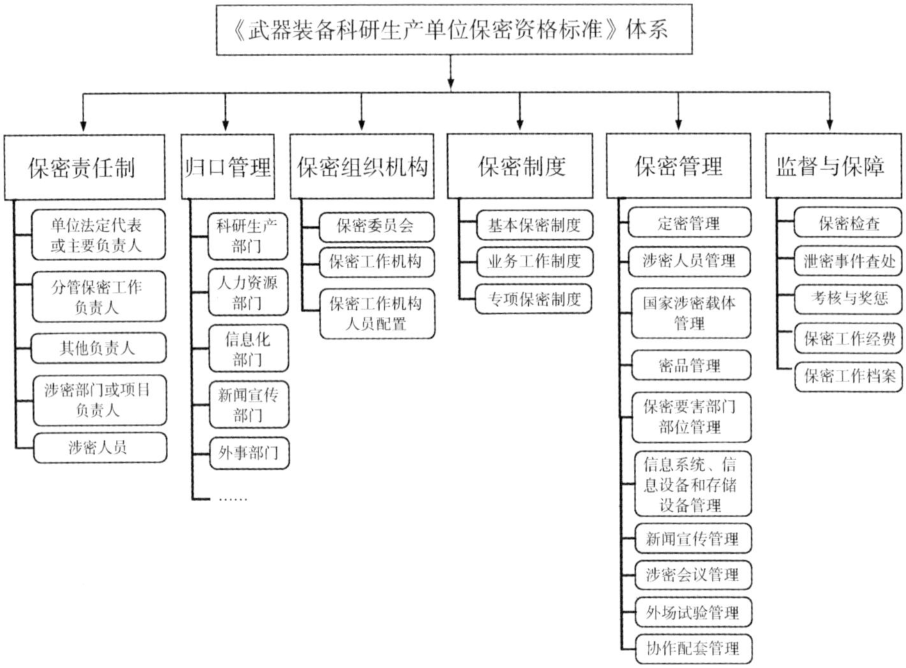

图 9-1　《武器装备科研生产单位保密资格标准》体系

二、保密资格标准内容

(一)保密责任

贯彻中央关于加强保密工作责任制的要求，按照岗位职责，进一步明确了从领导到相关各类人员的保密责任，并具体到日常业务工作流程中。同时，依据《保密法》及其实施条例规定，将法律明确禁止的各类行为纳入新标准，作为审查中止项或重点检查项。

(二)归口管理

归口管理是推动建立健全单位保密管理体系，落实"业务工作谁主管，保密工作谁负责"原则的重要举措。《资格标准》对实施归口管理提出了明确要求。

归口管理是指单位科研生产、人力资源、信息化、新闻宣传、外事等职能部门，应当明确职责，结合各自业务工作实际，归口负责业务工作范围内的保密管理工作和相关工作制度制定。归口管理部门应在单位保密委员会领导和保密工作机构指导下制定相关制度，将相关保密要求融入业务工作制度，实现保密工作与业务工作的高度融合，逐步建立健全符合各单位实际的保密管理体系，确保涉密业务开展到哪里，保密要求就延伸到哪里。

(三)保密组织机构

保密组织机构是开展保密工作的基本保障。《资格标准》对保密委员会、保密工作机构、保密工作人员配备等方面提出要求。

单位应当成立保密委员会，组织领导本单位的保密工作。保密委员会应当制定明确的职责和工作规则。其基本职责是：①贯彻落实党的保密工作方针政策及国家有关保密法律法规，研究部署本单位保密工作；②组织审定本单位保密制度；③审查审批本单位保密工作重要事项；④组织检查单位保密工作开展情况；⑤组织查处失泄密案件等，保密委员会具体工作规则根据单位实际情况自行确定。

单位应当设置专门负责保密管理工作的职能部门，独立行使保密管理职能。保密工作机构主要职责如下：①组织落实保密委员会工作部署；②组织制定保密基本制度，拟制年度保密工作计划，对落实保密工作提出意见建议；③监督指导各部门保密工作；④组织确定和调整保密要害部门部位；⑤组织开展保密检查；⑥组织查处违反保密法律法规的行为和泄密事件；⑦提出保密责任追究和奖惩建议。

保密工作机构人员需要具备以下条件：①具备良好的政治素质；②熟悉保密法律法规，掌握保密知识技能，具有一定的管理能力；③熟悉本单位业务工作和保密工作情况；④经过保密知识技能培训。

(四)保密制度

建立健全保密制度是做好保密工作的基础。《资格标准》对建立健全保密基本制度、专项制度和业务工作制度分别提出相应工作要求。

单位应当建立保密基本制度，包括保密责任(含归口管理责任)，定密工作，涉密人员，保密教育培训，国家秘密载体，密品，保密要害部门部位，信息系统、信息设备和存储设备，新闻宣传，涉密会议，协作配套，涉外活动，外场试验，保密监督检查，泄密事件报告和查处，考核与奖惩等方面基本要求。重大涉密工程或者项目应当制定专项保密制度。单位各职能部门应当将保密管理要求融入业务工作制度中，并组织落实。

（五）保密管理

保密管理是落实保密工作法律法规和保密制度的主要手段。《资格标准》从定密管理、涉密人员管理、国家秘密载体管理、密品管理、保密要害部门部位管理、信息系统和信息设备及存储设备管理、新闻宣传管理、涉密会议管理、外场试验管理、协作配套管理、涉外管理等方面提出保密要求。

（六）监督与保障

《资格标准》对单位的保密监督与保障措施提出了具体要求。

保密检查的具体要求如下：①单位应当每半年组织一次保密检查，对发现的问题提出书面整改要求，并督促整改，涉密部门应当每季度进行一次自查，自查及整改情况报单位保密工作机构。②单位应当根据工作情况组织开展专项检查。③单位应当根据日常管理和检查情况，对单位存在的保密风险进行分析，提出改进措施，并督促落实。

发生泄密事件应当按照有关规定及时报告和采取补救措施，并报告查处情况。单位发生的泄密事件应当及时向上级有关部门和保密行政管理部门报告，对泄密事件所造成的后果，要及时进行危害评估，采取相应的补救措施。对配合查处的情况材料应当完整归档。

考核与奖惩的具体要求如下：①保密工作责任落实情况应当纳入绩效考核。②单位应当每年对保密工作成绩突出的部门和个人给予表彰和奖励。③单位应当严格执行保密工作责任追究制度，对违反保密规章制度或者不履行保密责任的给予处罚，并追究相关领导的责任。

第三节　保密资格认定工作实施

武器装备科研生产单位保密资格认定工作需坚持依法管理、严格标准、严格程序、公平公正的原则。“依法管理”，就是要求军工保密资格认定工作坚持与国家的保密工作方针政策和法律法规标准相一致，严格落实党中央、国务院行政审批“放管服”改革总体部署，进一步推进保密工作与业务工作相互融合，促进发展。“严格标准”，就是要求军工保密资格认定工作的各项规则和评价考核指标更加科学、规范、严谨，更具有可操作性，减少自由裁量权。“严格程序”，就是要求军工保密资格认定工作必须按照规定程序开展，确保军工保密资格认定工作的规范性和严谨性，不得擅自变更程序或增减环节。“公平公正”，就是要求军工保密资格认定机构应当依法依规，严格按照《资格标准》《评分标准》进行审查，所有环节都应该客观公平、公开透明、公正评价，不得秘密操作、玩忽职守，杜绝人为因素的干扰。

武器装备科研生产单位保密资格认定工作需严格按照程序开展。具体而言，保密资格认定工作的基本程序包括企事业单位申请保密资格、相关工作机构受理保密资格申请、认定机构开展保密资格现场认定、保密资格的授予、保密资格的管理等。

一、保密资格申请

（一）申请主体和条件

1. 保密资格申请主体

保密资格申请的主体是承担涉密武器装备科研生产任务的企事业单位。涉密武器装备科研生产任务，是指涉及国家秘密的武器装备科研生产任务或者研制产品本身。为促进军民融合发展，项目或产品仅涉及背景、用途和数量的，不需申请保密资格。

2. 保密资格申请条件

《认定办法》第十三条明确规定，申请保密资格的单位应当具备以下基本条件：①在中华人民共和国境内依法成立3年以上的法人，无违法犯罪记录；②承担或者拟承担武器装备科研生产的项目、产品涉及国家秘密；③无境外（含港澳台）控股或直接投资，且通过间接方式投资的外方投资者及其一致行动人的出资比例最终不得超过20%；④法定代表人、主要负责人、实际控制人、董（监）事会人员、高级管理人员以及承担或者拟承担涉密武器装备科研生产任务的人员，具有中华人民共和国国籍，无境外永久居留权或者长期居留许可，与境外（含港澳台）人员无婚姻关系；⑤有固定的科研生产和办公场所，具有承担涉密武器装备科研生产任务的能力；⑥保密制度完善，有专门的机构或者人员负责保密工作，场所、设施、设备防护符合国家保密规定和标准；⑦1年内未发生泄密事件；⑧法律、行政法规和国家保密行政管理部门规定的其他条件。

《认定办法》第十四条明确规定，上市公司申请保密资格的，除本办法第十三条规定条件外，还应符合以下条件：①近3年内未受到证券监管机构的行政处罚；②内部控制和信息披露制度完善；③实际控制人承诺在申请期间及保密资格有效期内保持控制地位不变。

（二）申请流程

武器装备科研生产单位保密资格的申请流程如下：

（1）根据武器装备科研生产单位保密资格在单位建立符合标准的保密体

系，包括涉密人员培训、教育、管理，保密要害部门(部位)设立、改造，涉密计算机配置，保密工作档案收集等。

(2)保密体系运作一段时间后，当单位认为符合《资格标准》后，按照《资格标准》要求填报《申请书》及相关资料报送有关部门进行书面审查，其中一级单位直接向国家保密局进行申请，二级单位向单位所在省、自治区、直辖市进行申请。

(3)通过书面审查的，应当进行现场审查。未通过书面审查的，终止审查，作出不予通过的决定。

二、保密资格申请受理

(一)受理工作机构

《认定办法》第十六条明确规定：国家保密局会同国家国防科技工业局、中央军委装备发展部，按照依法行政、方便行政相对人的原则，共同承担一级保密资格受理申请和书面审查工作。服务窗口设在国家国防科技工业局，承担受理申请和书面审查工作。

省、自治区、直辖市保密行政管理部门会同同级国防科技工业管理部门，共同承担二级保密资格申请受理和书面审查工作。受理申请和书面审查服务窗口参照一级保密资格认定受理机制设立，已设在省、自治区、直辖市保密行政管理部门的不作调整。

(二)受理工作流程

武器装备科研生产单位一级保密资格认定申请受理工作流程如图 9-2 所示。

受理机构收到申请单位申请书及相关材料后，应当在 5 个工作日内对申请材料的完备性以及是否符合申请条件进行审查。对申请材料符合要求的，应当作出受理决定。对申请材料不齐全或者不符合规定形式的，应当一次性告知申请单位需要补正的材料。对不符合申请条件的，应当作出不予受理的决定。受理机构作出受理、不予受理的决定或者要求补正材料的，应当出具书面凭证并加盖专用印章，武器装备科研生产单位保密资格申请受理单见实证参考示例 9-4-1、不予受理通知书见实证参考示例 9-4-2。

三、保密资格的授予

保密资格必须通过审查认定方可授予。其审查认定工作由专门的机构按照规定的程序进行。

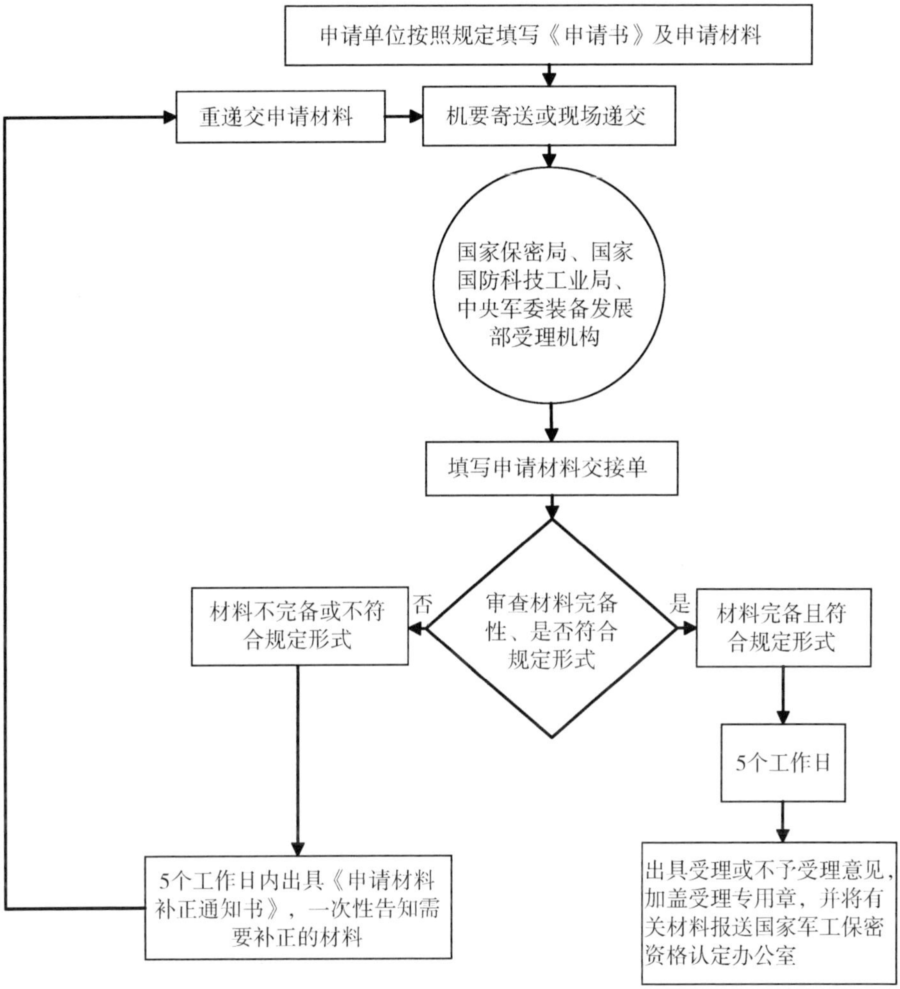

图 9-2　武器装备科研生产单位一级保密资格认定申请受理工作流程图

（一）审查认定的机构及职责

国家保密局会同国家国防科技工业局、中央军委装备发展部等部门组成国家武器装备科研生产单位保密资格认定委员会（以下简称国家军工保密资格认定委员会），履行下列职责：（1）审议拟定的保密资格认定政策、规定和标准；（2）监督指导全国保密资格认定工作；（3）审议准予、暂停、恢复或者撤销一级保密资格的意见；（4）审批省、自治区、直辖市保密资格认定委员会组成人员；(5)组织开展保密资格认定工作调查研究，对有关重大问题提出建议。

国家军工保密资格认定委员会下设办公室(以下简称国家军工保密资格认定办公室)，设在国家保密局，由国家保密局会同国家国防科技工业局和中央军委装备发展部抽调人员组成，履行下列职责：(1)组织拟定保密资格认定政策、规定和标准；(2)组织实施一级保密资格认定工作，指导开展二级保密资格认定工作；(3)组织开展保密资格认定工作培训和审查专家管理；(4)对保密资格认定工作重大问题提出工作建议；(5)承担国家军工保密资格认定委员会日常工作；(6)办理国家军工保密资格认定委员会交办的其他事项。

省、自治区、直辖市保密行政管理部门会同国防科技工业管理部门等部门组成省、自治区、直辖市武器装备科研生产单位保密资格认定委员会(以下简称省、自治区、直辖市军工保密资格认定委员会)，在本行政区域内履行下列职责：(1)贯彻落实国家保密资格认定政策、规定和标准；(2)监督指导二级保密资格认定工作；(3)审议准予、暂停、恢复或者撤销二级保密资格的意见；(4)组织开展保密资格认定工作调查研究，对二级保密资格认定工作中的重大问题提出建议；(5)办理国家军工保密资格认定委员会交办的其他事项。

省、自治区、直辖市军工保密资格认定委员会下设办公室，设在省、自治区、直辖市保密行政管理部门，由省、自治区、直辖市保密行政管理部门会同国防科技工业管理部门和其他有关部门，由省、自治区、直辖市保密行政管理部门会同国防科技工业管理部门和其他有关部门抽调人员组成，履行下列职责：(1)组织落实国家保密资格认定政策、规定和标准；(2)组织实施二级保密资格认定工作；(3)组织推荐军工保密资格认定审查专家人选；(4)承担省、自治区、直辖市军工保密资格认定委员会日常工作；(5)办理省、自治区、直辖市军工保密资格认定委员会交办的其他事项。

(二)审查认定的程序

保密资格审查分为书面审查和现场审查。对作出受理决定的，受理机构应当在5个工作日内对申请材料的真实性进行书面审查。通过书面审查的，应当进行现场审查，为通过书面审查的，终止审查，做出不予通过的决定。

现场审查按照规定程序进行，规定程序如图9-3。现场审查结果分为“通过”“不通过”或者“中止”。依据相应等级的保密资格标准及评分标准，满分为500分，达到450分(含)以上为现场审查通过，450分(不含)以下为现场审查不通过。审查中发现申请单位达不到《评分标准》所列基本项要求的，中止审查。

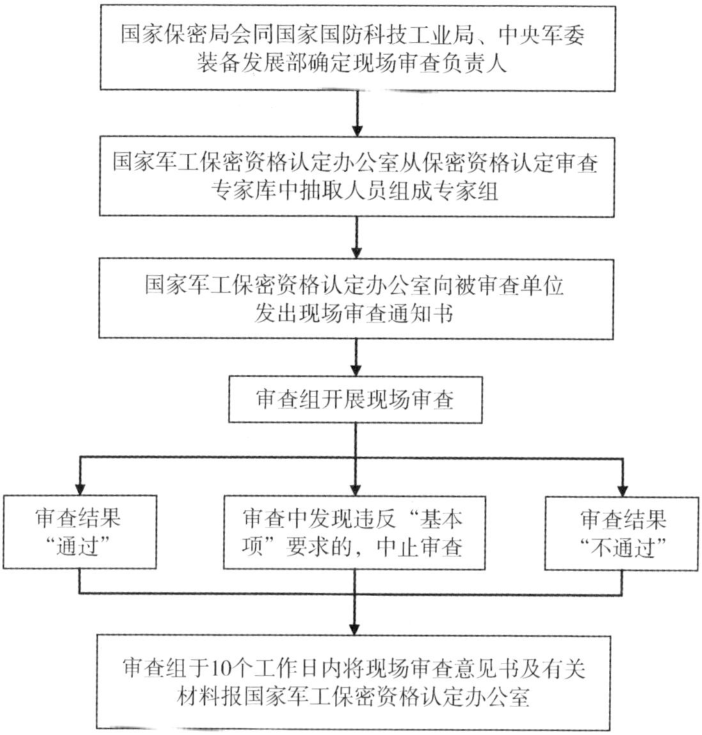

图 9-3　武器装备科研生产单位保密资格认定现场审查工作流程图

(三)保密资格的授予

在完成保密资格现场审查后，将对武器装备科研生产单位开展保密资格认定审批授予工作，向被批准的保密资格单位发放证书，并将其列入名录，如图 9-4。

1. 作出保密资格认定审批决定

国家保密局会同国家国防科技工业局、中央军委装备发展部，根据书面审查和现场审查结论及有关材料，于受理申请后的 45 个工作日内，对一级保密资格申请单位作出审批决定。

省、自治区、直辖市保密行政管理部门会同同级国防科技工业管理部

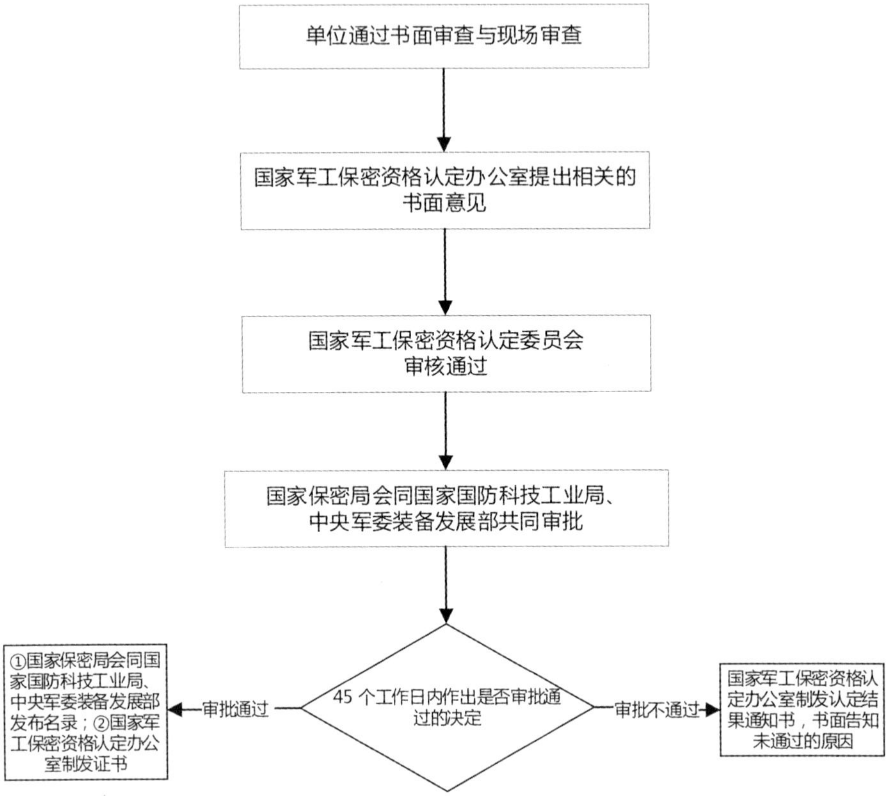

图 9-4　武器装备科研生产单位一级保密资格认定审批授予工作流程图

门，根据书面审查和现场审查结论及有关材料，于受理申请后的 45 个工作日内，对二级保密资格申请单位作出审批决定。组织专家现场审查所需时间不计算在 45 个工作日内，批准通知书见实证参考示例 9-4-3，不予批准通知书见实证参考示例 9-4-4。

2. 发放证书

被批准的一级保密资格单位，由国家保密局会同国家国防科技工业局、中央军委装备发展部发放证书，并列入名录定期发布。被批准的二级保密资格单位，由省、自治区、直辖市保密行政管理部门会同同级国防科技工业管理部门发放证书，并将有关审查材料报国家保密局、国家国防科技工业局和中央军委装备发展部备案。

省、自治区、直辖市军工保密资格认定办公室应当将经省保密行政管理部门、国防科技工业管理部门审查批准的二级保密资格单位的《申请书》等申请材料、《审查意见书》及相关材料复印件报国家军工保密资格认定办公室备案。

四、保密资格的管理

(一)保密资格的保持

1. 保密资格证书的有效期

保密资格证书有效期为5年。有效期满，需继续承担涉密武器装备科研生产任务的单位，应当提前30个工作日重新提交符合规定形式的申请材料。

2. 年检制度

取得保密资格的单位应当实行年度自检制度，并于每年1月31日前向作出审批决定的行政机关报送上一年度单位基本情况变化和保密资格标准落实情况自检报告。

3. 资格复查

作出审批决定的行政机关，应当对取得保密资格的单位在有效期内进行一次复查，复查时间为取得保密资格后满2至3年，复查工作原则参照保密资格现场审查程序和要求进行。

未通过复查的单位，视情给予警告、通报、约谈主要负责人或暂停保密资格，并限期整改。3个月后重新复查，复查仍未通过的，撤销其保密资格。

(二)保密资格的变化

1. 军工保密资格单位证书信息变更

取得保密资格的单位，具有下列情形之一的，应当申请证书信息变更：(1)法定代表人变更的；(2)单位名称变更的；(3)注册地址变更的。申请变更的单位，应当于变更发生后5个工作日内向作出审批决定的行政机关报告，经审核同意后办理变更手续，见实证参考示例9-4-5、示例9-4-6。

2. 军工保密资格重新申请

取得保密资格的单位，具有下列情形之一的，应当于发生相关情形后30个工作日内重新申请：(1)需要提高保密资格等级的；(2)资本构成、单位性质发生重大变化的；(3)涉密场所发生重大变化的。

3. 保密资格的注销

取得保密资格的单位，具有下列情形之一的，应当注销保密资格：(1)

单位申请注销保密资格的；(2)法人依法终止的；(3)有效期满，不再申请保密资格的；(4)法律法规规定应当注销保密资格的其他情形，注销申请书见实证参考示例9-4-7。

4. 暂停保密资格

取得保密资格的单位，有下列情形之一的，暂停其保密资格，收回其保密资格证书，并责令期限整改：(1)超出批准的保密资格等级承接涉密武器装备科研生产任务的；(2)复查不符合要求的；(3)发生重要变更事项未及时报告的；(4)未按规定进行年度自检的；(5)存在重大泄密隐患或者发生泄密事件，未进行整改或者整改不落实的。

暂停保密资格的单位，由作出暂停决定的行政机关对其整改情况进行验收，验收合格后，报作出暂停决定的行政机关作出恢复保密资格的决定。暂停保密资格决定书见实证参考示例9-4-8。

5. 保密资格的撤销

取得保密资格的单位，有下列情形之一的，撤销其保密资格：(1)以欺骗、贿赂等不正当手段取得保密资格的；(2)擅自与境外(含港澳台)组织、机构或者个人合作开展涉密业务的；(3)擅自接受境外(含港澳台)直接投资或者聘用境外(含港澳台)人员从事涉密业务的；(4)出租、转让、转借、篡改保密资格证书的；(5)发生泄密事件隐瞒不报或者存在重大泄密隐患经警告逾期不改的；(6)保密资格暂停期间，擅自承接新的涉密武器装备科研生产任务的；(7)严重违反保密规定，发生重大泄密事件的；(8)单位发生重大变化，不符合《认定办法》第十三条、第十四条规定申请条件的；(9)复查未通过或者暂停保密资格，整改后仍不符合要求的。

被撤销保密资格的单位，自撤销之日起1年内不得重新申请保密资格。被注销、暂停、撤销保密资格的单位，自行政决定下发之日起，不得签订新的涉密武器装备科研生产任务合同。已签订有效合同，在采取有效保密措施、确保安全保密的情况下可以继续履行合同；明显不适合继续履行合同的，应当在保密行政管理部门会同任务甲方单位监督下，将合同任务移交给其他具备相应保密资格单位承担，对有关涉密文件资料、计算机网络和信息设备等载体进行妥善处理，撤销保密资格决定书见实证参考示例9-4-9。

第四节 实 证 参 考

示例 9-4-1：武器装备科研生产单位保密资格申请受理单

事项名称	武器装备科研生产单位________级保密资格认定			
申请人信息	单位名称			
	注册地址			
联系人信息	姓名		电话号码	
受理部门				
受理依据	《武器装备科研生产单位保密资格认定办法》(国保发〔2016〕15 号)			
收费情况	不收取任何费用			
申请材料	1. □《武器装备科研生产单位保密资格申请书》 □上市公司实际控制人关于实际控制权的承诺 □不涉及 2. □工商营业执照□事业单位法人证书 3. □在登记机关备案的章程 4. □财务审计报告□验资报告 □年度报告 □《申请书》承诺 5. □科研生产场所产权证书□租赁合同 6. □《武器装备科研生产单位保密资格认定等级建议表》 7. □国家保密行政管理部门要求的其他材料 □不涉及			
接收材料时间	年 月 日	法定办结时限	45 个工作日	
受理时间	年 月 日	承诺办结时限	45 个工作日	
批件发放方式	□现场领取 □机要			
受理工作人员		联系电话		
通讯地址		邮编		
进度查询方式		查询电话		
说明：自受理之日起 5 个工作日内完成书面审查；通过书面审查的，25 个工作日内安排现场审查，现场审查所需时间不计入办结时限。				
备注：				

受理机构(盖章)

年 月 日

提示：

《行政许可法》第三十一条规定：申请人申请行政许可，应当如实向行政机关提交有关材料和反映真实情况，并对其申请材料实质内容的真实性负责，行政机关不得要求申请人提交与其申请的行政许可事项无关的技术资料和其他材料。

《行政许可法》第七十八条规定：行政许可申请人隐瞒有关情况或者提供虚假材料申请行政许可的，行政机关不予受理或者不予行政许可，并给予警告。行政许可申请属于直接关系公共安全、人身健康、生命财产安全事项的，申请人在一年内不得再次申请该行政许可。

示例 9-4-2：武器装备科研生产单位保密资格申请不予受理通知书

___________(单位名称)：

经审查，你单位于______年____月____日提出的武器装备科研生产单位____级保密资格申请，因存在下列情形，根据《中华人民共和国行政许可法》第三十二条及《武器装备科研生产单位保密资格认定办法》第十七条、第十八条规定，决定不予受理：

□该事项依法不属于本行政机关职权范围；

□不符合第十七条______________________________；

□不符合第十八条______________________________；

□不符合______________________________(法律、行政法规和国家保密行政管理部门规定的其他不予受理的情形)。

若不服上述决定，可于收到本通知之日起 60 日内，依法申请行政复议；也可以自收到本通知之日起 6 个月内，依法向人民法院提起行政诉讼。复议、诉讼期间，上述决定不停止执行。

受理机构(盖章)

年　月　日

示例 9-4-3：武器装备科研生产单位保密资格申请批准通知书

＿＿＿＿＿＿（单位名称）：

你单位于＿＿＿年＿＿月＿＿日提出武器装备科研生产单位＿＿级保密资格申请。经审查，你单位提交的申请材料齐全，符合法定条件、标准，根据《武器装备科研生产单位保密资格认定办法》及有关规定，经研究决定，批准你单位为武器装备科研生产＿＿级保密资格单位，并向国家军工保密资格认定办公室备案。

获得武器装备科研生产单位＿＿级保密资格，可承担□绝密级、□机密级、□秘密级科研生产任务。

单位（盖章）

年　月　日

示例 9-4-4：武器装备科研生产单位保密资格申请不予批准通知书

＿＿＿＿＿＿（单位名称）：

你单位于＿＿＿年＿＿月＿＿日提出武器装备科研生产单位＿＿级保密资格申请。因＿＿＿＿＿＿（不予许可的具体理由），根据《武器装备科研生产单位保密资格认定办法》及有关规定，不予批准你单位的武器装备科研生产＿＿级保密资格申请。

若不服上述决定，可于收到本通知之日起 60 日内，依法申请行政复议；也可以自收到本通知之日起 6 个月内，依法向人民法院提起行政诉讼。复议、诉讼期间，本决定不停止执行。

单位（盖章）

年　月　日

示例9-4-5：武器装备科研生产单位保密资格证书变更申请书

（参考样式）

申请单位：____________________

申请日期：______年____月____日

国家保密局 国家国防科技工业局　中央军委装备发展部　制

<table>
<tr><td>申请单位</td><td colspan="3"></td></tr>
<tr><td>注册地址</td><td colspan="3"></td></tr>
<tr><td>科研生产
（办公）地址</td><td colspan="3"></td></tr>
<tr><td>资格等级</td><td colspan="3">□一级　□二级</td></tr>
<tr><td>证书颁发日期</td><td></td><td>证书编号</td><td></td></tr>
<tr><td>法定代表人</td><td></td><td>授权联系人</td><td></td></tr>
<tr><td>联系电话</td><td></td><td>传真</td><td></td></tr>
<tr><td colspan="4">我单位因□法定代表人变更□单位名称变更□注册地址变更（具体有关证明材料见附件）
□法定代表人　由________变更为________
□单位名称　由________变更为________
□注册地址　由________变更为________
现申请变更武器装备科研生产单位保密资格证书信息。

单位（盖章）：
法定代表人（签字）：
年　月　日</td></tr>
</table>

示例 9-4-6：武器装备科研生产单位保密资格事项变更报告

（参考样式）

申请单位：____________________

申请日期：______年____月____日

国家保密局　国家国防科技工业局　中央军委装备发展部　制

申请单位			
注册地址			
科研生产（办公）地址			
资格等级	□一级　□二级		
证书颁发日期		证书编号	
法定代表人		授权联系人	
联系电话		传真	

我单位因□单位性质　□资本构成　□涉密场所发生以下变更：

（说明具体变更情况，并提供相应证明材料）

特此报告。

单位（盖章）：

法定代表人（签字）：

年　月　日

示例 9-4-7：武器装备科研生产单位保密资格注销申请书

（参考样式）

申请单位：____________________

申请日期：______年____月____日

国家保密局　制

申请单位			
注册地址			
科研生产（办公）地址			
资格等级	□一级　□二级		
证书颁发日期		证书编号	
法定代表人		授权联系人	
联系电话		传真	
申请注销原因			

我单位因自身原因，自愿申请注销武器装备科研生产单位保密资格。

我单位承诺，保密资格注销后，将继续遵守国家保密管理规定，做好涉密人员脱密期的管理，妥善处理好完成的涉密武器装备科研生产项目，不再以任何形式承接新的涉密武器科研生产项目。

单位（盖章）：

法定代表人（签字）：

年　月　日

示例 9-4-8：武器装备科研生产单位保密资格行政处罚决定书

（暂停资格参考样式）

当事人：（单位名称）

地址：（注册地址）

经核实，（说明存在问题的发生时间和具体情况）。该行为违反了《资格认定办法》第____条第____款规定。依据《认定办法》第____条规定，自本决定送达之日起，暂停你单位____级保密资格。暂停期间，你单位不得签订新的涉密武器装备科研生产任务合同。限你单位在______年____月____日前，完成对上述问题的整改，并书面上报整改情况。整改完成后，将对你单位整改情况进行验收，视情作出是否恢复保密资格的决定。

若不服本处罚决定，可于收到本决定之日起 60 日内，依法申请行政复议；也可以自收到本决定之日起 6 个月内，依法向人民法院提起行政诉讼。复议、诉讼期间，本决定不停止执行。

单位（盖章）

年　月　日

示例 9-4-9：武器装备科研生产单位保密资格行政处罚决定书

（撤销资格参考样式）

当事人：（单位名称）

地址：（注册地址）

经核实，（说明存在问题的发生时间和具体情况）。该行为违反了《认定办法》第____条第____款规定。依据《认定办法》第____条规定，自本决定送达之日起，撤销你单位武器装备科研生产单位____级保密资格。

若不服本处罚决定，可于收到本决定之日起 60 日内，依法申请行政复议；也可以自收到本决定之日起 6 个月内，依法向人民法院提起行政诉讼。复议、诉讼期间，本决定不停止执行。

单位（盖章）

年　月　日

第十章　保密工作的组织、保障及奖惩

保密工作必须通过体现国家意志的相关组织（即保密组织机构）进行领导和管理。做好保密工作，离不开必要的人力、财力、物力等保障条件。国家对在保守、保护国家秘密以及改进保密技术、措施等方面成绩显著的单位或者个人给予奖励，对违反保密法律法规和规章制度的单位或者个人追究相关责任。

第一节　保密组织机构

一、保密组织机构概述

保密组织机构，是指依照保密法律法规的规定，在贯彻保密工作方针、实现保密管理目标的过程中，领导职权范围内的保密工作或负责组织、协调、指导和监督，依法行使保密行政管理职能的组织机构。

我国保密组织机构分为保密工作领导机构和保密工作管理机构两大类，它是开展保密工作的基本保障，如图 10-1。

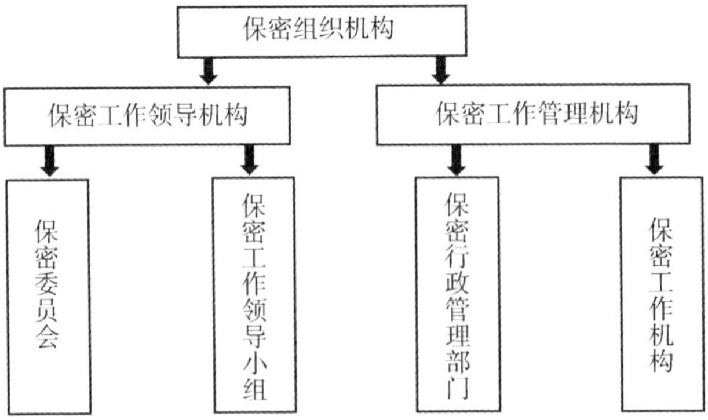

图 10-1　保密组织机构示意图

保密工作领导机构的基本形式是各级党组织的保密委员会(保密工作领导小组)。中共中央保密委员会是我国保密工作的最高领导机构，省(自治区、直辖市)、市(地、州、盟)、县(市、区、旗)三级党委保密委员会是各地区保密工作的领导机构。各级保密委员会都是由本级党委组建，受本级党委直接领导，代表本级党委对其职权范围内的保密工作进行领导并对本级党委负责。除地方各级党委保密委员会外，中央和国家机关、地方各级党政机关，以及国有企事业单位也都设立有保密委员会，负责领导本部门、本单位及本系统的保密工作。上下级保密委员会之间没有直接的隶属关系，但是，上级保密委员会对下级保密委员会的工作负有指导和监督的职权。

保密工作管理机构的基本形式是政府的保密行政管理部门(即保密局)和机关、单位的保密工作机构(即保密委员会办公室或保密处等)。国家保密行政管理部门(即国家保密局)是全国保密工作的最高管理机构，是国务院的职能部门，主管全国的保密工作。省(自治区、直辖市)、市(地、州、盟)、县(市、区、旗)保密行政管理部门，是各级政府管理保密工作的职能部门，对本级政府负责。

二、保密组织机构的基本形式

(一)保密工作领导机构

1. 保密委员会

我国保密工作领导体制的核心是党对保密工作的统一领导，即党管保密，这是保密工作的政治优势和组织优势。保密工作涉及政治、经济、军事、科技、文化、外交等多个领域，只有坚持党的统一领导，才能统揽全局，协调各方，形成合力。

党对保密工作的统一领导是通过党的保密委员会(党领导保密工作的组织形式)实现的。党的中央委员会设立保密委员会(即中共中央保密委员会)，是统一领导全国保密工作的领导机构；县级以上地方各级党委设立保密委员会，是党管保密的专门组织。

各级党委保密委员会下设办公室，与各级保密行政管理部门是“一个机构，两块牌子”。如中共中央保密委员会办公室与国家保密局“一个机构，两块牌子”，既是中共中央保密委员会的办事机构，也是主管全国保密工作的政府职能部门；地方各级党委保密委员会办公室与同级国家保密局“一个机构，两块牌子”，既是本级党委保密委员会的办事机构，也是主管本行政区域保密工作的政府职能部门。这种体制，既有利于党的保密工作路线、方针、政策的贯彻执行，也有利于依法治密。

机关、单位的保密委员会是机关、单位保密工作的领导机构，组织领导本机关、本单位的保密工作。保密委员会由主任、副主任及若干委员组成。主任一般由机关、单位党委领导班子主要负责同志担任，副主任由党委领导班子其他负责人担任。保密委员会委员一般由机关、单位综合协调、科研、生产、计划、组织人事、宣传、外事、财会、保密和保卫等内设部门的主要负责人担任，并明确职责分工（见实证参考示例10-1-1），对分管业务领域的保密工作负责。保密委员会委员必须是中国国籍，一般应为中共党员。依照有关规定，涉密程度高、产生秘密和涉密人员多、保密任务重的机关（单位），要在保密委员会设置专职委员或专职副主任，负责保密委员会日常工作，具体指导保密委员会办公室工作。武器装备科研生产一级保密资格单位要设立专职保密总监，职级应高于内设机构正职，纳入单位编制序列。保密委员会委员根据职责分工，一般每年年底通过一定方式向保密委员会报告履职情况。述职方式可与干部年度述职结合起来，在述职报告中包含保密工作履职情况。

保密委员会实行例会制度，原则上每年召开1~2次全体会议，研究解决单位保密工作重大问题。根据工作需要随时召开专题会议。严格请示报告制度，及时向本级党委请示报告工作，向上级党委保密委员会请示报告重大或者特殊敏感事项，定期报告本地区保密事业发展规划、年度工作要点、年度工作总结，及时报告保密工作重点任务推进、重大泄密案件查处、重大机构调整、保密委员会及其办公室主要负责人调整变动等情况。

保密委员会的主要职责有：贯彻落实党的保密工作方针政策及国家有关保密法律法规；研究部署本机关、单位保密工作；组织审定保密制度；审查审批保密工作重要事项；组织检查单位保密工作开展情况；组织查处单位失泄密案件；完成上级保密委员会和保密行政管理部门交办的其他工作等。

2. 保密工作领导小组

保密工作领导小组是保密组织机构的一种形式，其组成人员、职责权限、工作任务和工作方式，与保密委员会基本相同。机关、单位的保密委员会由机关、单位党委组建，机关、单位党委所属二级分党委或二级内设机构为加强对保密工作的领导，可建立保密工作领导小组，作为领导保密工作的常设机构。此外，还有一种情形需要建立保密工作领导小组，即多个机关、单位共同组织开展重大涉密活动或机关、单位开展涉密专项活动，如召开涉密会议、组织开展涉密重大活动、开展涉及国家秘密的科学技术研究，或进行某项涉密专项工程时，为加强专项保密工作的组织领导和管理，有时也设立专门的保密工作领导小组，具体负责涉密活动或项目的保密监督管理工作。

（二）保密工作管理机构

1. 保密行政管理部门

保密行政管理部门，是指依照《保密法》规定设立的依法行使保密行政管理职能的组织机构。保密行政管理部门包括国家保密行政管理部门和地方各级保密行政管理部门，在国务院和地方政府行政机构编制中，统称“国家保密局”。《保密法》第五条所称的“国家保密行政管理部门”，即国家保密局；“县级以上地方各级保密行政管理部门”，即各省（自治区、直辖市）、市（地、州、盟）、县（市、区、旗）人民政府所属的“国家保密局”。

中共中央保密委员会办公室和国家保密局，一个机构两块牌子，列入中共中央直属机关下属机构序列，承办中共中央保密委员会日常事务工作，依法履行保密行政管理职能。各级党委保密委员会办公室和保密行政管理部门实行“一个机构、两块牌子”，既是本级党委保密委员会的办事机构，又是同级政府职能部门。

国家保密局的主要职责有：贯彻党中央、国务院有关保密工作方针、政策、决定、指示，依法履行行政管理职责；制订全国保密工作计划并组织实施，提出改进和加强保密工作的全局性、政策性建议；拟订保密法规，经国家立法机关审定颁布，制定或会同中央有关部门制定保密规章制度，负责保密法规的解释；依法组织开展保密宣传教育、保密检查、保密技术防护和泄密案件查处工作，对机关、单位的保密工作进行指导和监督；代表国家处理涉外有关保密工作事务等。

县级以上地方各级保密行政管理部门，在上级保密行政管理部门的指导下，依法指导、协调、监督本地区机关、单位的保密工作，主要职责包括：贯彻落实党中央、国务院，上级及本级党委、政府、保密委员会有关保密工作的部署、决策；制订、实施保密工作计划；指导、协调同级党政机关和涉密单位的保密工作；监督《保密法》及有关保密法规制度的实施；组织开展保密宣传教育、保密检查、保密技术防护和泄密案件查处工作。

2. 保密工作机构

保密工作是一门科学，做好保密工作有很强的专业性，具有一套包括政策法规、宣传教育、科学技术、监督检查等方面在内独立完整的专业知识体系和管理体系作为支撑。由此决定了保密工作必须由专门机构负责组织实施，才能保证党和国家的保密工作方针、政策和措施得到有效贯彻，才能保证保护国家秘密安全的各项具体要求得到有效落实，才能保证保密工作规范、有序、科学地开展。《保密法实施条例》第六条规定，机关、单位应当根据保密工作需要设立保密工作机构。

保密工作机构是机关、单位专门负责保密管理工作的职能部门，独立行使保密管理职能，直接对本机关、本单位保密委员会负责。保密工作机构负责组织、协调、指导和监督检查机关、单位保密工作的落实情况，推动保密工作与业务工作相互融合发展。

中央和国家机关、地方各级党政机关以及企事业单位保密委员会，一般都成立有保密工作机构，如保密委员会办公室、保密处等，或者指定某个部门负责日常保密管理工作。中央和国家机关保密工作机构的职责是组织、协调、监督、指导本机关、本系统的保密工作。保密职责范围与业务工作范围保持一致。业务工作接受上级业务部门垂直管理的单位，保密工作以上级业务部门领导为主，同时接受地方保密行政管理部门的指导；业务工作接受上级业务部门指导的单位，保密工作以地方保密行政管理部门领导为主，同时接受上级业务部门的指导。

保密工作机构的主要职责包括：组织落实单位保密委员会工作部署；组织制定本单位保密基本制度，拟定年度保密工作计划或要点，对落实保密工作提出意见建议；监督指导本单位各部门保密工作；组织确定和调整本单位保密要害部门、部位；组织开展保密检查；组织查处违反保密法律法规的行为和泄密事件；提出保密责任追究和奖惩建议。

三、实证参考

示例 10-1-1：某高校保密委员会组成及职责分工

保密委员会组成	职务	职 责 分 工
主任	校长	主持保密委员会工作，全面领导学校保密工作
常务副主任	副校长	协助主任工作，分管学校保密工作
副主任	副校长	协助主任工作，主管学校国防科研保密工作
副主任	保密委员会办公室主任	协助主任工作，主持保密委员会办公室工作
主要成员	党政办公室主任	联系督导学校机要和信息公开保密工作
	纪委监察部副书记兼部长	联系督导学校纪检监察工作保密管理
	组织部部长	联系督导学校组织工作保密管理
	宣传部部长	联系督导学校新闻宣传保密管理
	学生工作部部长	联系督导学校国防生保密管理
	研究生工作部部长	联系督导学校涉密研究生保密管理
	本科生院院长	联系督导学校普通本科生招生考试、大学英语四六级考试保密工作
	研究生院院长	联系督导学校研究生招生考试、涉密学位论文管理的保密工作
	科学技术发展研究院院长	联系督导学校非国防科研项目管理、涉密基础测绘成果管理的保密工作
	先进技术研究院院长	联系督导学校国防科研项目管理、密品管理、协作配套管理、外场试验管理的保密工作
	人文社会科学研究院院长	联系督导学校人文社科科研项目保密工作
	人事部部长	联系督导学校人事工作和涉密人员保密管理
	财务部部长	联系督导学校涉密科研项目经费管理保密工作
	国际交流部部长	联系督导学校涉外管理保密工作

续表

保密委员会组成	职务	职责分工
	设备处处长	联系督导学校实验室与设备管理保密工作
	保卫部部长	联系督导学校安全保卫保密工作
	图书馆馆长	联系督导学校涉密图书资料管理保密工作
	档案馆馆长	联系督导学校涉密档案管理保密工作
	信息中心主任	联系督导学校信息系统、信息设备和存储设备管理保密工作
	继续教育学院院长	联系督导学校成人高等教育相关国家统一考试保密工作
	国际教育学院院长	联系督导学校留学生教育管理保密工作
	承担涉密科研项目的院系正职领导	联系督导所在院系保密工作

第二节　保密工作条件保障

机关、单位应当结合工作实际，认真贯彻党和国家的保密工作方针政策和法律法规，具体落实相关要求，为本机关、本单位保密工作开展提供人力、财力、物力等条件，为保密工作机构履行职责提供保障。

一、专职保密工作人员配备

要做好保密工作，离不开专、兼职保密工作人员。专职保密工作人员是依照保密法律规定，具体组织开展保密工作的人员，主要包括各级保密行政管理部门和保密工作机构的工作人员，中央和国家机关、地方各级党政机关以及企事业单位等从事保密工作的专职工作人员。专职保密工作人员是从事保密工作的专门力量、基本力量和骨干力量，是组织开展保密工作的主体构成要素，也是做好保密工作的人力保障。

保密工作的政治性、专业性很强，机关、单位应根据涉密业务的多少、保密任务的轻重和涉密人员的数量等，以满足保密工作实际需要为原则和标准，合理配备本机关、本单位专职保密工作人员数量(见实证参考示例10-2-1)。机关、单位保密工作机构负责人应为专职从事保密工作的负责人。

专职保密工作人员一般应具备以下条件：

(1)具备良好的政治素质，一般应为中共党员；

(2)熟悉保密法律法规，掌握保密知识技能，具有一定的管理能力；

(3)熟悉本单位业务工作和保密工作情况；

(4)经过保密知识技能培训。

专职保密工作人员中，应配有专门的保密技术管理人员(见实证参考示例10-2-2)。保密技术管理人员是指接受过相关计算机网络或信息技术专业学习或培训，熟悉国家有关保密法规和与保密工作相关的各类信息安全技术防范知识，能够指导、监督和检查本单位保密技术防范措施建设和管理的人员。

二、保密工作经费保障

保密工作经费是指机关、单位用于开展保密工作的费用，可分为办公经费和专项经费。机关、单位在编制财务预算时，应充分考虑保护国家秘密安全的需要，将保密业务建设所需经费纳入年度财务预算，配齐必备的保密硬件设施，为做好保密工作提供财力和物力保障。

(一)保密工作办公经费

保密工作办公经费是指用于机关、单位保密工作机构日常办公的经费，主要包括保密教育培训、调研、咨询、宣传、项目评审、技术检查工具购置、表彰奖励、保密检查等工作开展所发生的费用(不包括人员工资、保密补贴)。保密工作办公经费应单独列入机关、单位年度财务预算，专款专用，保证开支，给予保密工作开展足够的财力支持(见实证参考示例10-2-3)。

(二)保密工作专项经费

当保密工作办公经费不足以满足保密工作需要时，可设立专项经费。保密工作专项经费主要用于单位保密技术防护设施和设备的建设、配备、维护等经费开支，如保密要害部门、部位内外环境技术防护设施和设备的购置，计算机监控审计与身份识别系统的购置或升级，保密技术检测工具，涉密网络的建设等。保密工作专项经费还可用于保密工作中的专项活动和特定工作经费开支，如保密宣传月活动、保密资格认定(复查)工作等。

三、实证参考

示例 10-2-1：武器装备科研生产单位专职保密工作人员配备标准

1. 一级保密资格单位专职保密工作人员配备标准

涉密人员数量在1000人(含)以上的，专职保密工作人员不得少于4人；在500人(含)以上1000人以下的，专职保密工作人员不得少于3人；在100人(含)以上500人以下的，专职保密工作人员不得少于2人；在100人以下的，专职保密工作人员不得少于1人。

2. 二级保密资格单位专职保密工作人员配备标准

涉密人员数量在1000人(含)以上的，专职保密工作人员不得少于3人；在200人(含)以上1000人以下的，专职保密工作人员不得少于2人；在200人以下的，专职保密工作人员不得少于1人。

示例 10-2-2：某单位保密工作机构专职保密工作人员配备情况

该单位为二级保密资格单位，现有涉密人员500余人，保密工作机构配备专职保密工作人员5人，其中主任1人，副主任1人，保密综合管理岗位2人，保密技术管理岗位1人。此配备标准符合要求。

示例 10-2-3：武器装备科研生产单位保密工作办公经费基数标准

1. 一级保密资格单位保密工作办公经费基数标准

核心涉密人员每人每年度300元，重要涉密人员200元，一般涉密人员100元。

经合计高于50万元的单位，以50万元为保密工作办公经费保证基数；低于10万元的单位，以10万元为保密工作办公经费保证基数，不足部分按照工作需要增补。

例1：某一级保密资格单位有涉密人员1500人，其中核心涉密人员20人，重要涉密人员400人，一般涉密人员1080人，那么该单位每年保密工作办公经费基数标准为：$20\times300+400\times200+1080\times100=194000$(元)，则该单位纳入预算的保密工作办公经费不得少于19.4万元，不足部分按照工作需要增补。

2. 二级保密资格单位保密工作办公经费基数标准

核心涉密人员每人每年度300元，重要涉密人员200元，一般涉密人员100元。

经合计高于20万元的单位，以20万元为保密工作办公经费保证基数；低于10万元的单位，以10万元为保密工作办公经费保证基数，不足部分按照工作需要增补。

例2：某二级保密资格单位有涉密人员500人，其中重要涉密人员100人，一般涉密人员400人，那么该单位每年保密工作办公经费基数标准为：$100\times200+400\times100=60000$(元)，此标准未达到10万元的保证基数，按照要求，该单位纳入预算的保密工作办公经费为10万元，不足部分按照工作需要增补。

第三节　保密工作奖惩

保密工作奖惩一般由机关、单位保密委员会组织，保密工作机构具体负责落实。开展保密工作奖惩的目的，就是运用经济手段或行政手段，对保密工作中好的做法给予肯定，对成绩突出的单位和个人进行表彰及奖励；对违反保密法律法规和规章制度的单位或者个人进行处罚，追究相关责任。其具有如下作用：

一是贯彻作用。进行保密工作奖惩，是为了贯彻落实《保密法》的相关要求。《保密法》在第一章第八条对保密工作奖励、在第五章对保密工作严重违规行为和违法行为的惩处分别作了规定。

二是导向作用。实行保密工作奖励机制，可以调动广大保密工作者的内在积极性，增强做好保密工作的责任感和使命感，形成推进保密工作落实的良好氛围。

三是教育作用。保密工作是一条红线，无论是谁触犯了，都得受罚，并要为之付出代价，小到批评教育和经济处罚，大到党纪、行政处分和司法机关追究刑事责任，从而达到惩戒、教育本人的目的。同时也警示其他人员，引以为戒，提高保密意识，防止出现类似行为。

一、保密工作奖励

机关、单位应当在年度内组织对保密工作成绩显著的部门和个人给予表彰奖励。保密工作的表彰活动，一般每年进行一次。因特殊情况需要表彰的，由保密工作机构提出表彰意见，报本机关、单位保密委员会批准。

（一）职责分工

机关、单位各内设部门组织申报推荐工作，填写《先进集体申报表》（见实证参考示例 10-3-1）和《先进个人申报表》（见实证参考示例 10-3-2），并报送保密委员会办公室；保密委员会办公室制定评选表彰方案，明确评选范围、名额、程序等，下发通知文件，对申报的候选集体和个人进行资格审查（见实证参考示例 10-3-3、10-3-4），并组织评审会议，确定拟表彰的名单，报机关、单位保密委员会审批；机关、单位保密委员会做出表彰和奖励决定。

（二）表彰种类

一般包括保密工作先进集体和先进个人。对于具有保密资质的涉密单位，还可设立军工保密资格认定(复查)工作先进个人。

符合上级主管机关及各级政府部门表彰条件和范围的，由本机关、单位保密委员会向有关机关或部门进行推荐。

(三)评选范围

(1)保密工作先进集体评选范围，包括机关、单位各内设部门及所属单位。

(2)保密工作先进个人评选范围，包括机关、单位专兼职保密干部、涉密人员以及对保密工作做出突出贡献的其他人员。

二、保密工作惩处

机关、单位应当严格执行保密工作责任追究制度，对违反保密法律法规和规章制度或者不履行保密责任的相关人员给予处罚，并追究相关领导的责任。

责任追究是指具有保密责任的相关人员违反保密规章制度或者不履行保密职责应承担的责任，对相关责任人进行问责。特别是对因领导履行保密工作责任制不力，致使职责范围内发生重大失泄密案件的，要对相关负责人进行保密问责。

(一)职责分工

机关、单位保密委员会决定保密工作的相关责任追究事项；保密委员会办公室负责具体组织落实。

(二)惩处种类

惩处种类一般可分为以下几种：

(1)取消评先资格。

(2)通报批评。在本机关、单位内进行通报。

(3)经济处罚。包括扣发保密补贴、月度绩效，受到行政处分相应的经济处罚等。

(4)暂停涉密人员资格。

(5)取消涉密人员资格。

(6)行政处分。包括警告、记过、降低岗位等级或者撤职、开除。

(7)党纪处分。包括警告、严重警告、撤销党内职务、留党察看、开除党籍；

(8)涉嫌犯罪的，依法移送司法机关。

（三）违规处理

（1）违规行为：指违反保密规章制度和有关规定，尚不构成违法和犯罪的行为。

（2）处理种类：

①取消评先资格；

②通报批评；

③经济处罚；

④暂停涉密人员资格；

⑤取消涉密人员资格；

⑥行政处分。

（四）违法处理

1. 一般违法处理

（1）违法行为：

①非法获取、持有国家秘密载体的；

②买卖、转送或者私自销毁国家秘密载体的；

③通过普通邮政、快递等无保密措施的渠道传递国家秘密载体的；

④邮寄、托运国家秘密载体出境，或者未经有关主管部门批准，携带、传递国家秘密载体出境的；

⑤非法复制、记录、存储国家秘密的；

⑥在私人交往和通信中涉及国家秘密的；

⑦在互联网及其他公共信息网络或者未采取保密措施的有线和无线通信中传递国家秘密的；

⑧将涉密计算机、涉密存储设备接入互联网及其他公共信息网络的；

⑨在未采取防护措施的情况下，在涉密信息系统与互联网及其他公共信息网络之间进行信息交换的；

⑩使用非涉密计算机、非涉密存储设备存储、处理国家秘密信息的；

⑪擅自卸载、修改涉密信息系统的安全技术程序、管理程序的；

⑫将未经安全技术处理退出使用的涉密计算机、涉密存储设备赠送、出售、丢弃或者改作其他用途的。

《保密法》第四十八条列举了以上十二种最常见、最典型的违法行为，这些违法行为导致保密措施失效、国家秘密失控、保密技术防护体系受到破坏，严重威胁国家秘密安全。

（2）处理种类：

①行政处分；

②有上述违法行为尚不构成犯罪，且不适用处分的人员，由保密行政管理部门督促其所在机关、单位予以处理。

2. 犯罪处理

(1)过失泄露国家秘密的犯罪情节：

①泄露绝密级国家秘密1项(件)以上的；

②泄露机密级国家秘密3项(件)以上的；

③泄露秘密级国家秘密4项(件)以上的；

④违反保密规定，将涉及国家秘密的计算机或者计算机信息系统与互联网或其他公共信息网络相连接，泄露国家秘密的；

⑤泄露国家秘密或者遗失国家秘密载体，隐瞒不报、不如实提供有关情况或者不采取补救措施的；

⑥其他情节严重的情形。

(2)过失泄露国家秘密的处理种类：

①依法追究刑事责任；

②党纪处分；

③行政处分。

(3)故意泄露国家秘密的犯罪情节：

①泄露绝密级国家秘密1项(件)以上的；

②泄露机密级国家秘密2项(件)以上的；

③泄露秘密级国家秘密3项(件)以上的；

④向非境外机构、组织、人员泄露国家秘密，造成或者可能造成危害社会稳定、经济发展、国防安全或者其他严重危害后果的行为等；

⑤通过口头、书面或者网络等方式向公众散布、传播国家秘密的；

⑥利用职权指使或者强迫他人违反国家保守秘密法的规定泄露国家秘密的；

⑦以牟取私利为目的泄露国家秘密的；

⑧其他情节严重的情形。

非国家机关工作人员涉嫌故意泄露国家秘密犯罪行为的立案标准参照上述标准执行。向境外机构、组织、人员泄露国家秘密，按间谍罪定罪处罚。

(4)故意泄露国家秘密的处理种类：

①依法追究刑事责任；

②党纪处分；

③行政处分。

三、实证参考

示例 10-3-1：某单位保密工作先进集体申报表

单位	
保密工作主要成绩	（可附页）
所在单位意见	负责人签字（公章）： 年　月　日
保密委员会意见	（盖章） 年　月　日

注：此表由保密委员会办公室留存。

示例 10-3-2：某单位保密工作先进个人申报表

姓名		单位	
工作岗位		在岗年限 （起止时间）	
保密工作 主要事迹	（可附页）		
所在 单位 意见	负责人签字（盖章）： 年　月　日		
保密委 员会意 见	（盖章）： 年　月　日		

注：此表由保密委员会办公室留存。

示例 10-3-3：某单位保密工作先进集体评选条件

(1)单位领导班子重视保密工作，认真落实保密工作责任制，做到保密工作与业务工作同计划、同部署、同落实、同检查；

(2)保密规章制度健全，保密宣传教育和保密自查工作落实到位；

(3)安全保密工作防范措施到位，能有效消除失泄密隐患，年度内没有发生重大违规行为；

(4)重视保密工作档案建设，各类保密工作资料齐全、详实，各类文档台账完整、准确；

(5)积极配合上级部门和本机关、单位组织开展的各项保密监督检查，认真完成保密委员会部署的各项工作，并结合单位实际创造性地开展工作，及时上报本单位的保密工作信息；

(6)本单位近三年未发生失泄密事件，未发现严重的保密安全隐患，内部工作人员未因保密原因受到纪律处分。

示例 10-3-4：某单位保密工作先进个人评选条件

(1)热爱保密工作，熟悉本单位、本岗位保密工作的基本情况，有强烈的事业心和责任感；

(2)积极参加保密工作培训，认真学习保密法律法规和业务知识，有较高的保密政策水平和解决实际问题的能力；

(3)认真履行岗位职责，落实各项保密管理要求，主动接受和积极配合各项保密检查，切实消除失泄密隐患；

(4)连续从事保密管理工作或涉密工作两年(含)以上，近三年内未受到纪律处分，无违反保密法律法规和规章制度的行为。参评人员为单位保密工作负责人、涉密项目负责人的，本单位、本项目组还应当三年内无失泄密事件，保密工作成绩突出。

第十一章 保密工作领域的延伸

工作秘密、商业秘密和个人隐私，虽不是国家秘密，但在现实中存在着，且对于公共秩序和公民生活来说十分重要。它们的管理目前已直接或间接纳入保密工作范畴，使得保密工作的领域得以延伸。

第一节 工作秘密

一、工作秘密及其管理概述

（一）工作秘密的概念

工作秘密，是指机关、单位在履行职能过程中产生或者获取的不属于国家秘密，但泄露后会妨碍机关、单位正常履行职能或者对国家安全、公共利益造成不利影响的内部敏感事项。工作秘密主要产生于党和国家机关及具有管理公共事务职能的单位，这些机关和单位既会产生泄露后妨碍机关、单位正常履行职能的工作秘密，也会产生泄露后对国家安全、公共利益造成不利影响的工作秘密；其他涉及工作秘密的单位则主要接触、知悉前述机关、单位产生的工作秘密以及产生泄露后对国家安全、公共利益造成不利影响的工作秘密。

工作秘密一旦确定，应当在相应载体的明显部位做出标志，可以采用“内部”“内部事项 注意保管”“工作秘密”等。无法作出或者不宜作出工作秘密标志的，确定该工作秘密的机关、单位应当书面通知知悉范围内的机关、单位或者人员。

工作秘密应当具备三个要素，缺一不可。

一是实质要素，即泄露后会妨碍机关、单位正常履行职能或者对国家安全、公共利益造成不利影响。

二是程序要素，即工作秘密的确定、审核、纠正、解除等全流程管理应当严格遵守相关程序性规定。

三是时空要素，即工作秘密应当限定在一定的时间和空间范围内，在一定时间内只限一定范围的人员知悉。

（二）工作秘密与国家秘密的区别

工作秘密与国家秘密存在着一定联系，有许多相似之处。工作秘密与国家秘密都是由机关、单位产生的，都具有秘密的一般属性，在一定条件下可以相互转化。工作秘密与国家秘密也有明显区别：

一是关系的利益主体不同。工作秘密所涉及的利益主体是有关国家机关、单位，一旦泄露后会妨碍机关、单位正常履行职能或者对国家安全、公共利益造成不利影响；国家秘密所涉及的利益主体是国家，一旦泄露会危害国家安全和利益。

二是确定方式不同。工作秘密事项主要由各级机关、单位自行确定；国家秘密事项的确定则必须依照法定程序进行，严格遵守保密法律法规的规定。

三是秘密标志不同。工作秘密没有法定的专属标志，实践中，一般以标注"内部""内部事项 注意保管""工作秘密"等方式作出提示；国家秘密则有专属密级标志。

四是法律责任不同。泄露工作秘密的法律责任形式是行政责任；泄露国家秘密，不仅要承担相应行政责任，情节严重的，还要承担刑事责任。

（三）工作秘密管理的概念及原则

工作秘密管理是指为确保维护国家安全和利益，保障机关、单位正常履行职能，依照《保密法》以及其他相关法律法规和国家有关规定，对工作秘密进行保护的全过程。

工作秘密管理应当坚持"规范确定、严格管理、综合防范、便利工作"的原则。机关、单位应当严格履行工作秘密管理的主体责任，建立健全管理制度，完善防范措施，开展教育培训，加强监督检查。中央和国家机关在其职权范围内，指导、监督本系统工作秘密的管理工作。

二、工作秘密管理

（一）工作秘密的确定

1. 确定依据

工作秘密的确定应当依据工作秘密的具体范围、事项清单进行。工作秘密具体范围、事项清单必须分层级制定：

一是中央和国家机关。中央和国家有关机关研究制定关于本行业、领域业务事项的工作秘密具体范围，报中央保密委员会办公室(国家保密局)备案。同时，应当根据工作秘密的具体范围，制定本机关、单位的工作秘密事项清单；并可以根据工作需要，将本机关、单位工作秘密事项清单报中央保密委员会办公室(国家保密局)。

二是地方机关、单位。地方机关、单位应当根据本行业、领域的工作秘密具体范围，制定本机关、单位工作秘密事项清单，并报上级业务主管部门备案；可以根据工作需要，将工作秘密事项清单同时报同级保密部门，同级保密部门应做好业务指导工作。上级业务主管部门可以对报备的工作秘密事项清单进行修改，保密部门可以对报送的工作秘密事项清单提出修改意见。此外，尚未制定工作秘密范围的行业、领域，各级机关、单位可先行对本机关、单位工作秘密事项进行梳理、汇总，报上级业务主管部门备案，待工作秘密范围出台后再修改完善。

2. 事项范围

机关、单位下列事项符合工作秘密基本定义的，应当确定为工作秘密：

(1)有关工作内部方案、讨论记录、过程稿、征求意见和磋商情况、调查研究和分析研判、请示报告等；

(2)纪检监察、法院、检察院、公安、国家安全、审计等机关调查手段和方式、案卷、研究审理、线索和举报人情况等；

(3)履行职能中获取的商业秘密、个人隐私以及重要的汇总数据，当事人同意公开的除外；

(4)公开后可能危及国家安全、公共安全、经济安全、社会稳定的事项；

(5)党内法规、法律、行政法规、规章和国家有关规定明确要求控制使用、不宜公开的其他事项。

以下事项不得确定为工作秘密：

(1)依法应当确定为国家秘密的；

(2)党内法规、法律、行政法规、规章和国家有关规定明确要求公开的；

(3)需要社会公众广泛知晓或者参与的；

(4)已经依法公开或者不可控制知悉范围的。

3. 确定程序

确定工作秘密是一项十分重要的工作，政策性、行业性和专业性都很强。

（1）承办人拟定属于工作秘密及其具体知悉范围的意见，并报本机关、单位负责人（指机关、单位主要负责同志）或者其指定人员（根据具体工作需要确定）审核批准；

（2）机关、单位负责人或者其指定人员签署审定意见；

（3）确定工作秘密应当作出书面记录，注明承办人、审批人、确定依据或者理由；

（4）工作秘密确定后，应当在工作秘密载体的明显部位作出标志，无法作出或者不易作出工作秘密标志的，由确定该工作秘密的机关、单位书面通知知悉范围内的机关、单位或者人员。

（二）工作秘密的解除

解除工作秘密意味着解除有关保护措施，知悉范围内的机关、单位和人员不再需要履行相关保护义务。

1. 工作秘密的解除情形

机关、单位应当定期主动审核或者依申请审核本机关、单位确定的工作秘密，有下列情形之一的，及时予以解除：

一是党内法规、法律、行政法规、规章或者国家有关规定调整后相关事项属于应予公开事项。

二是形势发生变化，解除工作秘密不会对机关、单位正常履行职能或者国家安全、公共利益造成不利影响。

2. 工作秘密的解除程序

（1）由承办人拟定解除保护时间、能否公开的意见，报本机关、单位负责人或其指定的人员审核批准；

（2）解除工作秘密后，机关、单位应当书面通知知悉范围内的机关、单位或者人员。解除工作秘密后正式公布的，机关、单位可以不作书面通知。

工作秘密解除保护并不意味着应予公开，是否公开还需机关、单位根据实际情况自行确定。公开工作秘密应当严格履行保密审查和发布报批程序，履行相应的审批程序后，方可对外公开。工作秘密对外公开前，含有工作秘密标志的，应当去除标志或者在显著区域注明已解除保护；无法作出或者不宜作出工作秘密标志的，机关、单位应当书面通知知悉范围内的机关、单位或者人员。

（三）工作秘密的保护管理

工作秘密虽然不同于国家秘密，但行政机关和单位在日常工作中普遍涉及并广泛应用，因此关于工作秘密的保护也需要成熟的确定和管理办法。

(1)提高保护工作秘密的认识

工作处理中，其工作内容、内部信息在不同的情况下均与国家秘密能够产生直接联系，一旦泄露，或被有心人收集利用，也可能会给国家造成危害和损失。因此，在实际工作中，不仅要注意保护国家秘密，也要注意保护工作秘密。

(2)做好工作秘密的界定

可根据情况，从内容、标识、责任等几个方面进行明确、界定，制定相应的保密规定。

(3)做好工作秘密的处理

由于工作秘密的范围广、情况复杂，加上信息化程度高，极易泄露，稍有不慎便会造成巨大损失。因此，在实际工作中应当从以下环节加强管理：

一是制作环节。应当使用机关、单位内部安全可靠的设备、场所进行，或者选择具有国家秘密载体印刷资质的单位。在内部集中制作、复制、扫描工作秘密载体的信息设备，应当参照涉密信息设备进行管理。内部集中制作、复制、扫描工作秘密载体的场所，应当确保无关人员不得随意进出，并视情采取电子监控、防盗、报警安全措施。制作工作秘密载体时，有条件标注份号的，应当尽可能予以标注。

二是收发环节。收发工作秘密载体应当有相应的记录。对外单位、人员提供本机关、单位工作秘密载体时应当经机关、单位负责人或者其指定的人员批准，并履行清点、编号、登记、签收手续；在本机关、单位内部流转工作秘密载体，可以结合实际作出规定。各机关、单位应当结合实际情况，明确记录的具体要求，为便于记录精准可查，建议采取书面形式进行记录。

三是传递环节。应当按照国家有关规定对工作秘密载体进行必要的包装密封，使非知息范围内的接触人员无法仅从包装表面或者利用包装的破损获取工作秘密内容。国家有关规定对此另有要求的，从其规定。机关、单位可以自行传递工作秘密载体，也可选择邮政快递渠道传递，不得通过其他快递企业传递工作秘密载体。自行传递工作秘密载体的，应当确保其全程处于携带人实际控制之下。

四是保管环节。应当将工作秘密存放于文件柜或密码柜等安全的设备中。禁止将工作秘密载体随意放置在办公桌等容易导致工作秘密内容泄露的地方。机关、单位工作人员离岗离职前，应当将使用和保管的工作秘密载体全部清退，并办理移交手续。

五是维修环节。维修工作秘密载体应当由本机关、单位的人员负责，并在机关、单位内部进行。确需由外单位人员维修的，要在本机关、单位内部进行，并指定专人全程现场监督，严禁外来维修人员读取或者复制工作秘密信息。确需送外维修的，建议优先选择保密技术服务机构或者保密行政管理部门指定的单位进行，选择其他单位的，应当指定专人全程现场监督，防止工作秘密信息泄露。

六是销毁环节。销毁工作秘密载体应当作出书面记载。工作秘密载体销毁后，要确保信息无法还原。"无法还原"是指载体销毁后形成的残留物或者残片上不存在可以读取的任何工作秘密信息，而且采用现有的技术措施无法恢复。严禁将工作秘密载体出售、赠送或者丢弃。

机关、单位严禁通过QQ、微信、钉钉等互联网即时通信工具、互联网邮箱和互联网视频会议系统等处理、传输工作秘密。确因工作需要处理、传输工作秘密的，应当使用机关、单位自建的信息系统。机关、单位自建的信息系统应当采取身份鉴别、安全审计、边界安全防护、信息加密保护、病毒查杀等技术防护措施，严格信息输入输出管控，规范文件打印、存储介质使用等行为，确保工作秘密信息可管可控。

第二节 商业秘密

一、商业秘密及其保护概述

（一）商业秘密的概念

商业秘密，是指不为公众所知悉，能为权利人带来经济利益，具有实用性并经权利人采取保密措施的技术信息和经营信息。属于商业秘密的技术信息，也称技术秘密，如工艺、设计、方法、配方、程序、数据、试验记录、样品和技术诀窍等。属于商业秘密的经营信息，也称经营秘密，如客户名单、货源情报、产销策略、经营方法、标底标书、财务管理、员工管理等。

商业秘密标识方法目前没有统一的规定，一般由商业秘密权利人自行采取可识别的标识方法。参照《中央企业商业秘密保护暂行规定》，可以在承载有商业秘密信息的载体的适当位置，如记录商业秘密信息的文件、资料首页或电子文档的适当位置标注"核心商秘""普通商秘"字样，作为商业秘密的标志。

商业秘密是商业信息的一部分，当商业信息持有人通过一定方式，使其符合一定的构成要件，才能成为受到保护的商业秘密。构成商业秘密必须同时满足以下四个要件：

一是秘密性，即商业秘密是没有以任何方式公开过、不为公众所知悉，也不为其所属领域的相关人员普遍知悉且轻易获得的商业信息。

二是实用性、价值性，即商业秘密具有确定的可应用性，能为权利人带来现实的或者潜在的经济利益或竞争优势。实用性，要求商业秘密对权利人是有用的，是客观的而不是主观的，是具体的而不是抽象的，是确定的而不是泛指的。价值性，指能为权利人带来经济利益、竞争优势。

三是管理性，即权利人根据具体环境的需要，对商业秘密采取合理的保护性措施。保密管理措施必须是正当的、合法的、明确的，如明确指出所控制的商业信息属于商业秘密，规定明确的保密制度规范，以责任书或合同方式与单位员工或使用人约定保密责任，或者采取实实在在的保密措施，如对商业秘密信息实施技术防护措施。

四是新颖性，即确定为商业秘密的信息，与行业内现成的普通信息保持最低限度的不相同。最低限度，指新颖性的水平有高有低，必须满足最低要求。如某商业秘密是权利人付出一定的劳动进行收集、整理，得到的某种信息汇编，并禁止他人用不正当手段获取的。

（二）商业秘密与国家秘密的区别

商业秘密与国家秘密在一定情况下有着某种联系。许多商业秘密，特别是支撑国民经济发展的国有大中型企业的核心商业秘密，也直接关系国家经济安全和利益。商业秘密与国家秘密也存在显著区别：

一是涉及利益不同。国家秘密关系国家安全和利益；商业秘密一般仅涉及权利人经济利益和竞争优势，局限于科研、生产和经营活动。

二是所有权性质不同。国家秘密的所有权属于国家，体现公权力性质；商业秘密的所有权属于自然人或法人，是私权利。

三是定密主体不同。国家秘密的确定主体是依法拥有定密权的国家机关和依法取得定密授权的单位；商业秘密的确定主体则是从事科研生产和经营活动的企事业单位。

四是确定程序不同。国家秘密必须依照法定程序确定，以保密事项范围为依据；商业秘密的确定目前没有严格的法定程序，由权利人自行确定。

五是处置权限不同。国家秘密未经法律授权的机关审查批准，不得擅自对外提供或转让；商业秘密只要权利人同意即可参与市场交易并进行转让，也可自行处置。

六是适用法律不同。国家秘密依据国家保密法律进行管理，其保密措施由法律明确规定；商业秘密受《中华人民共和国反不正当竞争法》等保护，主要由权利人自行管理。

（三）商业秘密保护的概念及原则

商业秘密保护是指为确保商业秘密安全，依照《保密法》《中央企业商业秘密保护暂行规定》以及其他相关法律法规和国家有关规定，对商业秘密进行管理的全过程。

商业秘密保护一般要遵循以下原则：

（1）融合性原则，将保护制度与企业管理制度紧密结合，一并执行，成为企业整个制度管理的有机组成部分，防止商业秘密保护与企业管理“两张皮”的问题。

（2）平衡性原则，即商业秘密保护的成本投入与产出效益的平衡。

（3）全过程原则，商业秘密保护是一个全过程、系统化工程，企业必须对商业秘密整个运转链条、生命周期进行长期的、连续性的管理。

（4）最小化原则，即企业应将商业秘密的范围压缩到最小，将知悉人员的数量限制到最小，将涉及商业秘密的载体数量减少到最小，将运转流通环节缩减到最小，将泄密风险控制到最小，使商业秘密真正得到最有效的保护。

二、商业秘密保护

（一）商业秘密的确定

1. 参考范围

根据商业秘密的概念和商业秘密保护实践，商业秘密的具体范围，只能由各涉及商业秘密的单位从保护自身经济利益和竞争优势的角度出发，按照商业秘密构成要件，认定哪些信息应当属于本单位的商业秘密。根据一些企业多年来保护商业秘密的实践，商业秘密产生范围大体可划分为经营信息和技术信息。

不能作为商业秘密保护的信息，根据《最高人民法院关于审理不正当竞争民事案件应用法律若干问题的解释》第九条第二款规定，具有下列情形之一的，可以认定有关信息不构成商业秘密：（1）该信息为其所属技术或者经济领域的人的一般常识或者行业惯例；（2）该信息仅涉及产品的尺寸、结构、材料、部件的简单组合等内容，进入市场后相关公众通过观察产品即可直接获得；（3）该信息已经在公开出版物或者其他媒体上公开披露；（4）该信息已通过公开的报告会、展览等方式公开；（5）该信息从其他公开渠道可以获得；(6)该信息无需付出一定的代价而容易获得。

虽符合商业秘密构成要件，但属于违反法律规定、社会公德和行业禁止的，不能作为商业秘密保护：(1)采取保密措施会损害国家利益或危及国家安全的信息；(2)采取保密措施会损害社会公共利益、公众健康的信息；(3)采取保密措施会违背公序良俗、伦理道德的信息；(4)涉黄、赌、毒或国家禁止流通的器具、配方、营销渠道等违法信息。此外，已获专利保护和著作权保护的，不列入商业秘密保护范围。

2. 确定程序

确定商业秘密，可按照如下程序进行：

(1)制作本单位商业秘密事项范围。将收集、汇总的商业秘密信息事项，经过分类和排除之后，确定作为商业秘密保护的信息，再按信息(或事项)名称、保护等级、保护期限、控制范围(或知悉范围)、产生部门、保护责任单位等项，列表制作为本单位"商业秘密事项范围"。

(2)审查及确定商业秘密。商业秘密事项承办人对照制作的"商业秘密事项范围"，对工作中产生的商业信息进行筛选，审查其是否具备商业秘密构成要件，符合要求的，拟定为商业秘密信息。其中，对具有秘密性、价值性的技术信息，依据专利权申请法定条件作进一步审查，可申请专利的申请专利，不宜申请专利或在专利申请之前的信息，可初步确定为商业秘密，并提请部门负责人进行审查，确定为商业秘密事项。

(3)制作商业秘密信息及载体管理台账。商业秘密确定后，在承载商业秘密信息载体的适当位置做出商业秘密标志，由承办人作出文字记录，企事业单位应将该文字记录建档保存，确定商业秘密及其载体管理台账，可作为今后确定商业秘密的参照。

(二)商业秘密的保护

商业秘密的保护主要取决于企事业单位自身的管理水平。应采取以下措施确保商业秘密安全可控：

(1)明确管理责任，明确商业秘密的管理组织，明确商业秘密保护的主体责任单位，划分主管权限和所负责任的具体内容，并结合企事业单位目标管理，建立责任考核制度。

(2)制定确定制度，即划分商业秘密保护范围和确定商业秘密的具体事项，规范商业秘密确定主体和工作流程，确保符合商业秘密构成要件的信息或事项一经产生，就能及时予以确定并得到有效保护。

(3)建立人员管理机制，商业秘密能否得到有效保护，关键在人。根据当前市场环境下人才流动频繁的特点，企事业单位应将商业秘密保护纳入人力资源管理范畴，建立切实可行的员工管理机制，加强员工入职、在岗及离职全过程保密管理及教育培训，降低员工的泄密风险。

(4)载体、场所、设备及会议、活动保护管理，企事业单位在生产、研发、经营、管理等活动中，形成的以文字、数据、图形、图像、声音等形式记载商业秘密信息的纸介质、光介质、电磁介质等各类物品和属于商业秘密的设备、产品及其废弃物、残次品等，参照国家秘密载体、涉密信息系统、办公自动化设备、保密要害部门及部位、涉密会议活动等有关管理制度、标准和方法手段，结合本单位的实际情况，酌情采取相应的保密措施。

(5)商业秘密权的转让、授让，商业秘密的科技研发及成果应用、交流，商业秘密侵权纠纷处置等保密管理，由各企事业单位依据相关法律法规，结合实际情况建立相应的管理制度，严格保密管理。

第三节　个人隐私

一、个人隐私及其保护概述

(一)个人隐私的概念

个人隐私，是指公民个人生活中不愿为他人知悉或公开的信息，比如私人日记、相册、通信地址、电话号码、交往范围、家庭关系、生活习惯、身体缺陷、病患情况、经济收入、银行存款等，都属于个人隐私的范围。

(二)个人隐私保护的概念及原则

个人隐私保护是指为确保个人隐私信息安全，保障公民的个人隐私权，依照《保密法》《中华人民共和国个人信息保护法》以及其他相关法律法规和国家有关规定，对个人隐私信息及隐私权进行保护的过程。

个人隐私保护必须坚持“依法依规”“知情同意”的原则。任何单位或个人收集、使用个人隐私信息，应当遵循合法、正当、必要原则，公开收集、使用信息的规则，明示收集、使用信息的目的、方式和范围，并经被收集者同意。民法典，还有其他法律、规范也对个人隐私的保护进行了约束，如《网络安全法》《个人信息安全规范》《中华人民共和国个人信息保护法》《数据安全法》等。

(三)个人隐私与个人信息

个人隐私与个人信息存在一定的区别与联系。个人信息是以电子或者其他方式记录的能够单独或者与其他信息结合识别特定自然人的各种信息，包括自然人的姓名、出生日期、身份证件号码、生物识别信息、住址、电话号码、电子邮箱、健康信息、行踪信息等。敏感个人信息，是一旦泄露或者非法使用，容易导致自然人的人格尊严受到侵害或者人身、财产安全受到危害的个人信息，包括生物识别、宗教信仰、特定身份、医疗健康、金融账户、行踪轨迹等信息，以及不满十四周岁未成年人的个人信息。

《中华人民共和国民法典》第四编第六章(隐私权和个人信息保护)中明确规定，自然人享有隐私权。任何组织或者个人不得以刺探、侵扰、泄露、公开等方式侵害他人的隐私权。隐私是自然人的私人生活安宁和不愿为他人知晓的私密空间、私密活动、私密信息。自然人的个人信息受法律保护。个人信息中的私密信息，适用有关隐私权的规定；没有规定的，适用有关个人信息保护的规定。

对隐私权的侵害主要是非法的披露和骚扰，而个人信息权主要是指对个人信息的支配和自主决定。个人信息权的内容包括个人对信息被收集、利用等的知情权，以及自己利用或者授权他人利用的决定权等内容。即便对于可以公开且必须公开的个人信息，个人应当也有一定的控制权。即使一些个人信息与隐私之间存在交叉，但隐私权保护的重心在于防范个人秘密不被非法披露，而并不在于保护这种秘密的控制与利用。与此相应，对个人信息权的侵害主要体现为未经许可而收集和利用个人信息、侵害个人信息，主要表现为非法搜集、非法利用、非法存储、非法加工或非法倒卖个人信息等行为形态。其中，大量侵害个人信息的行为都表现为非法篡改、加工个人信息的行为。

二、个人隐私保护

个人隐私保护需采取一系列措施确保个人隐私安全，防止隐私权侵害行为发生，并防止未经授权的访问以及个人隐私泄露、篡改、丢失。

(一)社会层面保护措施

(1)法律保护：依照《中华人民共和国民法典》《中华人民共和国个人信息保护法》等相关法律法规，对个人隐私及隐私权提供保护。

(2)制度保护：制定个人隐私保护制度和个人隐私安全事件应急预案等，按照制度将隐私保护落到实处，及时发现并处置个人隐私侵害事件。

(3)技术保护：完善技术支撑体系，如采取相应的加密、使用隐私保护软件等安全技术措施，应对信息化时代可能带来的隐私泄露高风险，防患于未然。

（4）监管保护：加强对媒体、网络的监管力度，依靠行政规范来管理媒体、网络的行为；用法律手段严惩媒体、网络的违法行为；加强宣传教育，提高公众对个人隐私保护的认识度，发挥公众对媒体和网络的监督作用。

（二）个人层面保护措施

（1）增强防范意识：加强宣传教育，增强公民自身的隐私保护意识，提高应对能力。比如，不在不明网站上提交个人信息，登录网站、电子社交平台、手机应用程序、网银等使用安全等级高的密钥，及时升级电脑系统安全防护软件等。

（2）提高维权能力：公民应学习个人隐私相关法律法规，当个人隐私受到侵害时，通过合法途径维护自身合法权益，及时止损。

参 考 文 献

国家保密局编写组. 中华人民共和国保守国家秘密法释义[M]. 北京：金城出版社，2010.

国家保密局编写组. 中华人民共和国保守国家秘密法实施条例解读[M]. 北京：金城出版社，2014.

国家保密局培训教材编写组. 保密工作概论[M]. 北京：金城出版社，2013.

国家保密局编写组. 保密知识简明读本[M]. 北京：金城出版社，2011.

国家军工保密资格认定办公室. 军工保密资格认定工作指导手册[M]. 北京：金城出版社，2017.

国家保密局培训教材编写组. 全国保密干部全员培训讲义参考[M]. 北京：金城出版社，2013.

国家保密局编写组. 国家秘密定密工作指导手册[M]. 北京：金城出版社，2014.

王吉胜，杨世保. 保密工作实用速查手册[M]. 北京：金城出版社，2018.

杨世保，王吉胜. 中国共产党保密工作史 1921—1949[M]. 北京：金城出版社，2010.

封化民. 保密管理概论[M]. 北京：金城出版社，2014.

杜虹. 保密技术概论[M]. 北京：金城出版社，2013.

本书编写组. 机关、单位保密自查自评工作指导手册[M]. 北京：金城出版社，2016.

虞培林，王卫明. 保密法学[M]. 北京：中国政法大学出版社，2011.

孙建国，高迪. 涉密信息系统安全保密管理[M]. 北京：金城出版社，2016.

周健全 . 2014 年最新高校保密工作管理体系构建与内部安全保卫规章制度全集[M]. 北京：高等教育出版社，2014.

刘冬. 保密概论[M]. 哈尔滨：哈尔滨工程大学出版社，2009.

宋建军. 新入职人员保密知识读本[M]. 北京：金城出版社，2019.

朱方洲. 出国(境)人员保密知识手册[M]. 北京：金城出版社，2019.

朱方洲. 涉外活动保密管理实务[M]. 北京：金城出版社，2019.

崔淑妮. 高等学校科研保密管理体系建设[M]. 北京：清华大学出版社，2019.

李飞，许安标. 中华人民共和国保守国家秘密法解读[M]. 北京：中国法制出版社，2010.

本书编写组. 涉密人员管理手册[M]. 北京：金城出版社，2017.

刘建明，王泰玄，等. 宣传舆论学大辞典[M]. 北京：经济日报出版社，1993.

刘恒. 政府信息公开制度[M]. 北京：中国社会科学出版社，2004.

吴同斌，解玮玮. 科技人员保密必读[M]. 北京：金城出版社，2020.

徐博，魏兴. 高等院校信息安全保密管理体系文件样例[M]. 哈尔滨：哈尔滨工程大学出版社，2017.

谭超. 大型科普活动前期宣传效果评估的探讨——以2010年全国科普日北京主场活动宣传为例[J]. 科普研究，2011，6(3)：80-83.

叶彩虹. 刍议保密宣传教育工作考评引入增值评价[J]. 佳木斯职业学院学报，2018(6)：194-195.

刘观金. 也谈国家统一考试的保密管理[J]. 保密科学技术，2017(4)：63.

张相全. 保密违法案件查处的几个着力点[J]. 保密工作，2017(4)：48-49.

吴瑞. 保密违法违纪案件的处置与处理[J]. 保密工作，2014(11)：52-54.

李伟国. 以习近平法治思想为统领　扎实做好保密违法案件查处工作[J]. 保密工作，2017(7)：16-19.

杨世保. 论我党保密工作的优良传统[J]. 北京电子科技学院学报，2014，22(1)：5-11.

张群. 中国古代保密思想述略[J]. 保密工作，2013(11)：50-51.

张群. 新中国成立以来的保密思想述略[J]. 保密工作，2013(5)：56-57.

宋海龙. "保密工作的发展轨迹"之一　保密工作的历史变迁[J]. 保密

工作，2013(1)：54.

严雪林. 革命战争年代中国共产党保密思想述略[J]. 档案与建设，2009(9)：8-10.

邓立伟，谢莺燕，徐梦姗，张建华. 中国共产党领导保密工作的历史经验与启示[J]. 办公室业务，2022(9)：187-189.

国家保密局秘书行政司. 泄露国家秘密概念解读[J]. 保密工作，2018(3).

席彩云，熊瑞，刘子怡. 关于涉密场所与保密要害部位差异性的新思考[J]. 保密工作，2021(12)：54-55.

后　　记

应对国际风云变幻，顺应国家发展需要，保密工作的任务越来越艰巨，面临的形势越来越严峻，其重要性也日益凸显。因此，培养专门的知保密、懂保密、善保密的保密人才就尤为重要。

《保密工作实务概论》旨在让保密专业学生系统、完整地学习保密实务工作，建立起保密实务工作的体系概念。教材的编写依据《中华人民共和国保守国家秘密法》及相关法规、制度要求，结合实务工作，对保密实务进行了较为充分的阐释，以保密工作体系建设为着眼点，较为系统地阐释了保密的基本问题、保密法规制度、保密管理、保密宣传教育、保密监督检查以及目前保密工作领域的延伸等方面的理论知识和实务规程。

本教材的编写与出版，历时 18 个月，多次易稿和修改，终于付梓出版了。由于教材编写者均是保密实务工作者，编写的内容十分接地气，希望受教育的保密人才在弄清楚为什么做和懵懂知道做什么的基础上，还能比较清楚地知道做什么和怎么做。所以本教材特别注重以下两个方面的内容：一是工作体系的建立尽可能完整并凸显时效性，既依据保密法律法规制度，也结合实际需求和现实发展；二是贴近实务，突出操作性，通过应用大量可借鉴可复制的操作规程、应用表格，帮助理解。本书定位于专业教材，也不失为一本实务工作指南，对实务工作的开展也会有较好的借鉴意义。

本教材在编写过程中，湖北省国家保密局专此立项给予经费支持，武汉大学也提供了教材建设的资金支持。在此，要首先感谢湖北省国家保密局，王兴国副局长、黄人桓副局长在编撰之初就给出了指导性意见，给了我们极大的鼓舞和信心；在编撰过程中，湖北省国家保密局李杰处长、崔涛处长也给出过中肯的意见。同时，要感谢武汉大学，感谢学校各级领导和老师们对保密工作的重视与支持，让武汉大学的保密实务工作体系建设进行得顺利又健康，并成为重要的实践基础；感谢副校长、保密委副主任吴平教授对教材编写工作的关心与支持；感谢武汉大学国家保密学院的各位领导，王华副院长的有力推动是我们将 idea 变为行动的重要力量；感谢大数据安全与保密系的全体老师，感谢系主任邓胜利教授，他一直关心本教材的编写，并在教材的逻辑性和生动性方面，提出了很好的建议。最后，要特别感谢杨世葆老师，他不仅给编写组提供了很多参考书籍，还几次通读书稿，提出了修改意见，给予了我们极大的帮助。还要感谢武大出版社，感谢詹蜜编辑和黄河清编辑，自始至终，都悉心引导我们前行。书稿成型顺利，得益于各级领导、各位前辈、各位同仁的指导和帮助，我们由衷表示感谢！

本书由武汉大学、四川大学和中国航天三江集团有限公司长期专门从事保密实务工作的人员共同编写。全书共十一章，分工如下：席彩云：第一章(第一节、第二节)，第二章，第四章(第一节、第二节)；席彩云、钱倩文：第一章(第三节)，第九章；席彩云、丁琰鋆：第四章(第七节)；靳晶：第三章，第四章(第四节、第五节)，第五章(第六节)；王咏梅：第四章(第三节)，第五章(第七节)，第六章；丁琰鋆：第四章(第六节)，第七章(第一节、第二节、第四节)；董盛安、丁琰鋆：第七章(第三节)；丁琰鋆、吕顺：第八章；郭敏：第五章(第一节、第五节)，第十一章；乐宏：第五章(第二节、第三节、第四节)，第十章。本书的统稿工作由席彩云完成。

保密工作是一项专业性极强的工作，博大精深。编写组虽倾尽全力，但由于能力、经历、学识有限，疏漏和不当之处在所难免，敬请专家、学者、读者和同仁批评指正！

编者
2022 年 8 月